会社法
Visual Materials

落合 誠一
編

中東 正文
久保田 安彦
田中 亘
後藤 元
得津 晶
著

有斐閣
yuhikaku

… は し が き

　会社法は，営利企業組織の代表である株式会社を始めとする各種会社に関する法ルールを対象としており，法科大学院，そして学部における学習の対象となる必須の重要科目である。このことは，会社が現代社会において果たしているその役割の大きさを考えれば，当然であり，院生，学部生は，言うに及ばず，社会人にとっても，一定程度の理解が要求される分野である。このようなことから，会社法は，会社をめぐる大変興味ある多くの重要問題をその対象としており，その適切な解決は，会社にとって不可欠であるから，会社法を十分に使いこなすことが求められる。ここにおいて会社法の学習は，単に会社法ルールの内容の理解に止まらず，それを現実に運用することまでもが，その基本的目標とされなければならない。換言すれば，会社法の学習は，会社法の習熟にあるのである。

　それでは，会社法の習熟には，いかなることが求められるか。もちろん意欲と努力が必須であるが，まず，第1に，われわれの社会において会社が実際にどのような活動をしており，また現実にどのような問題が生起しているかを認識する必要がある。もし事実の認識において誤りがあれば，それを前提とする会社法の適用・運用は，空理空論ないし砂上の楼閣となってしまうからである。その意味において会社法の学習においては，会社の実状に関する正確な事実認識から出発しなければならない。しかし第2に，事実の認識において誤りがなくとも，法規範としての会社法の理解が不十分であると，やはり問題は正しく解決されない。すなわち，会社法ルールそのものに対する十分な理解が求められる。会社法の習熟とは，少なくともこの2つが正しくできるようになることである。

　ところで会社法の学習教材は，現状においても，大変豊富であり，しかも優れたものも少なくない。しかし一般的には，前述の第2の面，すなわち，会社法ルールの理解に重点を置くものが大部分であり，第1の事実認識の面をも十分に配慮したものは，必ずしも多くはなく，学生も教師も，従来からそうした配慮のある教材の必要性を感じていた。本書は，まさにその期待に応えようとするものであり，第1の面に特に配慮することから資料中心となっており，しかもその資料に関連した設問等を用意するスタイルをとっている。これは，要するに，実質的に第1と第2の両面を有機的に一体化することが目指されているからである。
　そこで，読者は，まず，田中亘准教授執筆の「本書の使い方」を熟読して欲しい。そのうえで，本書に掲載された資料を読み込んだうえで，【Question】に対する解答を考え，また【Discussion】に取り組み，さらに【Work & Practice】を行うことが望まれる。読者が，そのようにして積極的に本書を活用すれば，必ずや会社法の習熟になるはずである。

　本書を作るにあたっては，中東正文教授をリーダーとする新進気鋭の若手研究者に集まってもらい，編者を含む全員での多数の打合せ・討議を積み重ね，各分担の執筆原稿についてもお互いに忌

はしがき

憚のないコメントのやり取りをして可能な限りよりよいものにするよう心掛けた。時として白熱した議論になったことも，今や懐かしく思い出され，編者としても大変有益かつ楽しい時間であった。本書は，このようにしてできあがったものである。

本書の評価は，もちろん最終的には読者の判断に委ねるところではあるが，編者としては，類書にないまさに会社法の習熟にふさわしい特色ある教材ができあがったものと自負している。熱意をもってこれまでにない会社法教材の作成に真剣に取り組んでくださった執筆者の諸先生に厚く御礼申し上げるとともに，献身的なサポートを惜しまなかった有斐閣書籍編集部の藤本依子氏および藤木雄氏に対しても心から感謝の意を表するものである。

2011 年 9 月

中央大学教授・東京大学名誉教授　落 合 誠 一

本書の使い方

■本書の特色

　本書は，大学の学部あるいはロースクールにおける会社法の講義・演習用の教材として使用されることを主に想定しているが，それと同時に，会社法の学習者が独力で，または友人たちと一緒に（つまりは教師の助けなしに）読み進めることもできるように配慮している。そのために，掲載資料の多くに設問（【Question】）を付し，巻末にはそれらの解答を掲載した。また，議論の素材になることを意図して設けた発展的な問題（【Discussion】）については，【Question】の場合のような解答は付していないものの，考え方の方向性を「ヒント」の形で示したり，あるいは参考判例・文献を掲載したりして，最低限，何が論点なのかを読者が知ることができるようにしている。

　インターネットの普及によって，学習者が会社法関係の資料を目にする機会は飛躍的に増大した。本書の執筆者が，大学で会社法の勉強をしていたころは，株主総会の招集通知を実際に読むことは簡単ではなかったし，定款となるとさらに難しかった。今では，東京証券取引所などの金融商品取引所が，上場会社の定款や招集通知（そのコピー）をウェブサイト上で掲載している。また，多くの上場会社は自社のウェブサイト上で，招集通知その他，多数の会社法関係の資料を掲載している。

　このように，会社法関係の資料は巷にあふれているのだが，学習者にとっては，どこを探せば適切な資料が見つかるのか，よくわからない場合も少なくないだろう。本書は，会社法関係のとくに重要な資料をまとめており，それ自体として完結した教材ではあるが，それと同時に，学習者がさらに多くの資料を調べるためのナビゲーターとなることも意図している。そのために，掲載資料の出典を明示することはもちろん，実習用の課題（【Work & Practice】）をいくつか設けて，読者が明確な目的意識をもって，インターネットのデータベース等の資料を調べることができるように配慮している。

　本書の特色としては，会社法に規定された各種の書類（定款，招集通知，計算書類など）を掲載するだけでなく，会社法に関係する著名な事件あるいは統計資料を数多く掲載していることも挙げられよう。これによって，読者は会社法が実際社会でどのように機能しているかをよりよく知ることができるだろう。本書はまた，会社法に関連した経済学者による実証研究（たとえば，社外取締役の選任がその後の会社の業績に与える影響など）もいくつか紹介するとともに，そうした実証研究の方法についても，ごく簡単ではあるが説明を加えている。今後の会社法学とくに立法論において，この種の実証研究がますます重要性を持つようになると考えたためである。

■本書の使用方法

　大学における講義の教材（副読本）として本書を用いる場合には，講義の進行に併せて，それに対応する本書の掲載資料を適宜参照することになろう。また，会社法の独習者が本書を利用する場合も，教科書・体系書を読み進めるのに併行して，関係する掲載資料を適宜読んでいけばよいであろう。

本書の使い方

　その際，とくに注意してほしいのは，本書の掲載資料は，ただ漠然と眺めるのではなく，しっかり読んで内容を理解することが大切だという点である。多くの資料に付された【Question】は，読者が資料を読み込んで初めて解答できる内容になっている。また，【Question】は，資料に記載されたさまざまな事項について，どうしてそのような内容になっているのか，その会社法上の根拠（法令の規定あるいは判例）を問うものが多い。これにより，読者は会社法の理解を確認するとともに，法のルールがどのように運用されているのかを具体的な事例を通して知ることができるだろう。

　ロースクールの双方向的授業，あるいは演習科目や自主ゼミで本書を使用する場合には，参加者があらかじめ掲載資料を読み，【Question】も解いてくることを前提にして，【Discussion】と題した発展的な問題を議論することを中心にすればよいであろう。前述のように，【Discussion】については参考判例や文献を引用している場合が多い。法律学の問題には「正解」はないとはよくいわれることであるが，それは，唯一無二の解が決まることはないといっているだけであって，実際には，その問題についてよく理解している人のほとんどが重要だと認める考慮要素は存在している場合が多い。参考判例・文献をあらかじめ読んでおくことで，学習者は，そうした重要な考慮要素を知ることができ，より質の高い議論ができるようになるだろう。もっとも，授業で本書を使用する場合には，議論が最初から一方向に傾くことを避けるために，教師の判断により，本書で挙げたものとは異なる参考文献も指定したり，あるいは逆に，授業前に読む文献をあえて制限することも，考えられるだろう。また，【Work & Practice】は，実習用の課題として授業で使用することができるだろう。

　会社法は，会社という企業の組織や管理についての法律であるから（会社法1条），会社法のルールは，企業や資本市場の実態についての認識を抜きにしては理解しえないものである。読者が本書を通じて，会社法が実際社会でどのように機能しているかを知り，それによって，より深く，またより親しみをもって，会社法を学ぶことができるようになることが，本書の執筆者一同の願いである。

目　次

I　総　論 —————————————————— 1

1　日本国内の会社の数 …………………………………… 1
2　企業形態の選択 ………………………………………… 2
　(1)　広がる株式会社　2
　(2)　合同会社の利用方法　5
3　上場会社の株式所有構造 ……………………………… 7
　(1)　株式所有構造　7
　(2)　所有と経営の分離　9
　(3)　親子上場　10
　(4)　株式持合い　16

II　設　立 —————————————————— 21

1　株式会社設立手続の種類 ……………………………… 21
2　設立手続──発起設立を中心に ……………………… 21
　(1)　設立手続を始める前に　21
　(2)　定款の作成　22
　(3)　定款の認証　24
　(4)　株式の引受けと出資の履行　24
　(5)　設立時役員の選任　24
3　募集設立の手続 ………………………………………… 24
　(1)　株式払込金保管証明制度　24
　(2)　創立総会　25
4　設立登記 ………………………………………………… 25
5　変態設立事項 …………………………………………… 28
6　仮装払込み ……………………………………………… 30

III　株　式 —————————————————— 33

1　株主の権利 ……………………………………………… 33
　(1)　配当請求権　33
　　(a)　株主への配当　(33)　(b)　配当増額を求める株主提案権の行使　(33)
　　(c)　配当と企業価値（株式の価値）　(35)
　(2)　種類株式　36
　　(a)　配当優先株　(36)　(b)　種類株式の市場価格　(37)
　(3)　基準日　37
　　(a)　基準日の意義　(37)　(b)　株主優待制度と基準日（権利確定日）　(38)

目　次

　　2　株式の譲渡 ………………………………………………………………… 39
　　　(1) 株式と株券　39
　　　　(a) 株式と株券の意義　(39)　(b) 株主名簿　(40)
　　　(2) 株式の譲渡性　41
　　　　(a) 株式市場と株式の自由譲渡性　(41)　(b) 株式譲渡制限　(43)
　　　　(c) 合弁契約と株式の譲渡　(43)
　　3　株式の単位 ………………………………………………………………… 49
　　　(1) 売買単位　49
　　　　(a) 単元株式と売買単位　(49)　(b) 売買単位での株価の表示　(50)
　　　(2) 株式の大きさの調整　50
　　　　(a) 株式の分割　(50)　(b) 株式無償割当て　(52)　(c) 株式の併合　(52)

Ⅳ　機　関 ―――――――――――――――――――――――― 55

　　1　株主総会 …………………………………………………………………… 55
　　　(1) 総説・開催時期　55
　　　　(a) 総説　(55)　(b) 定時株主総会の開催時期　(55)
　　　(2) 招集通知　56
　　　(3) 株主総会参考書類　57
　　　(4) 株主提案　58
　　　(5) 議決権の行使　60
　　　　(a) 書面投票・電子投票　(60)　(b) 機関投資家による議決権行使の方法　(61)
　　　　(c) 積極化する機関投資家の議決権行使　(62)
　　　(6) 委任状勧誘　63
　　　(7) 議事・決議　64
　　　　(a) 上場会社の決議例　(64)　(b) 上場会社の安定株主　(65)
　　　(8) 議決権行使結果の開示　66
　　　(9) 総会屋と利益供与　67
　　2　機関設計の選択肢――公開大会社または上場会社の場合 …………… 69
　　　(1) 公開大会社または上場会社の機関設計　69
　　　(2) 上場会社の機関設計の実際　69
　　3　取締役会の監督機能 ……………………………………………………… 70
　　　(1) 経営者の交代　70
　　　　(a) 上場会社における代表取締役社長の解職　(70)
　　　　(b) 業績の悪い会社の経営者は交代しているか　(71)
　　　(2) 取締役会改革　71
　　　(3) 社外取締役・独立役員　71
　　　　(a) 内部者中心の取締役会　(71)　(b) 利害関係のある社外取締役　(73)
　　　　(c) 取引所による「独立役員」の義務づけ　(73)　(d) 社外取締役とパフォーマンス　(76)
　　4　役員報酬 …………………………………………………………………… 78
　　　(1) 役員報酬の決定の仕方　78

目　次

　　(2)　役員報酬の開示　*80*
　　　　(a)　役員報酬の開示方式　(*80*)　(b)　経営者報酬の大きさと業績連動性　(*81*)
5　監査役・会計監査人 ·· *82*
　　(1)　監査役　*82*
　　(2)　会計監査人　*84*
6　役員等の義務と責任・代表訴訟 ·· *85*
　　(1)　役員等の義務と責任　*85*
　　(2)　株主代表訴訟　*86*
　　　　(a)　株主代表訴訟とは　(*86*)　(b)　株主代表訴訟の動向とその重要性　(*88*)
　　(3)　責任制限と D&O 保険　*89*
　　　　(a)　責任制限　(*89*)　(b)　D&O 保険　(*89*)

Ⅴ　資金調達・計算 ―――――――――――――――――――――――― *91*

1　募集株式の発行等 ·· *91*
　　(1)　株式発行による資金調達方法　*91*
　　(2)　第三者割当てによる募集株式の発行　*92*
　　　　(a)　第三者割当てによる募集株式の発行と開示　(*92*)　(b)　株式の発行価格の決定　(*98*)
　　　　(c)　大規模な第三者割当て　(*99*)
2　新株予約権付社債の発行 ·· *102*
　　(1)　新株予約権付社債の投資リターンと既存株主の利益　*105*
　　(2)　社債権者の利益の保護　*105*
3　株式会社の計算 ·· *108*
　　(1)　計算書類の作成　*108*
　　(2)　剰余金の分配　*112*
4　財務リストラクチャリング ·· *114*

Ⅵ　M＆A ―――――――――――――――――――――――――――― *119*

1　総　　論 ·· *119*
2　合　　併 ·· *120*
　　(1)　合併の意義と合併契約締結までの流れ　*120*
　　(2)　合併の方法　*124*
　　(3)　合併契約の記載事項　*125*
　　(4)　合併に伴う定款変更　*125*
　　(5)　合併対価の相当性　*126*
　　(6)　合併契約の内容の変更，合併契約の解除　*127*
　　(7)　合併の効果　*128*
3　少数株主の締出し ·· *129*
　　(1)　少数株主の締出しの目的　*129*
　　(2)　少数株主の締出しの手続　*130*

目　次

　　　(a)　実際の事例——新生銀行によるシンキの完全子会社化　(*130*)
　　　(b)　株式公開買付け（第一段階の取引）　(*131*)
　　　(c)　全部取得条項付種類株式の全部取得（第二段階の取引）　(*138*)
4　敵対的買収 ……………………………………………………………………… *141*
　(1)　近時の動向　*141*
　(2)　買収防衛策導入企業の特徴　*143*

解　答　*147*

凡　例

【法令名略語】
　会社法の条文については条数のみで表記し，その他の法令名については，おおむね有斐閣の『六法全書』の略語によった。

【文献略語】
　　江　頭　　　　　江頭憲治郎『株式会社法〔第3版〕』〔有斐閣，2009〕
　　落　合　　　　　落合誠一『会社法要説』〔有斐閣，2010〕
　　龍　田　　　　　龍田節『会社法大要』〔有斐閣，2007〕
　　Legal Quest　　　伊藤靖史＝大杉謙一＝田中亘＝松井秀征『会社法〔第2版〕』（Legal Quest）〔有斐閣，2011〕

資 料 一 覧

I 総　論

- 【資料 I -1】国税庁基準による会社の数　(1)
- 【資料 I -2】資本金額による区分　(1)
- 【資料 I -3】経済センサスによる会社企業の従業員数（2009 年 7 月 1 日現在）　(2)
- 【資料 I -4】上場会社数　(2)
- 【資料 I -5】第一生命の株式会社化　(2)
- 【資料 I -6】朝日塾中学高等学校の株式会社から学校法人への変更　(4)
- 【資料 I -7】西友の合同会社化　(5)
- 【資料 I -8】利用される合同会社　(6)
    - ①企業再建支援　(6)
    - ②不良債権売却　(6)
    - ③学生の起業　(6)
- 【資料 I -9】株式分布状況調査（市場価格ベース）投資部門別株式保有比率の推移　(8)
    - ①投資部門別株式保有比率の推移（概要）　(8)
    - ②株式分布状況調査（市場価格ベース）　(8)
    - ③各金融セクターの株式保有割合　(9)
- 【資料 I -10】各国の投資部門別株式所有構造比較　(9)
- 【資料 I -11】東アジア諸国の上場会社の支配株主の有無　(10)
- 【資料 I -12】西ヨーロッパ諸国の上場会社の支配株主の有無　(10)
- 【資料 I -13】日本の証券市場における親子上場の規模　(11)
- 【資料 I -14】著名な親子上場の例　(11)
- 【資料 I -15】昨今の親子上場解消の例　(11)
- 【資料 I -16】イオングループの親子上場の例　(12)
- 【資料 I -17】子会社上場のメリット・デメリット　(13)
- 【資料 I -18】企業パフォーマンスの指標の例　(14)
- 【資料 I -19】上場子会社と独立企業のパフォーマンス比較　(15)
- 【資料 I -20】市場全体における持合株式の割合　(16)
    - ①上場企業による株式の保有比率と持合比率の推移　(16)
    - ②銀行の株式保有　(17)
    - ③事業会社の株式保有　(17)
- 【資料 I -21】持合株式の保有比率と平均保有銘柄数　(17)
    - ①持合株式の保有率　(17)
    - ②持合株式の平均保有銘柄数　(17)
- 【資料 I -22】ブルドックソースの株式持合い　(18)
    - ①ブルドックソースの所有者別株式保有状況　(18)
    - ②ブルドックソースの持合状況　(19)

II 設　立

- 【資料 II -1】発起人組合規約　(21)
- 【資料 II -2】上場会社定款　(22)
- 【資料 II -3】設立時の定款例　(23)
- 【資料 II -4】公証役場の様子　(24)
- 【資料 II -5】オンライン申請システム　(24)
- 【資料 II -6】株式払込金保管証明書　(25)
- 【資料 II -7】創立総会の様子　(25)
- 【資料 II -8】法務局の様子（東京法務局）　(26)

資 料 一 覧

【資料Ⅱ-9】 登記簿 (26)
【資料Ⅱ-10】 定款の定め（現物出資） (28)
【資料Ⅱ-11】 検査役調査報告 (29)
【資料Ⅱ-12】 設立時取締役の報告 (29)
【資料Ⅱ-13】 大阪債権回収設立事件 (30)
【資料Ⅱ-14】 イーホームズ架空増資事件（新株発行） (31)

Ⅲ 株 式

【資料Ⅲ-1】 期末配当金計算書 (33)
【資料Ⅲ-2】 電源開発株式会社の株主総会招集通知（抜粋） (34)
【資料Ⅲ-3】 配当優先株に関する定款の定め（伊藤園） (36)
【資料Ⅲ-4】 伊藤園の優先株の株価の推移（伊藤園の優先株：25935） (37)
【資料Ⅲ-5】 配当の基準日に関する定款規定 (37)
【資料Ⅲ-6】 配当の基準となる株主の決定 (38)
【資料Ⅲ-7】 株主優待制度（JR東日本） (38)
【資料Ⅲ-8】 株 券 (39)
【資料Ⅲ-9】 株主名簿 (40)
【資料Ⅲ-10】 東京証券取引所 (41)
【資料Ⅲ-11】 証券会社の株価ボード (42)
【資料Ⅲ-12】 株式譲渡承認請求書 (42)
【資料Ⅲ-13】 合弁契約における株式の譲渡等の制限 (43)
【資料Ⅲ-14】 売買単位（日本経済新聞株式欄） (49)
【資料Ⅲ-15】 野村證券の株価検索 (49)
【資料Ⅲ-16】 日経ヴェリタスの株式相場の欄 (50)
【資料Ⅲ-17】 株式分割に関する基準日公告 (50)
【資料Ⅲ-18】 株式分割と定款変更の適時開示 (51)
【資料Ⅲ-19】 株式無償割当てに関する基準日公告 (52)
【資料Ⅲ-20】 株式の併合の適時開示 (53)
【資料Ⅲ-21】 株式の併合に関する東証の公表措置の実施 (53)

Ⅳ 機 関

【上場会社の株主総会の模様】 (55)
【資料Ⅳ-1】 株主総会開催状況の推移 (55)
【資料Ⅳ-2】 株主総会の招集通知 (56)
【資料Ⅳ-3】 株主総会参考書類（取締役の選任議案・会社〔取締役会〕提案） (57)
【資料Ⅳ-4】 株主総会参考書類（取締役の選任議案・株主提案） (59)
【資料Ⅳ-5】 議決権行使書面 (60)
【資料Ⅳ-6】 機関投資家による議決権行使 (61)
　　　　　　①プラットフォーム未採用の場合の議案伝達・行使結果フロー (61)
　　　　　　②プラットフォーム採用の場合の議案伝達・行使結果フロー (61)
【資料Ⅳ-7】 機関投資家の議決権行使状況 (62)
【資料Ⅳ-8】 委任状 (63)
【資料Ⅳ-9】 アデランスホールディングスの株主総会決議 (64)
【資料Ⅳ-10】 安定株主比率 (65)
【資料Ⅳ-11】 議決権行使結果の開示 (66)
【資料Ⅳ-12】 総会屋と利益供与 (68)
　　　　　　①大手証券会社・銀行の関与した利益供与事件 (68)
　　　　　　②集中日，総会屋警戒続く──警察庁，事件根絶は道半ば（10株主総会） (68)
【資料Ⅳ-13】 東京証券取引所・有価証券上場規程 (69)
【資料Ⅳ-14】 主な委員会設置会社 (70)
【資料Ⅳ-15】 代表取締役の解職 (70)

資 料 一 覧

【資料Ⅳ-16】業績と経営者の交代率 (71)
【資料Ⅳ-17】取締役会の員数削減（東証上場会社）(72)
【資料Ⅳ-18】東証上場会社の社外取締役の人数，会社との関係 (72)
【資料Ⅳ-19】親会社を有する会社における社外取締役と会社の関係 (73)
【資料Ⅳ-20】独立役員制度 (74)
　　　　　　①東京証券取引所「独立役員届出書」(74)
　　　　　　②独立役員の選任状況および人数（外国人株式所有比率）(75)
　　　　　　③独立役員と会社との関係 (75)
　　　　　　④独立役員の開示加重要件への該当状況 (76)
【資料Ⅳ-21】社外取締役とパフォーマンス (76)
【資料Ⅳ-22】報酬改訂議案・退職慰労金議案・ストック・オプション議案 (78)
　　　　　　①役員報酬改定議案 (78)
　　　　　　②退職慰労金支給議案 (78)
　　　　　　③ストック・オプション議案 (79)
【資料Ⅳ-23】役員報酬の開示 (80)
【資料Ⅳ-24】日米欧経営者報酬の比較 (81)
【資料Ⅳ-25】経営者の報酬・業績連動度の日米比較 (82)
【資料Ⅳ-26】監査役の権限行使 (83)
　　　　　　①春日電機事件 (83)
　　　　　　②春日電機事件の経緯 (83)
【資料Ⅳ-27】中央青山監査法人の業務停止命令および清算 (84)
　　　　　　①中央青山に業務停止命令，金融庁，7月から——対象は2300社に。(84)
　　　　　　②みすず監査法人，7月末解散決定。(84)
【資料Ⅳ-28】役員および会計監査人に対する責任追及 (85)
【資料Ⅳ-29】大和銀行株主代表訴訟 (87)
【資料Ⅳ-30】株主代表訴訟の係属件数 (88)
【資料Ⅳ-31】主な株主代表訴訟事件 (89)
【資料Ⅳ-32】D&O 保険約款 (90)

Ⅴ 資金調達・計算

【資料Ⅴ-1】上場企業の株式による資金調達の件数 (91)
【資料Ⅴ-2】上場企業の株式による資金調達の額 (91)
【資料Ⅴ-3】第三者割当てに関する事項の開示 (92)
　　　　　　①東京証券取引所・有価証券上場規程 (92)
　　　　　　②東京証券取引所・有価証券上場規程施行規則 (92)
　　　　　　③東京証券取引所「MSCB 等の発行及び開示並びに第三者割当増資等の開示に関する実務
　　　　　　　上の留意事項」(平成19年6月25日) (93)
【資料Ⅴ-4】株式会社ジャパン・ティッシュ・エンジニアリング第三者割当てプレス・リリース (94)
【資料Ⅴ-5】日本証券業協会「第三者割当増資等の取扱いに関する指針」(98)
【資料Ⅴ-6】大規模な第三者割当ての場合に必要とされる手続 (99)
　　　　　　①東京証券取引所・有価証券上場規程 (99)
　　　　　　②東京証券取引所・有価証券上場規程施行規則 (99)
【資料Ⅴ-7】第三者割当ての希薄化率の分布状況の比較 (100)
【資料Ⅴ-8】大規模な第三者割当てについて実施された手続の内容および意見の入手先 (100)
【資料Ⅴ-9】大規模な第三者割当てと上場廃止 (101)
　　　　　　①東京証券取引所・有価証券上場規程 (101)
　　　　　　②東京証券取引所・有価証券上場規程施行規則 (101)
【資料Ⅴ-10】イオン転換社債型新株予約権付社債プレスリリース (102)
【資料Ⅴ-11】社債の担保およびコベナンツについて（日本証券業協会作成）(106)
【資料Ⅴ-12】トヨタ自動車株式会社平成23年3月期計算書類 (109)
　　　　　　①貸借対照表 (109)

資 料 一 覧

　　　　　　　　②損益計算書　(109)
　　　　　　　　③株主資本等変動計算書　(110)
　　　　　　　　④個別注記表　(111)
【資料Ⅴ-13】東証一部上場企業の株主還元総額と純利益の推移　(113)
【資料Ⅴ-14】前年度の純損益と配当額の増減の関係　(113)
【資料Ⅴ-15】100％減資　(114)
【資料Ⅴ-16】デット・エクイティ・スワップ　(115)
【資料Ⅴ-17】ヴィジュアル・マテリアルズ株式会社の株主構成と貸借対照表の変化　(116)
　　　　　　　　①株主構成の変化　(116)
　　　　　　　　②貸借対照表の変化　(117)

Ⅵ　M&A

【資料Ⅵ-1】主要5か国におけるM&A取引額の推移　(119)
【資料Ⅵ-2】合併契約　(120)
【資料Ⅵ-3】合併基本合意書（合併覚書）　(123)
【資料Ⅵ-4】証券取引所による実質的存続性の審査　(124)
【資料Ⅵ-5】合併に伴う定款変更議案　(126)
【資料Ⅵ-6】合併対価の相当性に関する事項　(126)
【資料Ⅵ-7】本件合併に係る合弁契約の解除・再締結の背景事情　(128)
【資料Ⅵ-8】合併公告　(129)
【資料Ⅵ-9】上場企業数の推移　(130)
【資料Ⅵ-10】MBOの件数と金額の推移　(130)
【資料Ⅵ-11】新生銀行の公開買付届出書の主な記載事項　(132)
【資料Ⅵ-12】発行者以外の者による株券等の公開買付けの開示に関する内閣府令・第2号様式・記載上の注意　(135)
【資料Ⅵ-13】日本で届出をしたTOB件数と買付金額の推移（自己株式は除く）　(136)
【資料Ⅵ-14】意見表明報告書　(137)
【資料Ⅵ-15】種類株式発行に係る定款変更議案　(138)
【資料Ⅵ-16】全部取得条項の付加に係る定款変更議案　(139)
【資料Ⅵ-17】全部取得条項付種類株式の取得に係る株主総会議案　(140)
【資料Ⅵ-18】敵対的買収の事例　(141)
【資料Ⅵ-19】買収防衛策の導入状況（累計）　(142)
【資料Ⅵ-20】買収防衛策の廃止件数　(142)
【資料Ⅵ-21】事前警告型防衛策の分類　(143)
【資料Ⅵ-22】買収防衛策導入企業の特徴　(144)

I 総論

1 日本国内の会社の数

　日本には，会社法上の会社として，株式会社，持分会社（合名会社・合資会社・合同会社）が存在する。株式会社の中には，平成17年会社法制定に伴い廃止された旧有限会社法に基づいて設立された有限会社も含まれ，この中で引き続き従前の有限会社制度の規律を利用する会社は，特例有限会社と呼ばれる（会社法整備法3条2項）。そのほか，名称に「会社」が含まれ，会社法上の会社ではない企業として，相互会社（保険業2条5項），特定目的会社（資産流動化2条3項）等が存在する。

　日本国内の会社の数の統計としては，総務省による産業分野ごとの事業所および企業の従業者規模等の統計である経済センサス（かつての事業所・企業統計調査）と国税庁が租税収入の見積り・税務行政の運営等の基礎資料とするために行う会社標本調査とがある。前者は，事業所が存在している会社のみを対象としている。

　テレビCM等でお馴染みの有名企業の多くは株式会社であり，数の上では株式会社が圧倒的に多い。だが，250万社ある株式会社の大半は中小企業である。証券取引所（金商法上の金融商品取引所）に上場し，株式が一般投資家の間を流通する会社は，250万社を超える株式会社のうち，3600社程度である（2011年1月現在）。

【資料 I-1】　国税庁基準による会社の数

	株式会社	有限会社	合名会社	合資会社	合同会社	その他
2002	1,048,920	1,423,132	7,848	29,867	0	40,320
2003	1,044,491	1,428,216	5,940	32,746	0	41,742
2004	1,040,379	1,432,883	7,775	43,504	0	47,547
2005	1,041,067	1,454,078	5,758	31,887	0	52,243
2006	2,497,365		5,753	31,932	619	56,678
2007	2,505,132		5,682	25,550	3,998	53,852
2008	2,507,661		4,614	25,173	11,831	54,086
2009	2,521,706		5272	25,646	10,206	54,234

出典：国税庁企画課編・会社標本調査より作成

【資料 I-2】　資本金額による区分

区分	1000万円未満	1000万円以上 1億円以下	1億円超 10億円未満	10億円以上	合計	構成比
株式会社	1,505,626	988,847	20,901	6,332	2,521,706	96.4
合名会社	4,854	412	4	2	5,272	0.2
合資会社	23,848	1,797	0	1	25,646	1.0
合同会社	9,917	249	30	10	10,206	0.4
その他	24,811	27,734	1,029	660	54,234	2.1
合計	1,569,056	1,019,039	21,964	7,005	2,617,064	100.0
構成比	60.0	38.9	0.8	0.3	100.0	

「その他」には，協業組合，特定目的会社，企業組合，相互会社，医療法人が含まれる。

出典：国税庁企画課編・平成21年度分会社標本調査12頁

I 総　論

【資料 I -3】経済センサスによる会社企業の従業員数（2009 年 7 月 1 日現在）

総　　数			株式会社			合名・合資・合同・相互会社		
企業数	事業所数	従業者数	企業数	事業所数	従業者数	企業数	事業所数	従業者数
1,795,106	2,781,453	40,953,578	1,770,273	2,747,058	40,564,740	24,833	34,395	388,838

平成 21 年経済センサスより

【資料 I -4】上場会社数

	上場会社数						
	東証		大証		名証	札証	福証
	国内	外国	国内	外国			
第一部	1,670	10	529	0	210	66	119
第二部	431	0	218	0	105		
新興	マザーズ		JASDAQ		セントレックス	アンビシャス	Q-Board
	179	2	998	1	27	10	10
その他	1	0	1	0	0	0	0
小計	2,293		1,747		342	76	129

重複上場分控除後の合計 3662 社（内，外国会社 13 社）
平成 22 年 12 月末現在・各証券取引所ウェブサイトより

【Discussion ①】
　なぜ，株式会社が最も利用されるのか，考えてみよう。特に，証券取引所に上場している株式会社だけではなく，株式の売買が頻繁に行われることを予定していない閉鎖会社においても株式会社が利用される理由はどこにあるか。
　⇨ヒント：神田秀樹『会社法〔第 13 版〕』［弘文堂，2011］26 頁によれば，このように経済活動の中心として株式会社が利用されるのは先進国に共通の現象であり，そこでは，①法人格，②有限責任，③持分の譲渡性，④取締役会への経営の委任，⑤出資者による所有という性質が共通して観察されるとされている。

【Work & Practice ①】
　経済センサス，会社標本調査はそれぞれ総務省統計局 HP（http://www.stat.go.jp/index.htm），国税庁 HP（http://www.nta.go.jp/kohyo/tokei/kokuzeicho/tokei.htm）で公開されており，産業分野毎の資本金額による区分，従業員数，売上，会計上の数値等が掲載されている。例えば，現在，日本で最も多くの従業員が所属している産業分野はどこか調べてみよう。

2　企業形態の選択

(1) 広がる株式会社

　保険会社には，保険業法上，株式会社形態のほかに，保険契約者が社員となる相互会社形態が認められているが，近時，いくつかの保険会社が相互会社から株式会社に組織形態を変更する例がみられる。

【資料 I -5】 第一生命の株式会社化

　1. 株式会社化及び上場に関する方針決定について
　　我が国の人口動態の変化等によって，生命保険市場における競争は一段と激化することが予想されます。

2 企業形態の選択

　そのような将来の厳しい市場環境においても，持続的な成長を実現してこそ，当社が「品質保証新宣言」でお約束している「品質」を長期的にお客さまに提供し続け，お客さまから選ばれ続ける会社であることが可能となります。
　そこで，持続的な成長を実現するために，より柔軟な経営戦略を取り得る株式会社に当社の組織形態を変更し，また，市場の規律に基づく透明性のより一層高い経営を目指すべく，株式を上場することが必要であると判断しました。
　当社は今後とも，「お客さまから最も支持される生命保険会社」となるべく，一層努めてまいります。
　なお，当社が株式会社化を行った場合におきましても，ご契約者さまとの保険契約に基づく保障内容に変更はございません。

第一生命保険株式会社「株式会社化及び上場に関する方針決定について」平成20年3月27日抜粋

〈質問〉第一生命が株式上場をいいかたちで果した中，株式会社への転換について考えがかわったことがあれば教えてください。

〈回答〉（前省略）
〇相互会社では，ご契約者の皆さまが，会社の構成員である社員となり，総代の皆さまには，社員の代表として会社の重要事項をご決定いただいております。一方，株式会社では，ご契約者と株主は別々の立場となり必ずしも一致しないため，ご契約者ではない株主が会社の重要事項について意思決定権を持つこととなります。
〇次に，相互会社と株式会社それぞれのメリット・デメリットという点でございますが，ご覧のとおり株式会社のメリットという点では，返済義務のない大規模な資本調達を柔軟に行えるといったことや，株式を対価としたM＆Aが可能となるといったことが挙げられます。
〇一方で，株式会社化には200億円から300億円前後の一時的なコストや毎年数十億円の維持コストがかかります。また，ご説明申し上げましたとおり，相互会社では，ご契約者自身が社員となりますので，剰余金を契約者配当として還元することを通じて，ご契約者の利益の最大化を図ることができますが，株式会社の場合は，新たに株主配当が必要となり，契約者配当とのバランスをいかにとるかという課題が生じることとなります。
〇このように，株式会社化は種々のメリット・デメリットがあり，また，ご契約者全体に大きな影響を与えることとなりますので，保険会社の最大の責務である，「ご契約者への長期にわたる確実な保障の提供」という観点を踏まえて慎重に判断しなければならないと考えております。
〇当社では，現在のところ，コストと時間をかけて株式会社化するよりも，相互会社形態を維持する方が，ご契約者にとってよりメリットがあると考えており，現時点で株式会社化の予定はございません。
〇ただし，株式会社化のデメリットを踏まえてもなお，ご契約者の利益に資すると判断される場合には，機動的に株式会社化を実行に移せるよう，第一生命の事例も含めて引き続き研究を続けてまいる所存です。

住友生命・平成22年定時総代会質疑応答の要旨より抜粋

【Discussion②】
　著名な生命保険会社のうち，従来，相互会社であった第一生命は株式会社に組織変更したのに対し，住友生命は相互会社形態を維持している。株式会社化するメリットはどこにあるか。反面，相互会社形態を維持する理由はどこにあるか。【資料Ⅰ-5】を参考にして，株式会社と相互会社の違いがどこにあるのかに注目して考えてみよ。

　また，従前，株式会社形態が認められていなかった医療・教育（学校）・農業等の分野においても，特定の地方公共団体では，構造改革特別区域（構造改革特別区域法2条）として，株式会社形態による事業が認められている。認定された構造改革特区は，計画実施後，評価・調査委員会が特例措置の評価を行い，特段の問題がなければ全国規模への展開が予定されている。認定分野および認定地方公共団体については構造改革特別区域推進本部HP（http://www.kantei.go.jp/jp/singi/kouzou2/）で公表されている。

Ⅰ 総　論

【資料Ⅰ-6】　朝日塾中学高等学校の株式会社から学校法人への変更

全国唯一の株式会社立中学，来年度から法人運営に　岡山

　全国で唯一，「株式会社立」の中学校と全日制高校を経営する株式会社朝日学園（岡山市，鳥海十児（とりうみ・みつじ）社長）が，来年度から学校法人化することになった。岡山県が 13 日，認可した。小泉内閣の規制緩和で誕生した「教育特区」を利用して 2004 年に誕生したが，私学助成が認められず，定員割れも続いたことから経営が困難になっていたという。

　鳥海社長は元々，岡山市内で幼稚園と小学校を運営する「学校法人朝日学園」による中学，高校の設立を目指していた。しかし同法人に約 35 億円の負債があり，法人所有の校舎や土地がないことなどから認められなかった。

　そこへ「教育特区」に指定された当時の御津（みつ）町（現・岡山市北区）から誘致があり，町所有の廃校舎を借りて 04 年 4 月に株式会社立朝日塾中学校を，07 年には全日制の「株式会社立朝日塾高校」を開校した。

　朝日塾中は，公立中の 1.5 倍の授業時間，美術や体育の英語による授業，成績優秀者が難関校で不合格なら 3 年間の授業料を返還する「高校合格保証制度」などを実践し，注目された。

　しかし鳥海社長によると，開学当初から定員割れが続いた。株式会社立大学が各地のキャンパスを次々に閉鎖したこともあって「株式会社立は危ない」との風評も立ち，現在は中高合わせて 600 人の定員に約 200 人しかいないという。

　赤字を抱えていると新たな私立学校は運営できないため，負債は株式会社が引き継ぎ，新たな学校法人を設立する。校舎や運動場として使っている土地建物は既に買い取り，6 年間の学校運営の実績もあって県の審査をクリアしたといい，新年度からは中高一貫の中等教育学校に生まれ変わる。学校法人化で年約 1 億円の私学助成金と，年約 1 千万円の固定資産税や法人税などの軽減といったメリットがあるという。

（塩野浩子）

asahi.com 2010 年 10 月 14 日

よくあるご質問 Q&A

Q　なぜ株式会社立から学校法人立になったのですか
A　主な理由は 2 つです。
（1）これまでの私学助成金がうけられない，税制上の優遇措置が無いといった財政的に不利な状況が改善されます。株式会社朝日学園による朝日塾中学高等学校は，小泉純一郎内閣の下で実施された構造改革特区の制度を利用して設置された学校です。既存の学校と違い，カリキュラムを自由に組んで特色を打ち出すことができるというメリットがある反面，財政的に不利な点がありました。（財政上の問題は数年以内に法律的に解決される見込みがあっての開校でしたが，いっこうに法的な整備が行われないまま現在に至っています。）
（2）特区制度の学校として存在し続ける積極的な理由が消滅しました。

　もう一つは，「特区制度」そのものの持つねらいと関係します。構造改革特区制度の実施においては，特定地域における成功事例が全国的な構造改革へと波及することが期待されており，特区制度を利用した本校独自の教育内容についても，毎年，国からの評価を受けてきました。特区の諸学校独自の教育内容が高く評価されたことで，特区に限定されていた「学習指導要領等の教育課程の基準によらない特別の教育課程の編成・実施」の特例については，平成 20 年 4 月から文部科学大臣の指定により，全国のいずれの公立 / 私立学校においても行うことが可能となりました。

朝日塾中学高等学校ホームページより

【Discussion ③】

　従前，医療・学校・農業等の分野に株式会社形態での参入が認められていない理由はどこにあると考えられるか。また，構造改革特別区域制度を利用して株式会社で行うメリットはどこにあると考えられるか（参考：江頭 19 頁）。【資料Ⅰ-6】に掲げた朝日塾中学高等学校は，構造改革特別区域制度を利用して株式会社形態による学校として設置・運営されてきたが，学校法人に組織変更した。この資料を参考にして，現実に株式会社形態を選択するか否かの考慮要素は，会社法のルールとどれほど関係するのかも考えてみよ。

(2) 合同会社の利用方法

　平成18年に導入された合同会社は，組合的規律と社員の有限責任との両立を目的とした制度であるが，現在の会社法の下では，株式会社でも取締役会を設置しなければ，かなりの程度，定款自治が可能であるため，合同会社制度にどのようなニーズがあるのか注目されている。現在までは，大規模株式会社のいくつかが株式会社から合同会社に変更となったほか，企業買収の際や不良債権の受皿会社としての特別目的会社（SPC），地域の町興し運動，学生の起業等に利用されている。

【資料Ⅰ-7】 西友の合同会社化

2009年6月1日
合同会社への改組について

　株式会社西友（以下，西友）は，本年後半に，自社の会社形態を現在の株式会社から合同会社に改組する方針を決定しました。

　西友は，昨年4月の株式上場廃止，ウォルマート・ストアーズ・インク（以下，ウォルマート）による完全子会社化を経て，今年3月には，ウォルマートが新たに日本で設立した持株会社であるウォルマート・ジャパン・ホールディングス合同会社の100％子会社になっています。

　西友は，ウォルマートとの強固な連携の下で，「毎日お買得」（エブリディ・ロー・プライス）を軸とする低価格路線を推進しており，それに合わせて，本部・店舗組織の簡素化，業務プロセスの効率化，全社的な生産性の改善などに向けた取組みを積極的に進めてきました。西友は，今回発表された合同会社への改組を機に，その成長のペースを更に加速させる方針です。

出典：西友 News Release「合同会社への改組について」2009年6月1日

　西友は1日，10月をメドに会社形態を株式会社から合同会社（日本版LLC）に切り替えると発表した。合同会社になることで取締役会や株主総会などの開催が必要なくなるため，迅速な意思決定が可能になる。ただ，移行後も事業内容に変更は無く，米ウォルマート・ストアーズの日本法人が100％出資する位置付けは変わらない。

出典：日本経済新聞2009年6月2日付朝刊12面

【Discussion ④】

　株式会社であった西友は，外国会社の完全子会社となった際に合同会社への変更を選択した。【資料Ⅰ-7】を参考にして，西友が合同会社を選択した理由は，完全子会社化した株式会社でも達成できないか考えてみよ。

I　総　論

【資料 I-8】　利用される合同会社

▶①企業再建支援

会社更生手続き中の穴吹工務店は28日，マンション最大手の大京と投資ファンドのジェイ・ウィル・パートナーズ（東京・千代田）が経営再建のスポンサー（支援企業）になったと正式発表した。ジェイ・ウィルのファンドと大京が出資する合同会社が穴吹工務店に資本参加するなどで，マンション開発などで大京と業務提携し，早期の再生を目指す。
更生管財人を務める長谷川宅司弁護士は同日，高松市で記者会見し「大京について，一貫した事業会社が（支援に）

穴吹工務店、大京などが支援　発表

2009年の事業主別マンション発売戸数
1	大京	4,091
2	住友不動産	3,959
3	藤和不動産	3,587
4	三井不動産レジデンシャル	3,002
5	穴吹工務店	2,678
6	野村不動産	2,604
7	コスモスイニシア	2,407
8	三菱地所	2,188
9	大和ハウス工業	2,076
10	穴吹興産	1,523
（注）不動産経済研究所調べ

マンション事業　補完狙う

ファンドと連携　カギ

ここで，信用補完が可能になる」と述べた。穴吹は会社から100％減資を実施した株十億円程度としている。支援額は百数主責任を明確にしたうえで，大京とファンドの合同会社は日本版LLCと呼ばれ，投資ファンドの

運用・管理会社で活用されることが多い。
同日締結したスポンサー契約などでは，マンション開発用地の情報を共有する支援策も盛り込んだ。穴吹は7月にマンション分譲首位の大京と提携することで，マンション業界メドに大京と融資もしたとする更生計画を東京地裁に提出する予定だ。
スポンサー選定をめぐっては，マンション用地の取得から建設，販売，管理まで効果などに不透明な部分も多い。

で穴吹が請け負う一貫式を継承できる再建の枠組みを重視。大京・ファンド連合を選んだ理由について「穴吹と大京は営業エリアも重複せず，相乗効果を発揮しやすい」（長谷川弁護士）と説明した。
穴吹と同7月に提携した大京が同5位の穴吹と連携することで，同2位以下を大きく引き離す構図になる。ただ，出資比率は「相当部分がジェイ・ウィル」（同）で，出資比率の低い大京が提携の効果をどこまで発揮できるか不透明な部分も多い。

日本経済新聞 2010 年 5 月 29 日付朝刊 11 面

▶②不良債権売却

武富士の今期
特損88億円計上
不良債権売却で

武富士は14日，不良債権の売却に伴い2010年3月期に88億700万円の特別損失を計上すると発表した。顧客に対して金利減免などに応じた債権について，簿価380億9200万円分を投資会社「Kawa1合同会社」（東京・港）に145億円で売却する契約を11日に締結した。

日本経済新聞 2009 年 12 月 25 日付朝刊 14 面

▶③学生の起業

大日本印刷　慶應義塾大学の学生ベンチャー支援として　合同会社マイアース・プロジェクトを設立　遊びながら地球環境を学べるトレーディングカードゲームの事業を推進

　大日本印刷株式会社（本社：東京社長：北島義俊　資本金：1,144億円　以下：DNP）は，慶應義塾大学湘南藤沢キャンパス（以下：慶應 SFC）の学生の起業を支援する取組として，学生2名との合同会社マイアース・プロジェクト（以下：マイアース・プロジェクト）を7月7日に設立します。マイアース・プロジェクトは，環境破壊と保全活動の大切さなど地球環境を取り巻く様々な問題点を学ぶことのできる小中学生向けトレーディングカードゲーム『My Earth™（マイアース）』の販売および関連事業を行います。
【背　景】
　DNP は，慶應 SFC で2006年から寄附講座「アントレプレナー概論」を協賛するとともに，その講座の受講者の考案したアイデアの中から，特に優れたものについて，DNP のベンチャー制度を利用して事業化を支援しています。今回，地球環境を学ぶトレーディングカードゲームのアイデアを開発した学生のプロジェクトに対し，2007年10月から事業化に向けたフィジビリティ・スタディを行ってきています。小学生から高校生までの700名の学生に実際にゲームを行ってもらうとともに，教材としての利用や販売などの事業化の検討を実施してきました。実際に体験した学生の評価としては「面白い」「発売されたら買いたい」などの声が多く寄せられました。また，各地の小学校において，教育プログラムとしての利用について継続した研究を行い，その有効性が確認できた他，CSR 活動のツールとして数社の企業から採用が決定しています。このように，事業化の道筋が付いたことから，開発者である2名の学生と合同会社（LLC）を設立することとしました。

大日本印刷ニュースリリース 2008 年 7 月 7 日より抜粋

【Discussion ⑤】
これらの場合に，株式会社ではなく，合同会社を選択した理由は，それぞれ，どこにあると考えられるか。
⇨ヒント：特定の資産取得を目的とする資産流動化目的の場合には（①，②等），会社の承認を要求せず持分譲渡を可能にするニーズと柔軟な機関構成へのニーズとがあるが株式会社ではどのような不都合があるか。
③の例では，法人である大日本印刷が代表社員となっている。株式会社では法人が代表者となることは可能か。

3 上場会社の株式所有構造

(1) 株式所有構造

上場会社の株式の保有がどのように分布しているか，株式がどのような主体に保有されているのかという問題を株式所有構造の問題と呼ぶ。日本の株式所有構造の全体像を知るための資料として，全国の証券取引所が全上場会社の株式保有割合を株主名簿の記載を基準に調査した株式分布状況調査があり，各証券取引所のHPで公開されている。

株式分布状況調査では，政府・地方公共団体，金融機関，証券会社，事業法人，外国人（外国法人等），個人・その他の分類に従ってそれぞれの株式保有割合が，株式数ベース・市場価格ベースで集計されている。また，金融機関の保有割合内部も，都市銀行・地方銀行，信託銀行，生命保険会社，損害保険会社，その他の金融機関（信用金庫等）毎に保有割合が集計されており（なお，1985年以前の信託銀行保有分は都銀・地銀等の中に含まれる），都市銀行・地方銀行と信託銀行の保有分の合計のうち，投資信託と年金信託の割合も集計されている（ただし，これら信託分の多くは信託銀行の持分と思われる）。下記【資料Ⅰ-9】では，全体像を知るのに適切と考えられる市場価格ベースを利用した。

この資料から日本の株式所有構造の特徴を読み解いてみよう。1970年代ごろと比較して1990年代ごろから，事業法人と金融機関，とりわけ，都銀・地銀，生命保険会社の株式保有割合が大きく減少していることが目につく（なお1985年の都銀・地銀の減少は信託銀行分を別建てとしたためである）。これらが株式を保有する理由には，純粋に配当や転売利益といった金融商品の投資としての利益を目的とした場合も含まれるであろうが，例えば，事業法人であれば，保有先の会社との長期的取引関係を維持する目的，銀行ならば与信（貸付）や当座取引勘定契約，生命保険会社ならば団体定期保険，証券会社ならば有価証券発行業務の中心となる主幹事の地位といった取引関係の形成・維持を目的としている場合も多いと推察される。

他方，長期的なスパンでみれば，（国内の）個人の株式保有割合は減少している。個人が株式を保有する理由は，通常は，株式の配当・転売利益といった投資としての利益目的であることが考えられる。1970年以前（株式数ベースのデータのみ）を各証券取引所HPで確認してもらえば，この傾向は顕著であることがわかる。

しかし，1990年代以降は，都銀・地方銀行，その他の金融機関（保険会社）の株式保有が減少し，他方で外国人等の株式保有が増加していることがわかる。外国人等の多くは，保有先の会社との取引関係のない投資利益を獲得目的に株式を保有している。信託銀行の保有割合も増加しており，この信託銀行の保有割合の中には，取引関係のために信託銀行本人が保有している場合も存在するが，他人の受託者として株式を保有している場合も多く含まれている（なお，年金信託は90年代後半，投資信託は2000年頃から増加している）。

そのほか，国によっては，政府・地方公共団体が一定の産業保護等を理由に株式を保有することがあるが，日本では，一貫して政府・地方

Ⅰ 総　論

公共団体の株式保有割合は低い。

　以上の傾向をまとめると，かつては，長期的な取引関係維持等を目的とした経営者と親密なインサイダー株主が多かったが，近時は，純粋に投資商品としての株式の配当・転売利得益に着目したアウトサイダー株主が増加しているということができる。

　なお，このような区分とは別に「機関投資家」という言葉を用いることがある。本来は，投資家から金銭を集め株式を含めた証券等の資産に投資する組織体のことを機関投資家といい，銀行や生命保険会社等も当然，機関投資家に含まれることになる。だが，日本では，とりわけ株式所有構造の文脈においては，投資家から金銭を集めて投資する組織体のうち投資商品としての利益を目的に株式保有をするもの（アウトサイダー株主）のみを指していることがある。この場合は，銀行や生命保険会社は除かれ，信託銀行のほか投資銀行，投資ファンド等のみが機関投資家に該当することになる（ただし，近時，生命保険会社も保険契約者からの保険料を運用する「受託者」であるとの認識から議決権行使に積極的になっており，生命保険会社がアウトサイダーでないと一概に言えなくなってきている）。

　先進諸国では，大陸ヨーロッパは事業会社間や銀行の株式保有が多いのに対して，アメリカ・イギリスでは事業会社・銀行の株式保有は少ないが，保険企業，年金ファンド，投資ファンド等の株式保有が多いとされる。このことを整理すれば大陸ヨーロッパではインサイダー株主が多く，アメリカ・イギリスではアウトサイダー株主が多いと整理できる（なお，アジアについては【資料Ⅰ-11】参照）。

【資料Ⅰ-9】　株式分布状況調査（市場価格ベース）投資部門別株式保有比率の推移
▶①投資部門別株式保有比率の推移（概要）

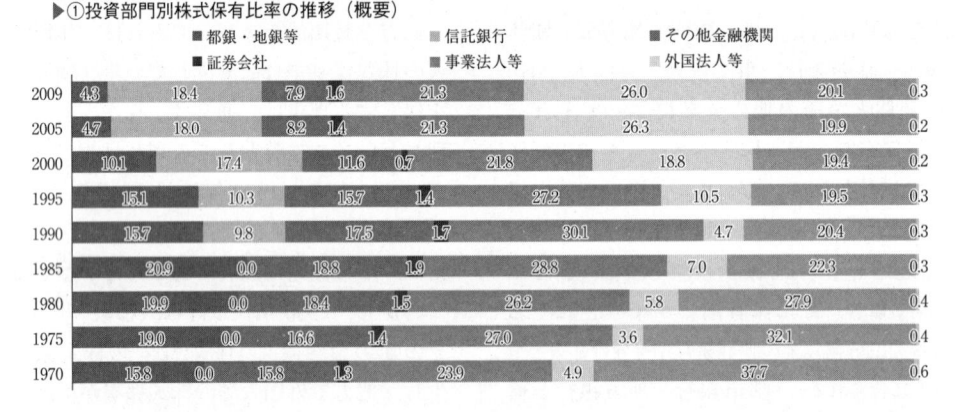

凡例：都銀・地銀等／信託銀行／その他金融機関／証券会社／事業法人等／外国法人等

年	都銀・地銀等	信託銀行	その他金融機関	証券会社	事業法人等	外国法人等		
2009	4.3	18.4	7.9	1.6	21.3	26.0	20.1	0.3
2005	4.7	18.0	8.2	1.4	21.3	26.3	19.9	0.2
2000	10.1	17.4	11.6	0.7	21.8	18.8	19.4	0.2
1995	15.1	10.3	15.7	1.4	27.2	10.5	19.5	0.3
1990	15.7	9.8	17.5	1.7	30.1	4.7	20.4	0.3
1985	20.9	0.0	18.8	1.9	28.8	7.0	22.3	0.3
1980	19.9	0.0	18.4	1.5	26.2	5.8	27.9	0.4
1975	19.0	0.0	16.6	1.4	27.0	3.6	32.1	0.4
1970	15.8	0.0	15.8	1.3	23.9	4.9	37.7	0.6

▶②株式分布状況調査（市場価格ベース）

（縦軸：保有割合(%)　横軸：1970～2008年　凡例：政府・地方公共団体／金融機関／証券会社／事業法人等／外国法人等／個人・その他）

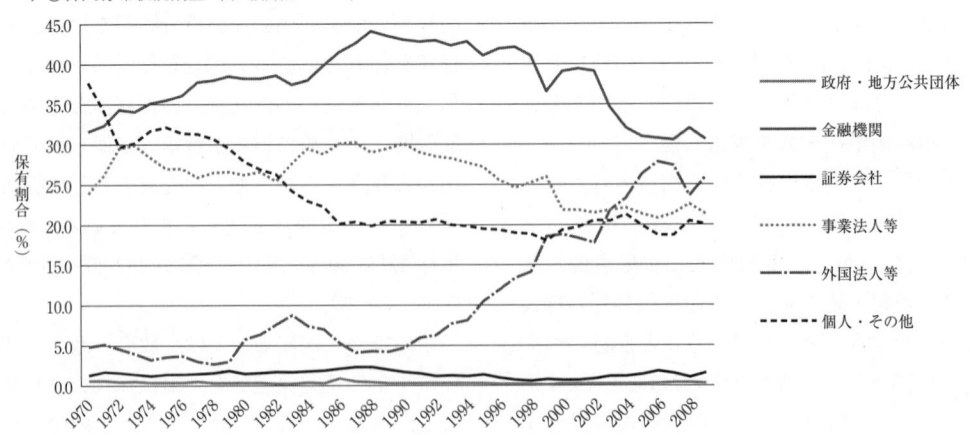

3 上場会社の株式所有構造

▶③各金融セクターの株式保有割合

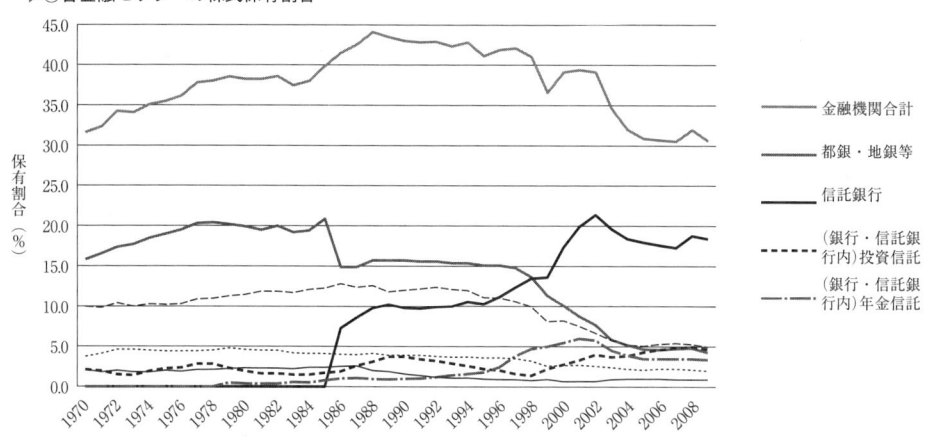

凡例：金融機関合計／都銀・地銀等／信託銀行／（銀行・信託銀行内）投資信託／（銀行・信託銀行内）年金信託

全国証券取引所・平成21年度株式分布状況調査より

【資料Ⅰ-10】 各国の投資部門別株式所有構造比較

各国の株式保有構造（2006年） (単位％)

	米国	日本	ドイツ	フランス	イギリス
家　　計	38.9	18.1	13.8	5.8	12.8
企　　業	—	20.7	36.4	12.5	2.7
公的セクター	0.4	0.3	2.1	12	0.1
非金融セクター　計	39.3	39.1	52.3	30.3	15.6
銀　　行	0.2	14.3	10.8	8.7	3.4
保険企業・年金ファンド	26.8	11.1	4.2	7.1	27.4
投資ファンド・その他金融機関	23.4	7.5	12.9	13.2	13.6
金融セクター　計	50.4	32.9	27.9	29	44.4
その他（外国人）	10.1	28	19.7	40.7	40
計	100	100	100	100	100

アメリカは事業会社間の株式保有を控除して集計したデータを用いている。

株式分布状況調査，FRB, Flow of Funds Accountsof the United States - Annual Flows and Outstandings, FESE, SHARE OWNERSHIP STRUCTURE IN EUROPE ほか

(2) 所有と経営の分離

株式所有構造の問題として，誰が株主か，という問題のほかに，どの程度，株主が分散しているかという問題がある。株式会社の特色として，「所有と経営の分離」といわれることがあるが，支配株主が存在する場合には，経営陣（役員）の選解任を支配株主が自由にできることから，実態としては，経営陣は支配株主の影響下にある。そして，国内の株式会社の多くが閉鎖会社であるばかりか，取引所上場会社であっても，上場子会社のように親会社（支配株主）が存在する場合もある。以下の調査は，東アジア（1996年および近接年）と西ヨーロッパ（1996から1999年まで）の上場会社について，データベース（Worldscopeほか）から議決権の20％を基準に支配株主の有無と支配株主が存在する場合はその属性を集計したものである（支配株主が法人であり支配株主が存在する場合にはさらに遡って最終的な支配権 ultimate control 保有者の属性を求めたものである）。先進諸国の中では，大まかに言って大陸ヨーロッパ諸国は株式所有が集中しているのに対し，イギリス・アメリカは株式所有が分散していると評価されている。

I 総論

【資料 I -11】 東アジア諸国の上場会社の支配株主の有無

国名	企業数	分散保有	支配株主	支配株主の属性			
				同族	政府	分散保有会社	金融機関
香港	330	7.0	93.0	66.7	1.4	19.8	5.2
インドネシア	178	5.1	94.9	71.5	8.2	13.2	2.0
日本	1,240	79.8	20.2	9.7	0.8	3.2	6.5
韓国	345	43.2	56.8	48.4	1.6	6.1	0.7
マレーシア	238	10.3	89.7	67.2	13.4	6.7	2.3
フィリピン	120	19.2	80.8	44.6	2.1	26.7	7.5
シンガポール	221	5.4	94.6	55.4	23.5	11.5	4.1
台湾	141	26.2	73.8	48.2	2.8	17.4	5.3
タイ	167	6.6	93.4	61.6	8.0	15.3	8.6

S. Claessens et al. Journal of Financial Economics 58(2000)103.

【資料 I -12】 西ヨーロッパ諸国の上場会社の支配株主の有無

国名	サンプル数	分散保有	支配株主	支配株主					
				家族	政府	分散保有会社	金融機関	その他	持合
オーストリア	99	11.11	88.89	52.86	15.32	0.00	8.59	11.11	1.01
ベルギー	130	20.00	80.00	51.54	2.31	0.77	12.69	12.69	0.00
フィンランド	129	28.68	71.32	48.84	15.76	1.55	0.65	4.52	0.00
フランス	607	14.00	86.00	64.82	5.11	3.79	11.37	0.91	0.00
ドイツ	704	10.37	89.63	64.62	6.30	3.65	9.07	3.37	2.62
アイルランド	69	62.32	37.67	24.63	1.45	2.17	4.35	5.07	0.00
イタリア	208	12.98	87.01	59.61	10.34	2.88	12.26	1.20	0.72
ノルウェー	155	36.77	63.23	38.55	13.09	0.32	4.46	4.54	2.27
ポルトガル	87	21.84	78.16	60.34	5.75	0.57	4.60	6.90	0.00
スペイン	632	26.42	73.57	55.79	4.11	1.64	11.51	0.47	0.05
スウェーデン	245	39.18	60.82	46.94	4.90	0.00	2.86	5.71	0.41
スイス	214	27.57	72.43	48.13	7.32	1.09	9.35	6.31	0.23
イギリス	1,953	63.08	36.92	23.68	0.08	0.76	8.94	3.46	0.00
合計	5,232	36.93	63.08	44.29	4.14	1.68	9.03	3.43	0.51

M. Faccio & L. H. P. Lang Journal of Financial Economics 65(2002)379.

【Discussion ⑥】
　国際的に比較した場合，日本の上場会社の株式所有構造の特質はどのような点にあると考えられるか。
　⇨ヒント：①株主の属性と②株式所有の集中度合いのそれぞれについて大陸ヨーロッパに近いか，それとも英米に近いか考えてみよ。

(3) 親子上場

　日本の株式所有構造で注目されている現象の例として，親会社・子会社ともに上場している親子上場を扱う。親子上場は，従来から日本で広く受け入れられてきた現象であったが，近時は，親会社が子会社の利益を搾取して子会社少数派株主を害するのではないかという利益相反の危険を理由に，外国人投資家を中心に，批判が高まっている。また，90年代後半以降，上場子会社を完全子会社化することで親子上場を解消する例も急増しており，2000年代末には，親子上場の総数も減少している（【資料 I -13】）。

3 上場会社の株式所有構造

【資料Ⅰ-13】 日本の証券市場における親子上場の規模

年度	対象会社数	50％基準					33％基準				
		親会社			子会社		親会社			子会社	
		会社数	対象会社数に占める割合	傘下上場子会社数平均	会社数	対象会社数に占める割合	会社数	対象会社数に占める割合	傘下上場子会社数平均	会社数	対象会社数に占める割合
	社	社	％	社	社	％	社	％	社	社	％
1986	2,018	71	3.5	1.77	126	6.2	135	6.7	2.24	305	15.1
1987	2,074	79	3.8	1.71	135	6.5	146	7.0	2.20	323	15.6
1988	2,182	83	3.8	1.73	145	6.6	154	7.1	2.17	337	15.4
1989	2,296	89	3.9	1.71	153	6.7	162	7.1	2.12	346	15.1
1990	2,425	100	4.1	1.69	170	7.0	178	7.3	2.11	379	15.6
1991	2,533	104	4.1	1.71	179	7.1	182	7.2	2.13	390	15.4
1992	2,559	101	3.9	1.75	177	6.9	184	7.2	2.09	386	15.1
1993	2,648	102	3.9	1.78	182	6.9	190	7.2	2.08	397	15.0
1994	2,794	112	4.0	1.76	197	7.1	198	7.1	2.13	425	15.2
1995	2,965	121	4.1	1.81	219	7.4	204	6.9	2.20	452	15.2
1996	3,101	129	4.2	1.83	236	7.6	212	6.8	2.19	469	15.1
1997	3,217	138	4.3	1.83	254	7.9	222	6.9	2.23	496	15.4
1998	3,274	154	4.7	1.82	280	8.6	234	7.1	2.29	535	16.3
1999	3,338	165	4.9	1.77	292	8.7	241	7.2	2.24	542	16.2
2000	3,462	161	4.7	1.84	299	8.6	242	7.0	2.24	550	15.9
2001	3,567	180	5.0	1.82	329	9.2	259	7.3	2.24	583	16.3
2002	3,598	174	4.8	1.76	310	8.6	255	7.1	2.19	564	15.7
2003	3,594	181	5.0	1.73	315	8.8	255	7.1	2.12	546	15.2
2004	3,698	189	5.1	1.75	330	8.9	278	7.5	2.04	568	15.4
2005	3,783	205	5.4	1.69	347	9.2	292	7.7	1.98	578	15.3
2006	3,883	210	5.4	1.72	361	9.3	291	7.5	2.04	594	15.3
2007	3,890	207	5.3	1.74	367	9.4	288	7.4	2.04	595	15.3
2008	3,795	197	5.2	1.80	355	9.4	275	7.2	2.08	574	15.1
2009	3,687	180	4.9	1.77	322	8.7	256	6.9	2.02	526	14.3

(注) 集計対象は、全上場市場（全国証券取引所、ジャスダック（旧店頭市場）、マザーズ、ヘラクレス（旧ナスダックジャパン）等）に上場する会社。50％基準、および33％基準の親子関係は、Claessens et al.（2000）に従い、議決権の連鎖を追跡調査したものである。
出典：新田敬祐「株式市場における親子上場の存在感とその功罪」NLI Research Institute Report 2010年11月号、24頁図表1

【資料Ⅰ-14】 著名な親子上場の例

- 日本電信電話―NTTドコモ
- ソフトバンク―ヤフー
- イオン―イオン九州，イオンクレジットサービス，イオンディライト，イオンファンタジー，イオン北海道，イオンモール，コックス，サンデー，CFSコーポレーション，ジーフット，ツヴァイ，マックスバリュ東海，マックスバリュ東北，マックスバリュ中部，マックスバリュ西日本，マックスバリュ北海道，ミニストップ

【資料Ⅰ-15】 昨今の親子上場解消の例

- イトーヨーカドー―セブン-イレブン・ジャパン（2005年9月）
- 麒麟麦酒―キリンビバレッジ（2006年8月）
- 日立製作所―日立情報システムズ，日立ソフトウェアエンジニアリング，日立マクセル，日立プラントテクノロジー，日立システムアンドサービス（2010年2-4月）

I 総論

【資料 I -16】 イオングループの親子上場の例

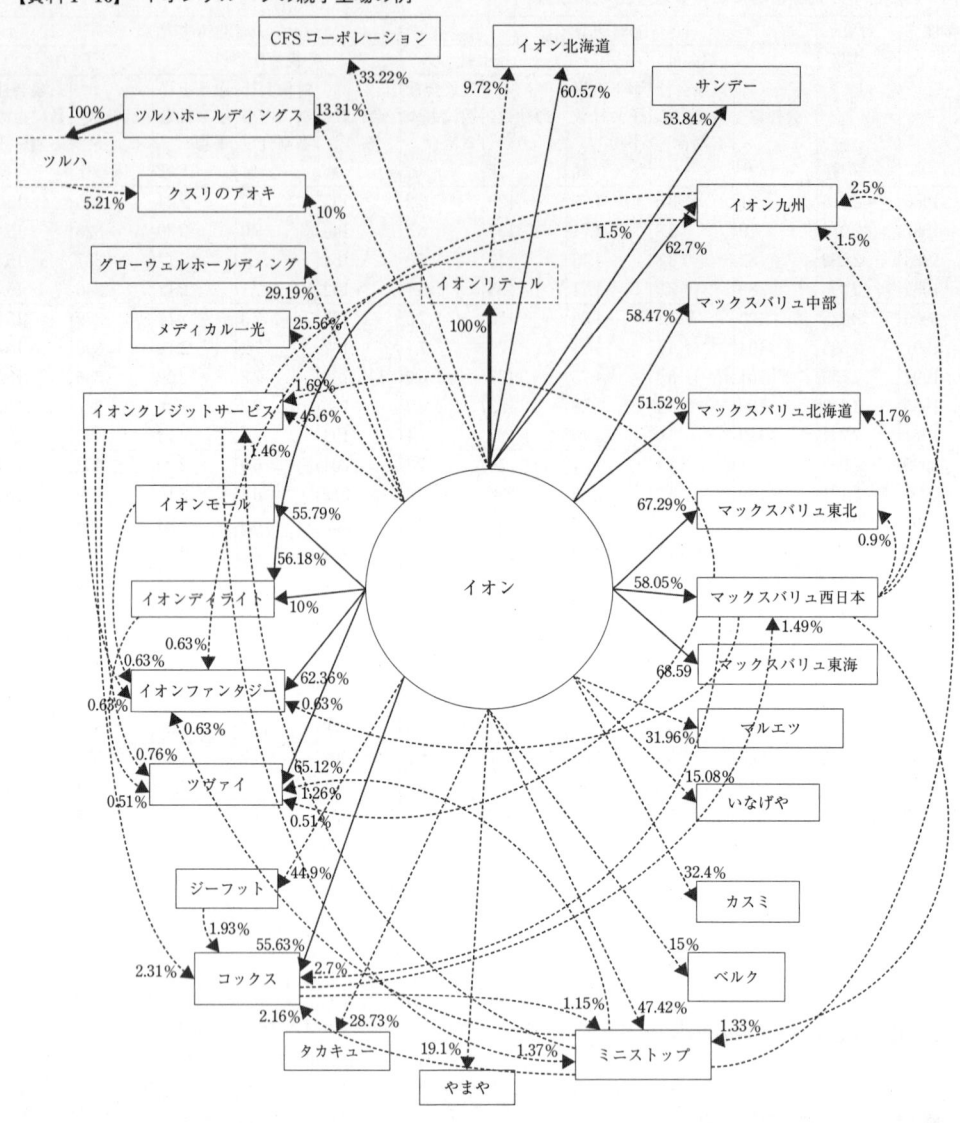

（図：イオングループの親子上場関係図）

※ □ …上場会社／ ⸺ …非上場会社
※ → …親子会社関係にある株式保有／ ⇢ …親子会社関係未満の大株主としての株式保有

親子上場のメリットとしては以下の点が挙げられている。通常，株式所有が分散している場合，持分が少ない株主は，経営陣への監視・監督（モニタリング）をかけるコスト（金銭のみでなく時間・労力等も含む）に対して，株主が受ける利益（通常は経営の質の向上による株式の価値の向上）が小さいためどの株主にとってもモニタリングをしないという選択をすることになる（合理的無関心）。これに対して，親会社という支配株主が存在する場合は，持分割合の大きい株主にとっては株式の価値が向上した場合に享受する利益が大きいため，コストをかけてモニタリングをするインセンティヴが大きい。このように親会社がモニタリングをすることで会社の価値が高まることは子会社の少数派株主にとっても，自らモニタリングのコストを負担することなく利益を獲得できることになり，上場子会社の株式は投資家にとって魅力的のある金融

商品となりうる。ほかにも，子会社が親会社の名声を利用することや，子会社が危機になった場合には親会社が社会的責任から救済してくれるかもしれないとの期待といったものや，子会社が「上場会社」であることによる名声の確立，完全子会社と比較して子会社経営陣に裁量権を付与したことをコミットメントでき子会社経営陣が能力をより発揮することが期待できるといったことがメリットとして挙げられている。

他方，デメリットとして，先述したように，親会社が子会社の利益を吸い上げる利益相反の危険が指摘されている。これは，親子会社間で何らかの取引をする場合だけでなく，親会社ないし企業グループ全体の利益のために子会社が子会社にとって有益なビジネスチャンスを放棄したり，利益の出ない事業の継続を強いられたりすることも挙げられている。

【資料Ⅰ-17】 子会社上場のメリット・デメリット

メリット	デメリット
◇子会社による独自の資金調達力が高まること等を通じて子会社の持続的な成長の実現に寄与する。 ◇新たな投資物件が投資者に対して提供される。	◆子会社株主の権利や利益を損なう次のような企業行動がとられるおそれがある（利益相反関係）。 　── 親会社により不利な事業調整や不利な条件による取引等を強いられる。 　── 資金需要のある親会社が子会社から調達資金を吸い上げる。 　── 上場後短期間で非公開化する。 ◆目的が安易だと批判を受ける次のような事例がある。 　── 親会社自身の短期的な単体決算対策のための子会社上場の事例 　── 企業グループの中核事業を担う子会社を上場させて新規公開に伴う利得を二重に得ようとする事例 ◆一体的な連結経営を行う上で必ずしも望ましくない。

出典：東京証券取引所「親会社を有する会社の上場に対する当取引所の考え方について」（2007年6月25日）

> 　上場している親会社が支配権を維持したまま子会社を上場させる「親子上場」は，わが国に特有のグループ経営戦略・資本政策として認識されてきた。英米においては敵対的買収や少数株主による訴訟のリスクから，子会社の上場は基本的に行われない模様である。一方でわが国に関しては，株式持ち合いやモノ言わぬ株主の存在などによって，こうしたデメリットは意識されてこなかったものと考えられる。
> 　子会社上場のメリットとして一般に，独自の資金調達力や知名度の獲得，従業員のモチベーション向上などが挙げられる。親会社側については，株式売却による資金の獲得，グループ管理コストの低減，上場会社役員ポストの確保などがあろう。

出典：藤島裕三「見直しが進む親子上場」大和総研 Consulting Report 2009年10月28日1頁

このように親子上場にはメリットとデメリットとがあり，どちらが勝っているのかは実証研究に委ねられることになる。ここでは上場親会社の存在する子会社と独立上場企業とでパフォーマンスを比較した実証分析を紹介する。

ある事柄が特定の結果に影響を与えているかどうかを定量的に調べるには，原因と考えられる事柄（説明変数，独立変数）と効果（被説明変数，従属変数）となるような指標が必要となる。この例では，説明変数は上場親会社の有無となり，被説明変数である企業のパフォーマンスの指標には，様々な数値が考えられるものの，代表的な指標として，会社が全資産に対してどの程度の収益を挙げるかの比率であるROA（Return on Asset 総資産利益率）と，会社が現在有している総資産の帳簿価格に対する株主や債権者がいくらの投資価値があると評価しているかの合計（株式時価総額と負債総額の和）の比率であるトービンのQを用いる。

I 総　　論

【資料 I -18】　企業パフォーマンスの指標の例

ROA（Return on Asset 総資産利益率）

$$ROA = \frac{純利益}{総資産}$$

　ROAは総資産あたりどの程度の利益を生むかを示すものであり，資産をどの程度効率的に活用しているのかという意味で企業のパフォーマンスの指標として，しばしば同一産業内における比較に用いられる。総資産の金額として通常は，現在の市場価値ではなく，便宜上の理由により簿価を用いるため，必ずしもパフォーマンスを正確に反映しないこともある点に留意が必要である。

トービンのQ

$$トービンのQ = \frac{株式時価総額＋負債総額}{総資産}$$

　トービンのQは，会社は，現在保有している総資産を活用することで，（広義の）投資家から市場でどの程度の評価を受けているのかを示す指標である。市場における投資家からの評価は株式投資による投資評価である株式時価総額と，債権による投資金額である負債総額を用い（会社に対して売掛金を保有する取引先は履行期まで会社に信用を供与し投資しているのと同じく扱われる），その合計額を企業価値として用いる。

　会社の保有する総資産の再取得金額と，企業価値の市場評価とを比較し，前者が大きい（トービンのQが1を下回る）場合には，会社は事業を停止して解散したほうが社会的に望ましいことになり，他方，後者が大きい（トービンのQが1を上回る）場合は，会社の事業が社会的に望ましく，会社は事業にさらに投資すべきことにもなり，厳密には（現在の企業価値を示す指標というより）企業の将来性を示す指標といえる。

　総資産額としては，実証研究の多くでは，簿価が用いられるため，必ずしもパフォーマンスを厳密に反映しないこともある。

　ここでは，上場子会社と，比較対象である独立企業として筆頭株主が10％未満となる支配株主の存在しない上場会社および支配株主が創業者・家族等である上場会社のデータを用いる。この両グループに属する企業のROAとトービンのQの平均を比較すると，上場子会社のほうが数値が高いことが分かる。ただし，これだけで親子上場の子会社のほうが独立企業よりもパフォーマンスが高いとは言えない。今回，平均値が高かったのはたまたまかもしれないからである。

　そこで，計量的な実証分析が用いられる。ここでは，「上場子会社であるかどうかがパフォーマンスと関係するかどうか」が問題となっているわけだが，この命題を証明する際に，反対となる命題として「上場子会社かどうかとパフォーマンスは関係ない」という仮説（帰無仮説という）が現実のデータにどれだけの可能性で適合的かを検討する。現実のデータが，帰無仮説によって説明される可能性が低ければ（「帰無仮説が棄却される」という），証明したかった命題が成り立っていると考えるのである。

　この表で，***，**，*の付された箇所は，上場子会社と独立企業の差はたまたまにすぎないという帰無仮説が正しい可能性はそれぞれ1％，5％，10％未満しかないことを意味する。裏を返せば，上場子会社であることと業績の平均値に違いとの間に相関関係がある可能性が99％，95％，90％であることを意味し，それぞれ，1％，5％，10％水準で有意であると表現する。このような帰無仮説を棄却する水準を有意水準といい，どの程度の可能性が用いられるかは分野によって異なるが，自然科学では5％ないし1％が用いられるのに対し，社会科学では10％がよく用いられる。

　ただし，このようにして帰無仮説を棄却したとしても，わかるのは，あくまで「相関関係」にすぎず，どちらが原因でどちらが結果か（因果関係）までは説明できない。この結果からは，上場子会社であることと企業パフォーマンスが

高いことの相関関係は明らかになったが，上場子会社であれば企業パフォーマンスが高くなるのか，企業パフォーマンスが高い子会社だから上場するという結果に至ったのかは，どちらとも言えないのである。ただし，前に述べたように，上場子会社のメリット・デメリットとして検討したストーリーを考えることで，おそらくは，上場子会社であることによるメリット・デメリットの結果，メリットが上回っているのではないか（ないしは，控え目に，少なくとも上場子会社であることによる不利益が上回っているとは言えない，という言い方をする），という結論を導くことが可能となるのである。

また，注意が必要なのは，有意な結果がでないということは，帰無仮説を棄却できないというだけであり，帰無仮説が正しいことは決して意味しないということである。例えば，1997-2002年のROAの差は有意な結果ではないが，このことは，上場子会社か否かによってパフォーマンスに影響はないということを意味しない。ここからは，ROAの差は，たまたまかもしれないし，上場子会社であることの影響かもしれない，という，「どちらかわからない」ということが言えるだけである。

【資料Ⅰ-19】上場子会社と独立企業のパフォーマンス比較

期間	パフォーマンス指標	①上場子会社（33%基準）			②独立企業			平均値の差 ①－②
		データ数	平均	標準偏差	データ数	平均	標準偏差	
1986 ｜ 2008	トービンのq	9,560	1.32	0.72	15,785	1.22	0.63	0.10 ***
	ROA	8,730	4.78	5.59	14,896	4.47	5.08	0.32 ***
	総資産負債比率	9,560	0.53	0.22	15,785	0.54	0.20	0.01 ***
	売上高成長率	8,730	3.23	13.50	14,806	2.88	12.53	0.36 **
1986 ｜ 1990	トービンのq	1,522	1.81	0.79	2,580	1.65	0.71	0.16 ***
	ROA	1,167	5.97	5.06	2,025	5.90	4.39	0.07
	総資産負債比率	1,522	0.62	0.20	2,580	0.51	0.19	0.08 ***
	売上高成長率	1,167	9.35	11.57	2,025	9.36	10.91	－0.01
1991 ｜ 1996	トービンのq	2,323	1.32	0.48	3,791	1.30	0.51	0.03 **
	ROA	2,203	3.85	4.65	3,642	4.09	4.31	－0.24 **
	総資産負債比率	2,323	0.60	0.21	3,791	0.55	0.19	0.04 ***
	売上高成長率	2,203	2.00	11.66	3,642	1.68	10.88	0.32
1997 ｜ 2002	トービンのq	2,890	1.08	0.62	4,537	1.01	0.57	0.07 ***
	ROA	2,697	3.71	5.14	4,411	3.68	4.70	0.03
	総資産負債比率	2,890	0.59	0.22	4,537	0.56	0.21	0.04 ***
	売上高成長率	2,697	0.12	13.43	4,411	－0.30	12.17	0.41 *
2003 ｜ 2008	トービンのq	2,825	1.30	0.82	4,877	1.12	0.61	0.18 ***
	ROA	2,663	6.12	6.50	4,818	4.87	5.98	1.25 ***
	総資産負債比率	2,825	0.54	0.22	4,877	0.52	0.21	0.02 ***
	売上高成長率	2,663	4.73	14.64	4,818	3.96	13.45	0.77 **

（注1）　***，**，*は，それぞれ平均値の差が1，5，10%水準で有意であることを示す。
（注2）　各項目の表示単位については，データ数が件，平均と標準偏差はともに，トービンのqが単位なし，それ以外は%である。
出典：宍戸善一＝新田敬祐＝宮島英昭「親子上場をめぐる議論に対する問題提起（下）」商事法務1900号38頁［2010］

【Discussion ⑦】
上記のような実証結果から，親子上場に関する規制の可否についてどのような示唆を導くことができるか考えてみよう。
　　⇨ヒント：親子上場のパフォーマンスの全体の傾向がそれ以外の会社全体の傾向よりも良いということは，親子上場の全面禁止は企業価値の観点からは望ましくないということになりそうであるが，それでは親子上場のデメリットとして挙げられていた利益相反のおそれに注目するとどうなるか。
　　⇨参考文献：宍戸善一＝新田敬祐＝宮島英昭「親子上場をめぐる議論に対する問題提起（下）」商事法務1900号42頁以下［2010］

Ⅰ　総　論

(4)　株式持合い

　株式会社同士がお互いに株式を保有し合う「株式持合い」は，日本の株式所有構造の特色とされてきたが，現実には会社同士が株式を相互に保有する持合株式が市場全体に占める割合は大きくない。純粋な持合いに限らず，取引先等の会社（経営陣）と親密な関係にある者が株主となることが多いのが特徴とされてきたが，近時は，持合いと他会社による株式保有の双方が割合を減少させている（→(1)参照）。

　株式持合い・取引先の株式保有は，銀行・事業会社間株式保有と事業会社間株式保有とに区分され，従来は，とりわけ前者により銀行（メインバンク）が事業会社（経営陣）へのモニタリングの中心的機能を担うとされてきたが，現在は，銀行の株式保有割合はかなり減少している。これは，銀行の自己資本比率を定めるBIS規制上，株式保有が負担となったこと，1990年代の不況時に銀行による事業会社の救済が機能せず銀行を中心とする企業集団の機能が低下したこと等が原因と指摘されている。

　他方，事業会社間の株式保有は，長期的には減少傾向にあるものの，銀行と比較すると，大きな変化はない。だが，企業内容等の開示に関する内閣府令により平成22年3月期以降の有価証券報告書において「株式の保有状況」の開示が求められること，国際会計基準（IFRS）の導入により「包括利益」として保有株式の評価を時価で行うことが要求され会社の会計書類上のリスク要因となること等を契機に，今後は，事業会社間の株式保有も減少するのではないかとの予想もある。

　また，持合株式の占める割合自体は小さくとも，現在も，上場企業の半数近くは現在も持合いを行っている。ただし，このような持合いをする企業数も大きく減少している（【資料Ⅰ-21】）。

【資料Ⅰ-20】　市場全体における持合株式の割合
▶①上場企業による株式の保有比率と持合比率の推移

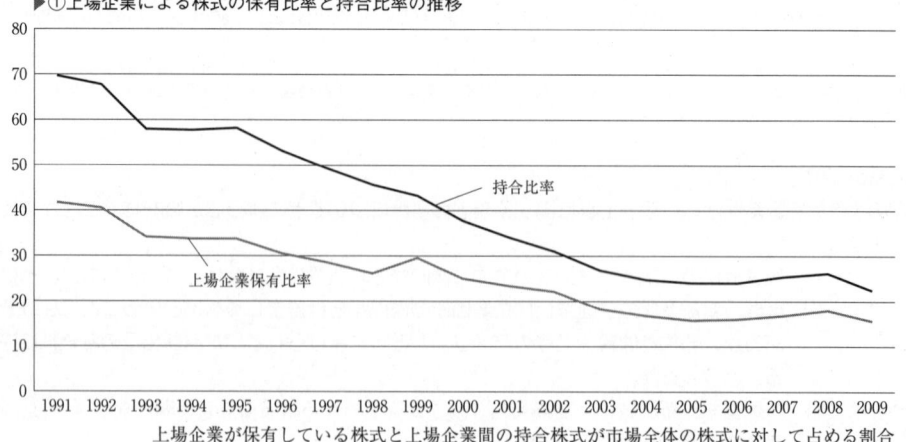

上場企業が保有している株式と上場企業間の持合株式が市場全体の株式に対して占める割合

3 上場会社の株式所有構造

▶②銀行の株式保有

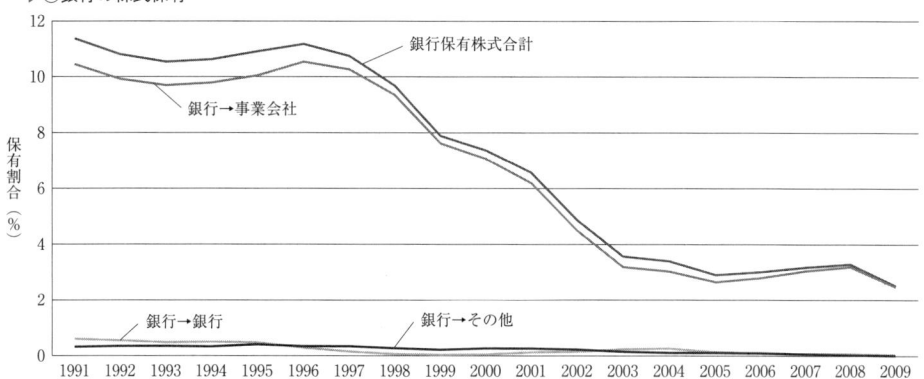

▶③事業会社の株式保有

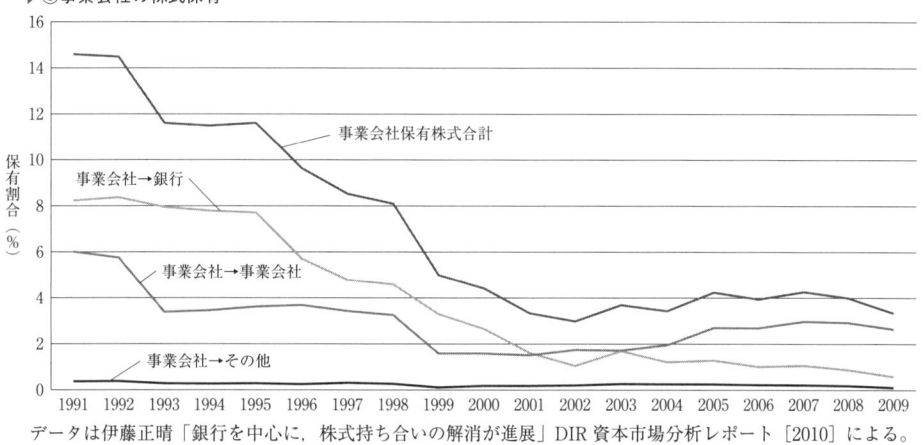

データは伊藤正晴「銀行を中心に，株式持ち合いの解消が進展」DIR 資本市場分析レポート［2010］による。

【資料Ⅰ-21】 持合株式の保有比率と平均保有銘柄数
▶①持合株式の保有率

年度		1995	2000	2006	2007	2008	2009
対銀行	全産業	88.3	79.2	53.8	52.2	51.3	43.1
	事業会社	91.4	81.0	54.7	52.9	52.2	44.0
対事業会社	全産業	75.9	51.1	46.9	46.0	45.0	47.8
	銀行	87.2	91.0	91.3	90.3	90.2	90.0
	事業会社	75.5	49.8	45.9	45.0	44.1	46.9

〔持合株式を保有している企業数が総企業数に占める割合を銀行・事業会社毎に計算〕

▶②持合株式の平均保有銘柄数

年度		1995	2000	2006	2007	2008	2009
対銀行	全産業	3.4	2.5	2.0	2.0	1.9	1.9
	事業会社	3.4	2.5	2.0	2.0	1.9	1.9
対事業会社	全産業	9.2	6.1	5.8	5.5	5.3	4.8
	銀行	88.7	71.8	47.9	46.0	43.3	35.6
	事業会社	5.3	2.3	3.5	3.3	3.1	3.2

出典：伊藤正晴「銀行を中心に，株式持ち合いの解消が進展」DIR 資本市場分析レポート［2010］

I 総　論

　以上の様に，市場全体の傾向として株式持合いは減少しているが，個別の企業の中には株式持合いを強化する例もみられる。例えば，2007年にスティール・パートナーズによる買収およびそれに対する買収防衛策が問題となったブルドックソース社では，スティール・パートナーズによる株式取得が問題となった2002年前後より，金融機関やその他事業法人といった安定株主の保有割合が増加し，株式持合いを強化していた形跡がみられる。ブルドックソース社は，スティール・パートナーズによる公開買付けへの対抗措置としてスティール・パートナーズ保有の株式のみ持分割合が低下するような差別行使条件付新株予約権の無償交付を行ったところ，その際にブルドックソース社の株主総会で当該防衛策に関する決議は全出席株主の88.7％，総株主の83.4％という多数の賛成により承認された（事案の詳細は最決平成19年8月7日民集61巻5号2215頁参照）。このような株主の多数の賛成を得られた背景の1つとして安定株主・持合株主の存在が挙げられる。

【資料Ⅰ-22】ブルドックソースの株式持合い
▶①ブルドックソースの所有者別株式保有状況

決算期	インサイダー1	金融機関（投信除く）	インサイダー2	役員	従業員	外国人投資家	個人投資家
2001年3月	51.85％	18.53％	33.32％	0.58％	2.43％	4.40％	44.51％
2002年3月	53.13％	18.53％	34.60％	0.60％	2.69％	6.54％	41.91％
2003年3月	53.74％	18.54％	35.20％	0.77％	2.82％	8.89％	37.46％
2004年3月	55.51％	16.58％	38.93％	0.85％	2.71％	11.41％	33.94％
2005年3月	56.58％	16.59％	39.99％	0.91％	2.72％	11.18％	33.75％
2006年3月	56.97％	16.56％	40.41％	0.97％	2.71％	11.48％	32.63％
2007年3月	58.04％	16.61％	41.43％	0.96％	2.87％	11.48％	32.63％

※データソースはFQの企業財務，大株主データベース。インサイダー1は，（金融機関持株－投信持株＋その他法人持株＋役員持株＋持株会持株）／（発行済み株式数－自己株式）。インサイダー2は，（その他法人持株＋役員持株＋持株会持株）／（発行済み株式数－自己株式）。従業員は従業員持株会の持株／（発行済み株式数－自己株式）。外国人投資家は，外国法人等持株／（発行済み株式数－自己株式）。個人投資家は，（個人投資家－自己株式）／（発行済み株式数－自己株式）。
　出典：胥鵬＝田中亘「買収防衛策イン・ザ・シャドー・オブ株式持合い――事例研究」商事法務1885号8頁［2009］

▶②ブルドックソースの持合状況

ブルドックソースの株式持合

株主	1999年3月	2000年3月	2001年3月	2002年3月	2003年3月	2004年3月	2005年3月	2006年3月	2007年3月
日本生命保険			690000	690000	690000	690000	690000	690000	690000
興和			600000	600000	600000	600000	600000	600000	600000
			400000	400000	400000	400000	400000	400000	400000
みずほ銀行（第一勧銀）			545000	545000	545000	545000	545000	545000	545000
					1656	804	504	504	604
					400**	400*	400*	400*	400*
ブルドック持株会			462000	511000	535000	513000	509000	506000	537000
凸版印刷						488000	534000	534000	534000
	157500	157500	263500	263500	263500	263500	263500	263500	263500
三和銀行（UFJ）			508000	508000	508000				
	66150	66150	66150	256	514	66			
養命酒製造	251000	466000	466000	466000	466000	466000	466000	466000	466000
	226000	410000	410000	410000	410000	410000	410000	410000	410000
福岡銀行			465000	465000	465000	465000	465000	465000	465000
	194000	194000	194000	194000	194000	194000	194000	194000	194000
第一生命保険			434000	434000	434000	434000	434000	434000	434000
小島健			405000	405000	405000	405000	405000	363000	
ハザマ						319000	319000	319000	358000
						53200	352600	406100	
サカタのタネ				244000	249000	249000	249000	249000	267000
			78300	78300	78300	118300	118300	118300	118300
ゼリア新薬工業						155000	205000	223000	231000
						100000	143000	193000	193000
日新製糖			211822	211822	211822	211822	211822	211822	211822
	732000	732000	1217000	1332000	1332000	1332000	1332000	1332000	1332000
テクノ菱和						188000	210000	210000	210000
						319000	399800	399800	399800
昭栄	8000	8000			61000	131000	200000	200000	200000
			10000	10000	45500	83520	90704	173474	190821
タクマ		169000	169000	169000	169000	169000	169000	169000	169000
		134000	134000	134000	134000	134000	134000	134000	134000
ミツウロコ			165000	165000	165000	165000	165000	165000	165000
			164000	164000	164000	164000	164000	164000	164000
横河ブリッジホールディングス								150000	150000
								245000	245000
東プレ								123000	123000
									164000
日新瓦斬			122000	122000	122000	122000	122000	122000	122000
	7850	184750	184750	184750	184750	184750	184750	184750	184750
正栄食品工業							85000	85000	85000
									30000
日本管財									77000
								29200	29200
東鉄工業	75900	75900	75900	75900	75900	75900	75900	75900	75900
	192000	192000	192000	192000	192000	192000	192000	192000	192000
大同信号	45000	45000	45000	45000	45000	45000	45000	45000	45000
	110000	110000	110000	110000	110000	110000	110000	110000	110000
大村紙業					6000	16000	16000	16000	16000
								19000	19000

※上段の数字は安定株主・持合い先が保有するブルドックソースの株式数。下段の数字は、ブルドックソースが保有する持合い先の株式数。網掛けの部分は、持株数の増加もしくは途中で新たな持合い先が登場したことを示す。
＊…優先株

出典：胥鵬＝田中亘「買収防衛策イン・ザ・シャドー・オブ株式持合い――事例研究」商事法務1885号9頁［2009］

【Discussion ⑧】

　ブルドックソース社がスティール・パートナーズによる敵対的買収を阻止できた原因としてどのようなことが【資料Ⅰ-22】から読みとれるか。
　　⇨参考：胥鵬＝田中・前掲商事法務1885号4頁。

【Discussion ⑨】

　株式持合いでは、持合株主や取引先の安定株主が、自社への議決権行使や取引関係維持といった利益確保

Ⅰ 総　論

のために経営者に有利になるような議決権行使をすることが問題となっている。このような議決権行使は，会社法の観点（現行法の解釈論でも立法論でもよい）から何らかの問題があるといえるか。

⇨ヒント：そもそもなぜ株主に会社の経営者である役員選任の議決権が認められているのかを考え，かかる株主の支配権の正当化根拠と照らして，①持合いにより自社株主総会における自社経営陣に有利な議決権行使，②取引関係維持といった利益を目的に株主が議決権行使することはどういう関係に立つのか考えてみよう。解釈論としては違法な利益供与の禁止（120条1項）がどこまで及ぶかを考えてみよう（参考：東京地判平成19年12月6日判タ1258号69頁）。

Ⅱ 設　立

1　株式会社設立手続の種類

　株式会社の設立手続には，設立時に発行される株式を発起人だけが引き受ける発起設立と，発起人以外の株式引受人を募集する募集設立の2種類があり，会社法上の手続が異なる。発起設立であれば，2〜3日（最短で1日）で株式会社が設立できるのに対し，募集設立では，金融機関から株式払込金保管証明書の発行を受ける必要があるため，2週間程度かかる。

【Question ①】発起設立と募集設立の違い
　株式会社の募集設立と発起設立とでは，具体的手続にどのような違いがあるか。また，この違いはどのような観点から説明されるか。

2　設立手続——発起設立を中心に

(1)　設立手続を始める前に

　単独設立ではなく，成立時に株主が複数いる共同設立の場合には，法律上の設立手続を始める前に，株主となろうとする者の間で，出資比率，役職の分配，成立後の会社の運営方針等様々な事項について交渉・合意が必要となる。実務では，発起人会において発起人組合規約を定め，発起人会議事録に記録している（単独設立の場合は発起人決定）。

【資料Ⅱ-1】　発起人組合規約

発起人会議事録

　平成22年3月15日　午前10時30分，東京都千代田区神田神保町2丁目17番地において，発起人4名中全員が出席し，発起人会を開催した。
　定刻，有斐閣太郎は選ばれて議長となり，開会を宣言し，ただちに議事に入った。

議案　発起人組合規約を定める件

　議長は，株式会社を設立するにあたり，発起人組合規約を定めて，設立事務を円滑に進めることとしたい旨を述べ，その可否につきはかったところ，全員一致をもって，下記のとおり可決した。

記

1・商号は　ヴィジュアル・マテリアルズ株式会社　とすること。
2・目的は，次のとおりとすること。
　　1．公告・書籍の編集・制作
　　2．コンピュータソフトの開発及び販売
　　3．冷凍食品の製造及び販売
　　4．損害保険の募集に関する代理業務
　　5．学習塾の経営

Ⅱ 設　立

　　　　　6. 前号各号に附帯する一切の事業
3. 発行する株式の総数は800株とする。
4. 設立に際し株式200株を発行し，その払込金額は1株につき5万円とする。
5. 設立に際して発行する株式は，発起人において全株を引き受けることとし，株式の募集はこれを行わないものとする。
6. 発起人の員数は4名とし，その氏名，住所および各発起人が設立に際して引き受ける株式の数は後記のとおりとし，現物出資は行わないものとする。
7. 発起人は，会社設立に関して報酬及び特別利益を受けないこととし，会社の設立費用は発起人が負担するものとする。
8. 有斐閣太郎を発起人総代と定め，発起人総代は発起人会を代表し，かつ，発起人会の多数決による決議に基づいて，定款を作成し，株式の払込みに関する手続，その他の会社設立に関する一切の事務を執行するものとする。
9. 払込みを取り扱う金融機関及び取り扱い場所
　　（取扱場所）　　　東京都千代田区
　　（名　　称）　　　株式会社本郷銀行　神保町支店

議長は，以上をもって本日の議事を終了した旨を述べ，午前11時30分閉会した。
上記の決議を明確にするため，この議事録を作り，出席した発起人がこれに記名押印する。

　　　　　　　　　　　　　　　　　　　　　　　　　　　　　　　平成22年3月15日
　　　　東京都文京区本郷6丁目2番9号
　　　　発起人　有斐閣太郎　　㊞
　　　　　　　　　　　　　　　引受株数120株
　　　　東京都文京区本郷7丁目3番1号
　　　　発起人　東京大介　　㊞
　　　　　　　　　　　　　　　引受株数40株
　　　　埼玉県朝霞市膝折町4丁目9番7号
　　　　発起人　有斐閣次郎
　　　　　　　　　　　　　　　引受株数30株
　　　　東京都新宿区市谷本町4丁目2番8号
　　　　発起人　中央法子　　㊞
　　　　　　　　　　　　　　　引受株数10株

参考：社団法人川口法人会ホームページ

(2)　定款の作成

　株式会社を設立するには，発起人が定款を作成する必要がある（26条1項）。定款は，用紙のほか電子記録媒体に作成することもできる（電子定款）。

【Question ②】
　会社法は定款に記載しなくてはならない絶対的記載事項を定めている（27条・37条）。また，定款の定めがなければ効力を生じないとされる相対的記載事項（29条。28条ほか）がある。以下の定款から該当する規定を探してみよう。

【資料Ⅱ-2】　上場会社定款

　　　　　　　　　　　ソニー株式会社定款

　　　　　　　　　　　　第1章　総　　則

第1条　（商号）当会社は，ソニー株式会社と称し，英文ではSONY CORPORATIONと記載する。
第2条　（委員会設置会社）当会社は，委員会設置会社として，取締役会，委員会および会計監査人を置く。
第3条　（本店の所在地）当会社は，本店を東京都港区に置く。
第4条　（目的）当会社は，次の事業を営むことを目的とする。
　　1. 電子・電気機械器具の製造，販売

2 設立手続——発起設立を中心に

  2. 医療機械器具，光学機械器具およびその他機械器具の製造，販売
  3. 音声・映像のソフトウェアの企画，制作，販売
（中　略）

  14. 前各号に附帯または関連する物品の製造，販売および輸出入業
  15. 前各号に関連する役務の提供
  16. 前各号の営業を行なう者に対する投資
  17. 前各号に附帯または関連する一切の業務
第5条　（公告方法）当会社の公告方法は，電子公告とする。ただし，事故その他やむを得ない事由によって電子公告をすることができない場合は，日本経済新聞に掲載して行う。

第2章　株　式

第6条　（発行可能株式総数）当会社の発行可能株式総数は，36億株とする。
第7条　（単元株式数）当会社の単元株式数は，100株とする。
（以下略）

ソニー株式会社定款より

【資料Ⅱ-3】 設立時の定款例

第9章　附　則

（設立に際して出資される財産の最低額並びに成立後の資本金及び資本準備金の額）
第64条　当会社の設立に際して出資される財産の最低額は，金1000万円とし，出資された財産の価額の2分の1を資本金と，その余を資本準備金とする。
（最初の事業年度）
第65条　当会社の最初の事業年度は，当会社成立の日から平成23年3月末日までとする。
（発起人の氏名ほか）
第66条　発起人の氏名又は名称，住所並びに引受株式の種類及び数は，次のとおりである。
   東京都文京区本郷6丁目2番9号
   発起人名　有斐閣太郎　　引受株数120株
   東京都文京区本郷7丁目3番1号
   発起人名　東京大介　　引受株数40株
   埼玉県朝霞市膝折町4丁目9番7号
   発起人名　有斐閣次郎　　引受株数30株
   東京都新宿区市谷本町4丁目2番8号
   発起人名　中央法子　　引受株数10株
（法令の準拠）
第67条　この定款に規定のない事項は，すべて会社法その他の法令に従う。

 以上，ヴィジュアル・マテリアルズ株式会社設立のためこの定款を作成し，発起人が次に記名押印する。
  平成22年3月16日
   発起人　　有斐閣太郎　㊞
   発起人　　東京大介　　㊞
   発起人　　有斐閣次郎　㊞
   発起人　　中央法子　　㊞

参考：日本公証人連合会ホームページ（http://www.koshonin.gr.jp/index2.html）

【Work & Practice①】上場会社の定款を調べてみよう。

 上場会社の定款は，東京証券取引所ウェブサイト（http://www.tse.or.jp/index.html）上の，東証上場会社情報サービス利用案内で調べることができる。興味のある会社の定款を調べてみよう。
 上場会社の定款には，法定記載事項（27条）の全てが記載されているかを調べてみよう。

Ⅱ 設　立

(3) 定款の認証

作成した定款には，公証人の認証が必要である（30条1項）。電子定款の場合は事前にインターネット上のオンライン申請システムで電子定款のデータを送信する必要がある。

【資料Ⅱ-4】　公証役場の様子

日本橋公証役場ホームページより

【資料Ⅱ-5】　オンライン申請システム

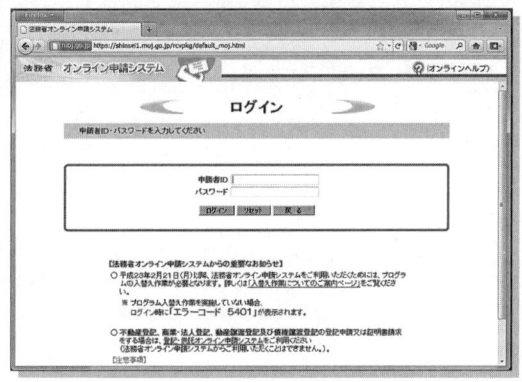

電子定款の認証には法務省・オンライン申請システム（http://shinsei.moj.go.jp/）を利用する。

(4) 株式の引受けと出資の履行

発起設立の場合，株式引受けの方法は法定されていないが，通常，発起人会議事録に記載する。発起人は，払込取扱金融機関（34条2項）の発起人口座に払込みをする。当該口座の預金通帳の写しが登記申請の際の添付資料となる（商登47条2項5号）。

(5) 設立時役員の選任

発起設立の場合は，設立時取締役等の選任は，払込みの完了後，発起人によって決定するか（38条1項2項），原始定款で定めればよく（38条3項），創立総会を開催する必要はない。

3　募集設立の手続

(1) 株式払込金保管証明制度

募集設立では発起人以外の者が設立時株式の一部を引き受ける。引受けは，契約によるか，引受人の募集・応募というプロセスを経て行う。募集設立では，払込みに際し，金融機関から株式払込金保管証明書の交付を受けなくてはならず（64条1項），この取得が設立手続において最も時間がかかる手続とされる。このように手続が煩雑なため募集設立は実務上余り用いられていない。

【資料Ⅱ-6】 株式払込金保管証明書

使用区分	会社用
	登記用

株 式 払 込 金 保 管 証 明 書

保管金額 （払込期日現在）	￥50,000,000＊ （払込期日平成22年6月30日）
株式発行会社	ヴィジュアル・マテリアルズ株式会社
払込件数	1,000 株
1株の払込金額	50,000 円（発行価額 50,000 円）
摘　　要	会社設立

当行は，株式払込場所として株式の払込事務を取り扱い，
上記のとおりの払込金を保管していることをここに証明します。

平成　年　月　日

（所　　在）東京都千代田区神田神保町7-8-9
（証明銀行名）株式会社　本郷銀行　神保町支店
（代　表　者）支店長　神保太郎　㊞

【Question③】株式払込金保管証明書
　株式払込金保管証明書にはどのような効果があるのか（64条2項）。募集設立に限って必要とされているのはなぜか。

(2) 創立総会

　募集設立では払込期日以後に創立総会を開催が強制され（65条1項），発起人による会社の設立に関する事項の報告（87条），設立時取締役の選任（88条），設立時取締役の調査報告（93条1項）のほか，実務上，定款の承認が行われる。

【資料Ⅱ-7】 創立総会の様子

中部国際空港株式会社設立総会（写真提供：毎日新聞社）

4　設立登記

　株式会社の成立は，本店所在地の法務局に登記申請することで完了する（49条）。一部，オンライン申請（→2⑶）を利用することも可能であるが，印鑑証明書，払込金保管証明書等は法務局まで持参する必要がある。登記申請書のほか代表取締役等の印鑑証明書・印鑑届書・印鑑紙（商登則61条2項3号）および添付書類が必要である。登記申請書の書式は法務省HP（http://www.moj.go.jp/）で公表されている。

Ⅱ 設　立

【資料Ⅳ-8】 法務局の様子（東京法務局）

東京法務局ホームページより

【資料Ⅱ-9】 登記簿

株式会社の登記は公示され，誰でも，登記情報提供サービス（http://www1.touki.or.jp/）から有料で閲覧できる。

愛知県豊田市トヨタ町1番地
トヨタ自動車株式会社
会社法人等番号　1836-01-001111

商　　号	トヨタ自動車株式会社	
本　　店	愛知県豊田市トヨタ町1番地	
公告をする方法	東京都において発行する日本経済新聞及び名古屋市において発行する中日新聞に掲載してする。	
	当会社の公告は，電子公告により行う。ただし，事故その他やむを得ない事由によって電子公告による公告をすることができない場合は，日本経済新聞に掲載して行う。 http://www.toyota.co.jp/	平成21年6月23日変更 平成21年7月6日登記
会社成立の年月日	昭和12年8月27日	
目　　的	1. 自動車，産業車両，船舶，航空機，その他の輸送用機器および宇宙機器ならびにその部分品の製造・販売・賃貸・修理 2. 産業機械器具その他の一般機械器具およびその部分品の製造・販売・賃貸・修理 3. 電気機械器具およびその部分品の製造・販売・賃貸・修理 4. 計測機械器具および医療機械器具ならびにその部分品の製造・販売・賃貸・修理 5. セラミックス，合成樹脂製品およびその材料の製造・販売 6. 建築用部材および住宅関連機器の製造・販売・修理 7. 建設工事・土木工事・土地開発・都市開発・地域開発に関する企画・設備・管理・施工・請負 8. 不動産の売買・賃貸借・仲介・管理 9. 情報処理・情報通信・情報提供に関するサービスおよびソフトウェアの開発・販売・賃貸 10. インターネット等のネットワークを利用した商品売買システムの設計，開発およびシステムを搭載したコンピューターの販売，賃貸，修理ならびにそのシステムを利用した通信販売業 11. 陸上運送業，海上運送業，航空運送業，荷役業，倉庫業および旅行業 12. 印刷業，出版業，広告宣伝業，総合リース業，警備業および労働者派遣業 13. クレジットカード業，証券業，投資顧問業，投資信託業そのたの金融業 14. 駐車場・ショールーム・教育・医療・スポーツ・マリーナ・飛行場・飲食・宿泊・売店等の施設の運営・管理 15. 損害保険代理業および生命保険募集業 16. バイオテクノロジーによる農産物・樹木の生産・加工・販売 17. 前各号に関連する用品および鉱油の販売 18. 前各号に関連するエンジニアリング・コンサルティング・発明研究およびその利用 19. 前各号に付帯関連するいっさいの業務	

4 設立登記

単元株式数	100 株	
発行可能株式総数	100 億株	平成 18 年 6 月 23 日変更
		平成 18 年 7 月 7 日登記
発行済株式の総数並びに種類及び数	発行済株式の総数 　36 億 999 万 7492 株	
	発行済株式の総数 　34 億 47997 万 492 株	平成 20 年 3 月 31 日変更
		平成 20 年 4 月 11 日登記
株券を発行する旨の定め	当会社の株式については，株券を発行する	平成 17 年法律第 87 号第 136 条の規程により平成 18 年 5 月 2 日登記
	平成 21 年 1 月 5 日廃止　平成 21 年 1 月 13 日登記	
資本金の額	金 3970 億 4999 万 9885 円	
株主名簿管理人の氏名又は名称及び住所並びに営業所	東京都千代田区丸の内一丁目 4 番 5 号 三菱 UFJ 信託銀行株式会社 東京都千代田区丸の内一丁目 4 番 5 号 三菱 UFJ 信託銀行株式会社証券代行部 　　　　　　平成 17 年 10 月 1 日変更　平成 17 年 10 月 14 日登記	
役員に関する事項	取締役　奥　田　碩	平成 19 年 6 月 22 日重任
		平成 19 年 7 月 5 日登記
	取締役　奥　田　碩	平成 20 年 6 月 24 日重任
		平成 20 年 7 月 8 日登記
		平成 21 年 6 月 23 日退任
		平成 21 年 7 月 6 日登記
	……（略）……	
	愛知県豊田市下林四丁目 37 番 1 代表取締役　張　富　士　夫	平成 19 年 6 月 22 日重任
		平成 19 年 7 月 5 日登記
	愛知県豊田市下林四丁目 37 番 1 代表取締役　張　富　士　夫	平成 20 年 6 月 24 日重任
		平成 20 年 7 月 8 日登記
	愛知県豊田市下林四丁目 37 番 1 代表取締役　張　富　士　夫	平成 21 年 6 月 23 日重任
		平成 21 年 7 月 6 日登記
	愛知県豊田市下林四丁目 37 番 1 代表取締役　張　富　士　夫	平成 22 年 6 月 24 日重任
		平成 22 年 7 月 6 日登記
	……（略）……	
	監査役　山　口　千　秋	平成 19 年 6 月 22 日重任
		平成 19 年 7 月 5 日登記
	監査役　茅　陽　一 （社外監査役）	平成 19 年 6 月 22 日重任
		平成 19 年 7 月 5 日登記
	……（略）……	
	会計監査人　あらた監査法人	平成 19 年 6 月 22 日就任
		平成 19 年 7 月 5 日登記
	会計監査人　あらた監査法人	平成 20 年 6 月 24 日重任
		平成 20 年 7 月 8 日登記
	会計監査人　あらた監査法人	平成 21 年 6 月 23 日重任
		平成 21 年 7 月 6 日登記
	会計監査人　あらた監査法人	平成 22 年 6 月 24 日重任
		平成 22 年 7 月 6 日登記

Ⅱ 設　立

…… (略) ……	
会社分割	平成22年10月1日名古屋市東区泉一丁目23番22号トヨタホーム株式会社に分割 平成22年10月6日登記
取締役会設置会社に関する事項	取締役会設置会社 平成17年法律第87号第136条の規程により平成18年5月2日登記
監査役設置会社に関する事項	監査役設置会社 平成17年法律第87号第136条の規程により平成18年5月2日登記
監査役会設置会社に関する事項	監査役会設置会社 平成18年7月7日登記
会計監査人設置会社	会計監査人設置会社 平成18年5月19日登記
登記記録に関する事項	平成元年法務省令第15号附則第3項の規程により 平成15年3月24日移記

＊下線のあるものは抹消事項であることを示す。

5　変態設立事項

現物出資，財産引受け，発起人の報酬・特別利益，設立費用は定款への記載が義務づけられ（28条），原則として，検査役の調査，または，現物出資・財産引受けの価額の相当性について弁護士等の証明を受ける必要がある（33条。500万以下の現物出資・財産引受け，上場株式等市場価格の存在する有価証券は除く）。

【資料Ⅱ-10】　定款の定め（現物出資）

```
（現物出資）
　第35条　当会社の設立に際して現物出資をする者の氏名，出資の目的である財産，その価額及びこれに対して
　　　　割り当てる株式の数は，次のとおりである。
（1）　出資者　発起人　有斐閣太郎
（2）　出資財産及びその価額
　　　パーソナルコンピューター（○○株式会社平成19年製，
　　　FH-RARUGO，製造番号○○○）1台
　　　金20万円
（3）　割り当てる株式の数
　　　20株
```

日本公証人連合会ホームページより筆者作成

5　変態設立事項

【資料Ⅱ-11】　検査役調査報告

　　　　平成○○年（ヒ）第○○○○号　検査役選任申立事件

　　　　　　　　　　　　　　　調査報告書

　　　　　　　　　　　　　　　　　　　　　　　　　　　　　平成○年○月○日

○○地方裁判所第○民事部　御中
　　　　　　　　　　　　　　大阪府○○郡○○町○○1丁目1番地の1
　　　　　　　　　　　　　　　　申立人　株式会社A
　　　　　　　　　　　　　　　　　　　　　　発起人　　○　　○　　○　　○
　　　　　　　　　　　　　　大阪市○○区2丁目2番2号○○ビル
　　　　　　　　　　　　　　　　　　　　　　検査役　　○　　○　　○　　○　㊞

　　設立中の株式会社Aにかかる御庁平成○○年（ヒ）第○○○○号検査役選任申立調査結果につき，平成○年○月○日の決定により当職が検査役に選任されたので，調査結果を次のとおり報告する。

　　　　　　　　　　　　　　　検査事項
　発起人が受くべき報酬額の当否

　　　　　　　　　　　　　　　調査の結果
1　株式会社Aの定款においては，発起人報酬を金○○万円と定めている。
2　株式会社Aは，○○業を主たる事業目的とするものであるが，発起人は開業準備のために，別紙の経費一覧表記載の私財を投入し，かつ永年にわたる研究，企画，立案等の期間を経てきたものである。
3　これに対し，株式会社Aの設立に際して出資される財産の価額は○○○○万円に上り，かつ，今後の収支見通しも別紙事業計画書（略）のとおり一応認められることに照らせば，上記の報酬は相当と認められる。

出典：森・濱田松本法律事務所＝弁護士法人淀屋橋・山上合同編『裁判事務手続講座・第12巻書式会社非訟の実務──申立てから手続終了までの書式と理論』［民事法研究会・2008］40頁

【資料Ⅱ-12】　設立時取締役の報告

　　　　　　　　　　　　　　　調査報告書

　　平成22年3月15日ヴィジュアル・マテリアルズ株式会社（設立中）の取締役及び監査役に選任されたので，会社法第46条の規定に基づいて調査をした。その結果は次のとおりである。

　　　　　　　　　　　　　　　調査事項

1　定款に記載された現物出資財産の価額に関する事項（会社法第33条第10項第1号及び第2号に該当する事項）
　定款に定めた，現物出資をする者は発起人○○であり，出資の目的たる財産，その価格並びにこれに対し割り当てる設立時発行株式の種類及び数は下記のとおりである。
　　イ　何県何市何町何番何号の宅地○○m²
　　　　定款に記載された価額金○○円
　　　　　これに対し割り当てる設立時発行株式普通株式○○株
　　ロ　何株式会社普通株式○○株
　　　　価額金○○円
　　　　　これに対し割り当てる設立時発行株式普通株式○○株
　①上記イについては，時価金○円と見積もられるべきところ，定款に記載した評価価格はその約4分の3の金○円であり，これに対し割り当てる設立時発行株式の数は○○株であることから，当該定款の定めは正当なものと認める。
　②上記ロにつき，当該有価証券の価格は，時価○円以上であり，当該定款の定める価格は相当であることを認める。
　　ハ　何県何市何町何番何号の宅地○○m²

Ⅱ 設立

```
　　　　　　定款に記載された価額金○○円
　　　　　　これに対し割り当てる設立時発行株式普通株式○○株
　　　　会社法第33条第10項第3号の規定に基づく弁護士の証明書及び不動産鑑定士の鑑定評価書を受領しており，
　これを調査した結果，正当であることを認める。
　2　発起人○○の引受けにかかる○株について，平成○年○月○日現物出資の目的たる財産の給付があったこと
　は，別紙財産引継書により認める。
　3　平成○年○月○日までに払込みが完了していることは株式会社○○銀行の払込金受入証明書により認める。
　4　上記事項以外の設立に関する手続が法令又は定款に違反していないことを認める。
　上記のとおり会社法の規定に従い報告する。
　　平成○年○月○日
　　　　　　　　　　　　　　　　　　　　　　　　　　　ヴィジュアル・マテリアルズ株式会社
　　　　　　　　　　　　　　　　　　　　　　　　　　　　　設立時取締役　　有斐閣太郎　㊞
　　　　　　　　　　　　　　　　　　　　　　　　　　　　　　　同　　　　　東京大介　　㊞
　　　　　　　　　　　　　　　　　　　　　　　　　　　　　　　同　　　　　有斐閣次郎　㊞
　　　　　　　　　　　　　　　　　　　　　　　　　　　　　設立時監査役　　中央法子　　㊞
```

　　　　　　　　　　　　　　　　　　　　　　　　　　　　　　　　　　法務省ホームページより筆者作成

【Question ④ & Discussion ①】

このような変態設立事項に対して検査役の調査等の規制（33条）が課せられている理由はなにか。また，このような規制を課すことは合理的か考えてみよう。

　　　⇨参考文献：藤田友敬「Law ＆ Ecomonics 会社法(5)――株主の有限責任と債権者保護(2)」法学教室263号127頁［2002］

6　仮装払込み

「当初から真実の株式の払込として会社資金を確保するの意図なく，一時的の借入金を以て単に払込の外形を整え，株式会社設立の手続後直ちに右払込金を払い戻してこれを借入先に返済する場合」（最判昭和38年12月6日民集17巻12号1633頁）は仮装払込みと呼ばれており，典型的には見せ金・預合いがある。見せ金の場合は払込みが無効となり，商業登記上の「発行済株式の総数」（911条3項9号）に関し公正証書原本不実記載等罪（刑157条）が成立する。また，預合いの場合にも刑事罰が科される（965条）。仮装払込みは設立の場面のみならず，すでに成立している会社による新株発行（増資）の場面でも問題となる。

【資料Ⅱ-13】　大阪債権回収設立事件

債権回収会社を虚偽登記，容疑の通販会社社長ら逮捕。

　資本金の振り込みを仮装する「見せ金」を使い債権回収会社を虚偽登記したとして，大阪府警捜査二課は一日，通信販売会社テレマート（大阪市中央区）社長，佐々木賢治容疑者（60）ら六人を電磁的公正証書原本不実記録・同供用容疑で逮捕した。同課は設立した会社を転売しようとしたとみて追及している。

　調べによると，佐々木容疑者らは2003年3月ごろ，大阪市中央区に債権回収会社「大阪債権回収」を設立する際，一時的にテレマートの資金を大阪債権回収の資本金として大阪市内の金融機関に入金。金融機関が発行した払込証明書を法務局に提出し，「株式総数1万株，資本金5億円」とする虚偽の株式会社設立登記を行った疑い。

　しかし，登記申請後に資金は引き出され，テレマートに戻っていたという。債権回収会社を営業するには法務大臣の許可が必要で，最低5億円の資本金が必要。法務省によると，大阪債権回収は許可申請をしていない。

　　　　　　　　　　　　　　　　　　　　　　　　出典：日本経済新聞2007年2月2日地方経済面16頁

【資料Ⅱ-14】 イーホームズ架空増資事件（新株発行）

> 　建築基準法に基づく建築物の建築確認を事業としていたイーホームズ社は，国土交通省から床面積2000平方メートル超1万平方メートル以内の建築物を検査できる指定確認検査機関の認証を受けるために資本金を従前の2300万円から5000万円にする必要があった。そこで，イーホームズ社社長藤田東吾氏は，元監査役の司法書士から2700万円を借入れ，イーホームズ社に出資し，その後，イーホームズ社から2700万円を藤田氏が社長を務めていた造園会社への貸付名目で引出し，社長が司法書士に返済するという「見せ金」として増資を行った。これにより，2001年10月にイーホームズ社は当該指定確認検査機関の認証を受けることができた。
> 　後に，イーホームズ社が建築確認をした建築物に構造計算書偽装が発覚し，イーホームズ社の関与が疑われ，警視庁により家宅捜索された際に，この架空増資が発覚し，2006年10月18日に藤田東吾は電磁的公正証書原本不実記録・同供用罪で有罪判決を受けた（なお，偽装事件への関与は否定された）。

【Discussion ②】
　見せ金や預合いといった仮装払込みは，なぜ規制されているのであろうか。
　⇒参考文献：後藤元「資本充実の原則と株式の仮装払込みの目的」前田庸先生喜寿記念『企業法の変遷』〔有斐閣・2009〕223頁以下。

Ⅲ 株　式

1　株主の権利

(1)　配当請求権

(a)　**株主への配当**　株主は，何を期待して株式を購入するのか。株主総会での議決権を通して，自らの考えを経営に反映させることも理論的には可能であるが，相当数の株式を保有すること，つまりは相当の投資をすることが前提となる。多くの株主は，経済的な利益を受けることを期待しており，これには，①会社からの配当（インカム・ゲイン）と，②株式の譲渡益（キャピタル・ゲイン）がある。長期保有を前提とすれば，株主の利益で最も重要なものは，配当請求権である。

株主の配当請求権は，株主総会（一定の条件が満たされれば，取締役会）で決定されて，具体的な配当請求権となる。この時点で，具体的な金額を株主は会社に対して請求することができる。

具体的な配当額が決定されると，配当金の計算書が届けられる（【資料Ⅲ-1】）。

【資料Ⅲ-1】　期末配当金計算書

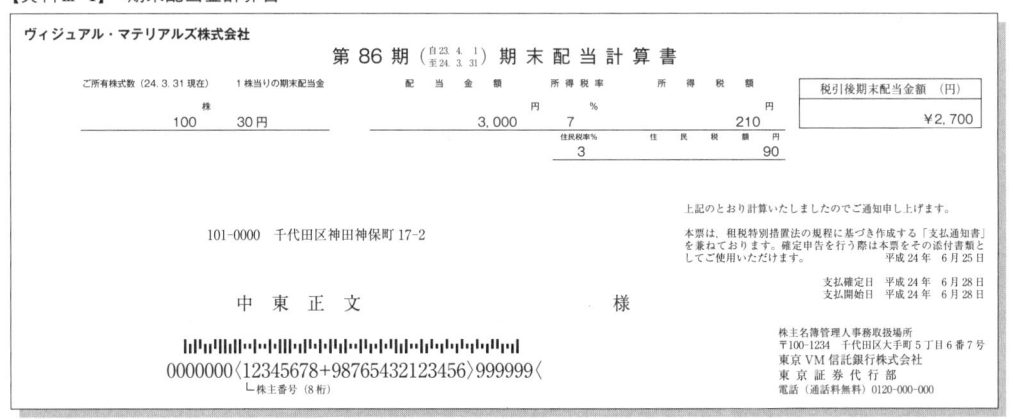

ヴィジュアル・マテリアルズ株式会社

第 86 期（自 23. 4. 1／至 24. 3. 31）期末配当計算書

ご所有株式数 (24.3.31現在)	1株当りの期末配当金	配当金額	所得税率	所得税額	税引後期末配当金額 (円)
100 株	30 円	3,000 円	7 %	210 円	¥2,700
			住民税率 3 %	住民税額 90 円	

101-0000　千代田区神田神保町 17-2

中　東　正　文　　　　様

0000000〈12345678+98765432123456〉999999〈
└株主番号（8桁）

上記のとおり計算いたしましたのでご通知申し上げます。

本票は，租税特別措置法の規程に基づき作成する「支払通知書」を兼ねております。確定申告を行う際は本票をその添付書類としてご使用いただけます。　　平成 24 年　6 月 25 日

支払確定日　平成 24 年　6 月 28 日
支払開始日　平成 24 年　6 月 28 日

株主名簿管理人事務取扱場所
〒100-1234　千代田区大手町 5 丁目 6 番 7 号
東京 VM 信託銀行株式会社
東京証券代行部
電話（通話料無料）0120-000-000

【Question ①】
　　株主名簿管理人とは何を行う者か。株主名簿管理人となった信託銀行などが行う証券代行業務には，どのようなものがあるか。

(b)　**配当増額を求める株主提案権の行使**

平成 20 年 6 月 26 日の電源開発株式会社の定時株主総会に向けて，英国籍の投資ファンドであるザ・チルドレン・インベストメント・ファンド（TCI）によって，配当額を増額する旨の株主提案がなされ，電源開発の取締役会はこれに対して反対した。この株主総会の招集通知に付された参考書類を抜粋したものが，以下のものである（【資料Ⅲ-2】）。

Ⅲ 株式

【資料Ⅲ-2】 電源開発株式会社の株主総会招集通知（抜粋）

証券コード：9513
平成20年6月2日

株主各位

東京都中央区銀座六丁目15番1号
電源開発株式会社
取締役社長　中垣喜彦

第56回定時株主総会招集ご通知

〔中略〕

〈株主提案（第4号議案から第8号議案まで）〉
株主（1名）からのご提案

〔中略〕

第6号議案　期末配当を90円とする件
議案の要領
　　第56期期末配当の金額を普通株式1株につき金90円とする。
提案の理由
1) 増配により，自己資本利益率（ROE）と資本効率が高まると同時に，株主に報いることで株主を軽視していないことが示されます。
2) 当会社と同程度の発電能力・売上等の上場電力会社（東北・北陸・中国・四国・九州電力）の年間株主還元総額の平均（約200億円）と比べて当会社の配当（年約100億円）は著しく低いですが，提案額により他と同程度になります。
3) 設備投資計画が近年の年間約1100億円よりも増え5年間で1兆円とされたのに比べ，約100億円の配当は低すぎます。このような低い株主還元率は，経営陣が過度のリスクをとる事態を招くばかりか，これらの大規模投資が適切な収益を生むことに経営陣が自信を持っていないことを市場に示す結果ともなります。
4) 当会社が行っている高リスク低リターンの投資や株式持合いは2007年3月現在で約680億円に上ります。これらは早急に解消すべきで，解消すれば配当財源はさらに増えます。
（会社注）以上は，株主から請求された議案の要領および提案の理由をそのまま記載したものであります。

○第6号議案に対する取締役会の意見
取締役会としては，本議案に反対いたします。
　　本議案に対する取締役会の意見につきましては，第1号議案　剰余金処分の件……に記載の通りであります。

〰〰〰〰〰〰〰〰〰〰〰〰〰〰〰〰〰〰〰〰〰〰〰〰〰〰〰〰〰〰〰〰〰〰〰〰〰〰

〈会社提案（第1号議案から第3号議案まで）〉

〔中略〕

第1号議案　剰余金の処分の件
　　当社の事業につきましては，発電所等の建設を含む長期間にわたる事業運営能力を源泉に，発電所等のインフラに投資し，長期間の操業を通じて投資回収を図ることが最大の特徴となっております。当社は，引き続き，新たな成長に向けた事業投資に内部留保資金を適切に振り分けるとともに，財務体質の強化が必要との認識のもと，自己資本の充実を図ってまいります。
　　株主の皆様への還元につきましては，このような当社ビジネスの特徴をふまえ，安定した配当の継続を最も重視し，さらに，成長の成果による還元の充実に努めてまいります。
　　今般，当社は平成17年度から平成19年度の3ヶ年経営目標（平均連結経常利益，連結自己資本比率）を達成いたしました。目標達成に向けた取り組みを通じて，卸電気事業による収益を基盤に海外発電事業など新たな事業の貢献により連結ベースでの収益力は一段と向上したものと認識しており，足許の見通しには厳しいものがありますが，中長期的には持続的で安定した成長を見込めるものと考えております。
　　つきましては，3ヶ年経営目標の達成度合，今後の利益規模，投資規模および財務体質の見通しなどを総合的に勘案し，当期における配当は1株につき10円増額して70円とし，既に昨年11月に中間配当として1株につき30円をお支払いいたしましたことから，期末配当は1株につき40円といたしたいと存じます。
　　なお，今後は，この配当水準（年間70円）を維持しつつ，既存設備の効率性と信頼性の維持向上をベースに新規電源の開発と海外発電事業の収益力向上などに取り組み，新たに設定した経営目標の達成を目指してまいります。
　　以上により，剰余金の処分につきましては，下記のとおりといたしたいと存じます。

記
1. 第56期期末配当に関する事項
 (1) 株主に対する配当財産の割当てに関する事項およびその総額
   当社普通株式1株につき金40円
   総額　6,662,177,160円
 (2) 剰余金の配当が効力を生じる日
   平成20年6月27日
2. その他の剰余金の処分に関する事項
 (1) 増加する剰余金の項目およびその額
   別途積立金　　　　　5,000,000,000円
 (2) 減少する剰余金の項目およびその額
   繰越利益剰余金　　　5,000,000,000円

【Discussion ①】 配当の額が適切かの判断
　適当な配当額に関する株主と取締役会の主張について，どのように考えるべきか。
　より一般的に考えると，上場会社において，株主が配当の増額を求めるのは，どのような場合か。逆に，減額を期待するのは，どのような場合か。適正な配当額は，どのような要因から決まると考えられるか。
　⇨参考文献：藤田友敬「Law ＆ Economics 会社法⑿――株式会社の企業金融⑺」法学教室270号62頁[2003]

【Question ②】
　取締役会としては，株主総会で配当額について株主からの提案を封じるためには，どのように対応することが考えられるか。

　(c) 配当と企業価値（株式の価値）　株主が経済的利益を受けることができるのは，①配当または②譲渡益のいずれかである。これらの源泉になるのは，会社が将来的に獲得すると予測される利益（正確には，キャッシュ・フロー）である。そこで，理論的には，これを現在価値（present value）に割引（discount）したもの（DCF: Discounted Cash Flow）が企業価値であり，この額から負債の額（債権者の取り分）を差し引いた額について，1株当たりの価値が株価として示される。
　会社が有する資産には，債権者の取り分も含まれる。

【Question ③】
　株主としては，株式を保有し続けて配当という形で利益を受けることもできるし，株式を譲渡して譲渡益という形で利益を受けることもできる。これらの2つの形で利益を受け得ることは，株主や会社にとって，どうして重要なのか。

【Discussion ②】期待リターンの現在価値
　企業（株式）の金銭的価値を算定するには，どのような方法があるか。企業が将来得ることを期待される収益を現在の価値に割り引いて，継続企業の期待リターンから現在の企業の価値を求める方法について検討してみよう。
　⇨参考文献：伊藤邦雄『ゼミナール企業価値評価』[日本経済新聞社，2007]，Legal Quest 89-92頁，江頭13-19頁。

III 株　式

(2) 種類株式

(a) **配当優先株**　わが国の証券取引所（金融商品取引所）で普通株式への転換を前提としない配当優先株が最初に上場されたのは，伊藤園のものであり，2007年のことであった。配当優先株を含む種類株式を発行するためには，定款を変更して，種類株式発行会社にすることが必要である（【資料Ⅲ-3】）。

【資料Ⅲ-3】　配当優先株に関する定款の定め（伊藤園）

第3章　優先株式

第13条（第1種優先配当）
　当会社は，普通株式を有する株主（以下「普通株主」という。）又は普通株式の登録株式質権者（以下「普通登録株式質権者」という。）に対して剰余金の配当（配当財産が金銭の場合に限る。）を行うときは，当該配当に係る基準日の最終の株主名簿に記録された第1種優先株式の株主（以下「第1種優先株主」という。）又は第1種優先株式の登録株式質権者（以下「第1種優先登録株式質権者」という。）に対し，当該配当に先立ち，第1種優先株式1株につき，当該配当において普通株式1株に対して交付する金銭の額に，第1種優先株式の発行に先立って取締役会の決議で定める一定率（100パーセントを下限とし，130パーセントを上限とする。）を乗じた額（小数部分が生じる場合，当該小数部分については，第1種優先株式の発行に先立って取締役会が定める額とする。）の剰余金の配当（以下「第1種優先配当」という。）を行う。
2. 当会社は，毎事業年度の末日，毎年10月31日その他の取締役会が定める日の最終の株主名簿に記録された普通株主又は普通登録株式質権者に対して剰余金の配当（配当財産が金銭の場合に限る。）を行わないときは，当該株主名簿に記録された第1種優先株主又は第1種優先登録株式質権者に対し，第1種優先株式1株につき，第1種優先株式の発行に先立って取締役会の決議で定める額の剰余金の配当（以下「第1種無配時優先配当」という。）を行う。
3. 第1種優先配当又は第1種無配時優先配当の全部又は一部が行われなかったときは，当会社は，その不足額を累積し，第1項又は第2項に規定するときにおいて，当該配当に係る基準日の最終の株主名簿に記録された第1種優先株主又は第1種優先登録株式質権者に対し，第1種優先配当又は第1種無配時優先配当に先立ち，累積した不足額の剰余金の配当（以下「第1種累積未払配当」という。）を行う。
4. 当会社は，第1種優先株主又は第1種優先登録株式質権者に対し，第1種優先配当，第1種無配時優先配当及び第1種累積未払配当以外の金銭を配当財産とする剰余金の配当を行わない。

第14条（第1種優先株主に対する残余財産の分配）
　当会社の残余財産を分配するときは，第1種優先株主又は第1種優先登録株式質権者に対して，普通株主又は普通登録株式質権者に先立って，前条第3項に規定する不足額を支払う。
2. 当会社は，前項に規定する場合には，第1種優先株主又は第1種優先登録株式質権者に対して，前項の規定による支払いのほか，普通株主又は普通登録株式質権者に対して交付する残余財産の価額に相当する金銭を支払う。

第15条（議決権）
　第1種優先株主は，全部の事項につき株主総会において議決権を行使することができない。但し，過去2年間において，法令及び本定款に従って第1種優先配当又は第1種無配時優先配当を行う旨の決議が行われなかったときは，第1種優先配当又は第1種無配時優先配当の支払いが行われるまでの間は，この限りでない。

【Question ④】
　優先配当を受けている間，議決権の行使ができないとしているのは，なぜか。会社からみた理由と優先株の株主からみた理由を考えてみよう。

(b) **種類株式の市場価格** 会社法のもとでは，種類株式の内容が柔軟化されているから，多様な種類株式を設計することができる。種類株式を上場することも可能である。とはいえ，わが国で上場されている種類株式は稀であり，現在のところ，伊藤園の第1種優先株式に限られている（【資料Ⅲ-4】）。

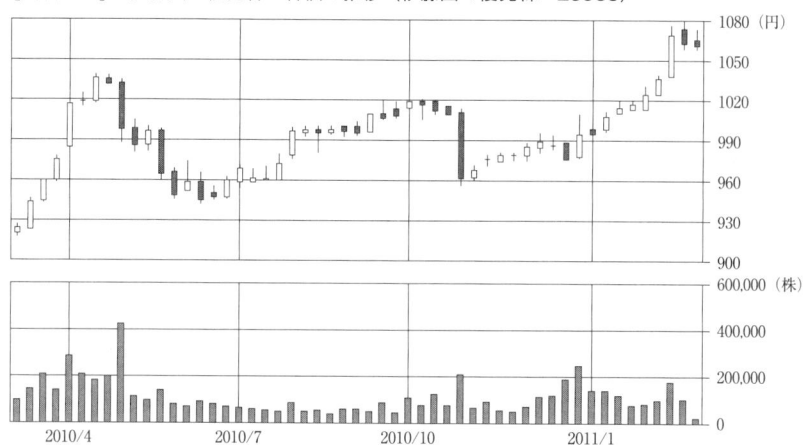

【資料Ⅲ-4】 伊藤園の優先株の株価の推移（伊藤園の優先株：25935）

【Work & Practice ①】 株価の調べ方
　株価やチャートを理解するには，ネットで便利な道具がある。基本的な用語については，野村証券の「証券用語集」(http://www.nomura.co.jp/terms/)で調べることができる。実際の現在の株価や株価の推移，さらには他の株価や指数との比較については，例えば，日本経済新聞のスマートチャート(http://smartchart.nikkei.co.jp/)，Yahoo! ファイナンス(http://finance.yahoo.co.jp)などがあり，実際の裁判でも活用されている。

(3) **基　準　日**
(a) **基準日の意義**　会社が株主に権利の行使を受ける際に，とりわけ上場会社においては，株主が頻繁に変動するから，どの時点の株主にどのような権利を行使させるかを確定させる必要がある。そこで，基準日という概念が用いられており，基準日現在の株主に特定の権利を行使させる。

　期末配当や中間配当の基準日については，定款で事業年度の末日などを基準日として定めるのが通常であるが（【資料Ⅲ-5】），臨時に配当を行う際には，基準日公告を行う（【資料Ⅲ-6】）。

【資料Ⅲ-5】 配当の基準日に関する定款規定
▶定款モデル（全株懇）（監査役設置会社・会計監査人設置会社・剰余金配当等を取締役会で決定する会社）

　　（定時株主総会の基準日）
　第13条　当会社の定時株主総会の議決権の基準日は，毎年3月31日とする。
　　（剰余金の配当の基準日）
　第38条　当会社の期末配当の基準日は，毎年3月31日とする。
　　2　当会社の中間配当の基準日は，毎年9月30日とする。
　　3　前2項のほか，基準日を定めて剰余金の配当をすることができる。

III 株式

【資料III-6】 配当の基準となる株主の決定

> 基準日設定につき通知公告
>
> 当社は、平成二十四年九月三十日を基準日と定め、同日午後五時現在の株主名簿上の株主又は登録株式質権者をもって、剰余金の配当を受ける権利者と定めましたので公告します。
>
> 平成二十四年八月三十一日
>
> 東京都千代田区神田神保町二丁目十七番
> ヴィジュアル・マテリアルズ株式会社
> 代表取締役　有斐　閣太郎

【Question⑤】

基準日を設定した場合には、当該基準日の2週間前までに公告が必要とされているが、なぜか（124条3項）。

【Discussion③】 現在の基準日設定の慣行は合理的か？

株主の権利ごとに、基準日設定の慣行に問題点がないかについて、検討せよ。問題があるとすれば、どのようにすれば改善することができるか、考察しなさい。

⇒参考文献：田中亘「定時株主総会はなぜ6月開催なのか」江頭憲治郎先生還暦記念『企業法の理論（上）』415頁［商事法務、2007］。

(b) 株主優待制度と基準日（権利確定日）

会社によっては、所定の日に一定数の株式を保有している株主には、各社が定める優待を受けることができる。鉄道会社であれば、無料乗車券や関係施設の割引券などである（【資料III-7】）。株主優待の便宜を受けることができるのも、一定の日（権利確定日）において株主名簿に記載または記録のある株主である。

【資料III-7】 株主優待制度（JR東日本）

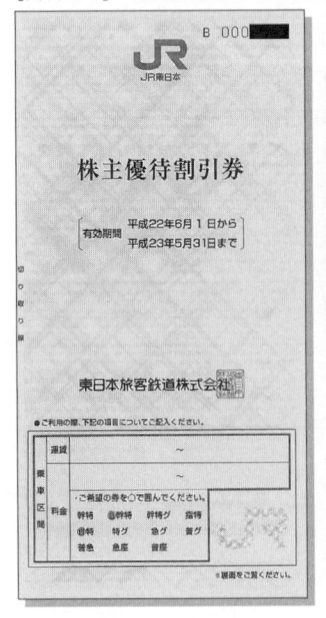

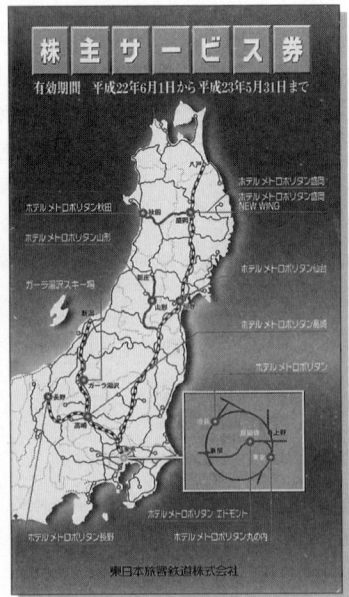

株主優待券	100株以上	100株ごとに1枚
	1,000株超	10枚＋1,000株超過分200株ごとに1枚
	10,000株超	55枚＋10,000株超過分300株ごとに1枚
	20,000株以上	100枚
	50,000株以上	250枚
	100,000株以上	500枚
株主サービス券（ホテル宿泊割引券など）		100株以上全株主一律

2 株式の譲渡

【Work & Practice ②】 株主優待の現状

株主優待を行うのは、なぜか。どのような会社に多いか。どのような内容があると想像されるか。例えば、「Yahoo! ファイナンス 株主優待制度」のウェブサイト（http://biz.yahoo.co.jp/stockholder/）などで調べてみよう。

金券ショップを訪ねてみよう。そこでは、どのような株主優待券が販売されているか。金券ショップは、どのようにして商品となる株主優待券を仕入れるのであろうか。

【Discussion ④】 株主優待制度と株主平等原則

持株数によって優待の内容を変えている会社も少なくない。会社にとっては、どのようなメリットがあるのか。【資料Ⅲ-7】では、保有する株式が100株未満の株主には、優待が何もなく、100,000株以上を保有すると〔約5億円の投資〕、どれだけ多数の株式を有していても、同じ優待しか受けることができない。株主平等の原則（109条1項）に反しないか。それは、なぜか。また、株主の権利の行使に関する利益供与の罪（970条）には、該当しないか。それは、なぜであろうか。
　⇒参考文献：Legal Quest 88頁，江頭129頁，329頁。

2 株式の譲渡

(1) 株式と株券

(a) **株式と株券の意義**　株式会社の株主は、会社との関係で種々の法律関係を有する。そのような法律関係の総体または地位を、株式という。この株式をあるいは株主の地位を表章する有価証券が、株券である（【資料Ⅲ-8】）。株券発行会社においては、株式を譲渡するために、株券の交付が必要になり、会社との関係でも、譲受人は株券を会社に呈示して株主名簿の書換えを請求する。

【資料Ⅲ-8】　株　券

【Question ⑥】

必要な事項が記載してあれば、どのような株式の材質でもよいとされているが、壁に油性ペンで記載したものでもよいか。

【Question ⑦】

株券の法定記載事項は、何か。どうして、これらの事項が記載されなければならないとされているのか。

Ⅲ 株 式

(b) 株主名簿　株式会社は、①株主の氏名または名称および住所、②各株主の有する株式の数（種類株式発行会社では、株式の種類および種類ごとの数）、③株主が株式を取得した日などの事項を記載または記録するために、株主名簿を作成しなければならない（【資料Ⅲ-9】）。株式を取得した者は、株主名簿の書換えをしなければ、会社に対して株式の取得を対抗することができない。

【資料Ⅲ-9】　株主名簿

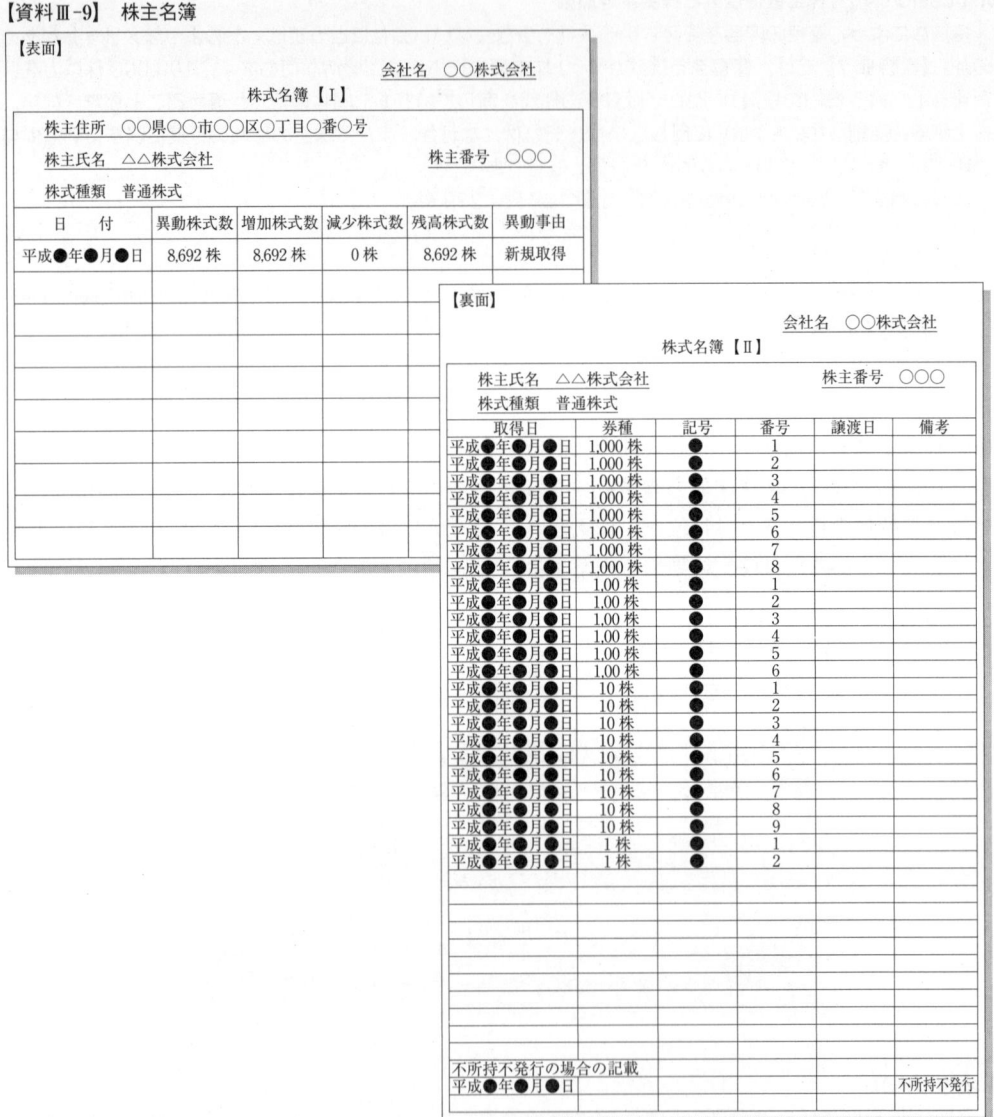

【表面】

会社名　○○株式会社

株式名簿【Ⅰ】

株主住所　○○県○○市○○区○丁目○番○号
株主氏名　△△株式会社　　　　　　　株主番号　○○○
株式種類　普通株式

日付	異動株式数	増加株式数	減少株式数	残高株式数	異動事由
平成●年●月●日	8,692株	8,692株	0株	8,692株	新規取得

【裏面】

会社名　○○株式会社

株式名簿【Ⅱ】

株主氏名　△△株式会社　　　　　　　株主番号　○○○
株式種類　普通株式

取得日	券種	記号	番号	譲渡日	備考
平成●年●月●日	1,000株	●	1		
平成●年●月●日	1,000株	●	2		
平成●年●月●日	1,000株	●	3		
平成●年●月●日	1,000株	●	4		
平成●年●月●日	1,000株	●	5		
平成●年●月●日	1,000株	●	6		
平成●年●月●日	1,000株	●	7		
平成●年●月●日	1,000株	●	8		
平成●年●月●日	1,00株	●	1		
平成●年●月●日	1,00株	●	2		
平成●年●月●日	1,00株	●	3		
平成●年●月●日	1,00株	●	4		
平成●年●月●日	1,00株	●	5		
平成●年●月●日	1,00株	●	6		
平成●年●月●日	10株	●	1		
平成●年●月●日	10株	●	2		
平成●年●月●日	10株	●	3		
平成●年●月●日	10株	●	4		
平成●年●月●日	10株	●	5		
平成●年●月●日	10株	●	6		
平成●年●月●日	10株	●	7		
平成●年●月●日	10株	●	8		
平成●年●月●日	10株	●	9		
平成●年●月●日	1株	●	1		
平成●年●月●日	1株	●	2		

不所持不発行の場合の記載
平成●年●月●日　　　　　　　　　　　　　　　　　不所持不発行

出典：みずほ信託銀行証券代行部編『基礎から学ぶ株式実務〔全訂第2版〕』〔商事法務, 2010〕54-55頁

【Question⑧】　株主名簿の記載事項
　株主名簿の記載事項の各々について（121条各号）、記載が求められている理由は何か。

2 株式の譲渡

(2) 株式の譲渡性

(a) 株式市場と株式の自由譲渡性 株式は譲渡が自由であるのが原則である（127条）。上場会社を念頭に置くと分かりやすいが，投資者が株式に投資をしようとする場合に，換金性が高いことは重要である。急に現金が必要になったときに，換金性が高い金融商品であれば，すぐに売却して現金を手にすることができるから，その分，株式投資に向けることができる資金も増えることが期待できる。証券取引所（金融商品取引所）の上場規則でも，上場株式は，譲渡制限が付されていないことが求められているし，一定程度の流動性があることが要求されている。

証券取引所での売買は，かつては立会場で手ぶりを用いて行われていたが（【資料Ⅲ-10】②），今ではコンピュータを用いた形で行われ，売買等の状況がボードで示される（【資料Ⅲ-10】③）。

【資料Ⅲ-10】 東京証券取引所

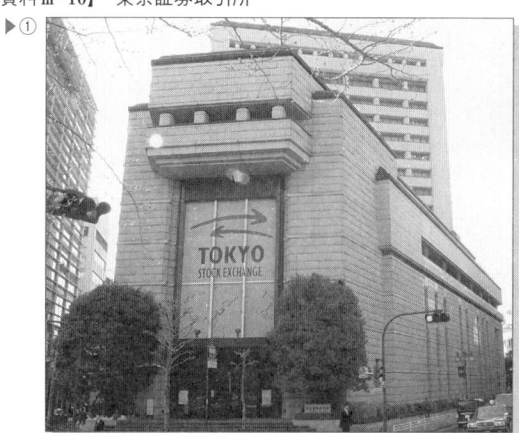

▶①

▶②

▶③

写真提供：共同通信社

【Question ⑨】 取引所の役割

証券取引所（金融商品取引所）は，株式の取引において，どのような役割を果たしているか。

株式会社にとって，その株式が証券取引所で取引されること（上場されること）は，どのような意味があるか。逆に，デメリットは何か。

【Discussion ⑤】 市場での商品性と株主有限責任

株式の金融商品としての特性の1つは，投資対象の会社が倒産しても，投資額が失われるだけで，追加出資を求められることがないことにある。このような株主の有限責任の制度は，株式会社が資金調達を円滑に行うにあたって，どのように機能しているか。他方で，どのような弊害が想定され，会社法制としては，株主の有限責任を認めるために，どのような制度的な裏付けを用意しているか。現在の裏付けで十分であるか。

⇨参考文献：江頭 33-38頁参照。

III 株式

【資料III-11】 証券会社の株価ボード

写真提供：共同通信社

【Work & Practice ③】 株式投資のシミュレーション

　　証券会社では，ウェブ上で仮想の株式売買シミュレーションを提供しているところがある。例えば，野村證券の「バーチャル株式投資倶楽部」では，仮想の100万円を元手に，自由に株式の売買シミュレーションを行うことができまる（http://www.nomura.co.jp/learn/game/index.html）。単に株式の勉強にとどまらず，株価は社会経済状況一般の影響を受けるから，社会勉強の一環としても，参加してみよう。友人などと競い合うのも面白い。

【資料III-12】 株式譲渡承認請求書

株式譲渡承認請求書

株式会社ヴィジュアル・マテリアルズ　御中

私は貴社の下記株式を下記の者に譲渡したいので，ご承認をお願いいたします。[※1]
なお，不承認の場合は譲渡の相手方をご指定ください。[※2]

記

1　譲渡する株式の種類及び数

　　普通株式 100 株

2　譲渡する相手方

　　（住所）東京都文京区本郷3丁目
　　（氏名）赤門花子

以　上

平成24年9月19日

譲渡人　　　　　　　　　（住所）愛知県名古屋市千種区不老町
　　　　　　　　　　　　（氏名）中東正文㊞

2 株式の譲渡

(b) **株式譲渡制限** 株式は譲渡が自由であるのが原則であるが，定款で定めれば，譲渡を制限することができる。例えば，定款で，「当会社の株式を譲渡するには，取締役会の承認を受けなければならない」という定めを設ける（【資料Ⅲ-12】，なお【資料Ⅲ-8】も参照）。発行する株式の全部について譲渡制限を付することもできるし（107条1項1号），種類株式発行会社において一定の種類の株主についてのみ譲渡制限を付することもできる（108条1項4号）。

【Question ⑩】 株式譲渡制限の利点と欠点？
会社が定款で株式譲渡制限の定めを設けるのはなぜか。株主にとっては，どのような利点と不利益が考えられるか。

【Discussion ⑥】 譲渡の相手方の指定請求権の意義
譲渡制限株式の譲渡について，株主が譲渡承認請求（【資料Ⅲ-12】〔※1〕）とともに（譲渡承認請求の方法については，138条を参照），譲渡の相手方の指定請求（【資料Ⅲ-12】〔※2〕。138条1項ハ・2項ハ）をすることができるとされているのは，なぜか。
⇒参考文献：Legal Quest 93-96頁，江頭225-236頁。

(c) **合弁契約と株式の譲渡** 複数の会社が合弁事業を行う際には，合弁契約が締結される。合弁契約においては，合弁事業の主体となる会社の株式の譲渡について，種々の約定がなされる。【資料Ⅲ-13】は，株式会社コバショウ，株式会社スズケンおよび小林製薬株式会社との間において平成16年9月22日付けで締結された「基本合意書」である。その後の裁判では，同合意書の第17条は，株式の譲渡について，制限を加えているが，同条にいう「譲渡」に，株式交換によって株式を「取得させること」が含まれるかが主な争点となった。

【資料Ⅲ-13】 合弁契約における株式の譲渡等の制限
▶スズケン対小林製薬事件（名古屋地決平成19年11月12日金判1319号50頁参照）

基本合意書

本基本合意書は，株式会社コバショウ（以下「甲」という。），株式会社スズケン（以下「乙」という。），小林製薬株式会社（以下「丙」という。）との間で平成16年9月22日付けで締結された。

前　文

甲は，長年にわたり首都圏・近畿圏を中心に薬粧分野で商品の卸売業を営んでおり，業界において有数の売上高と高い販売生産性をあげている。また業容の拡大による急速な成長を目指している。乙及び丙は，長年にわたり組織的企業経営及び，卸売業全般の経験と知識とを保有している。

乙及び丙は，甲のさらなる事業拡大と経営強化を希望しており，乙は，北海道，首都圏，東海及び近畿圏の薬粧卸売事業（以下「薬粧卸売事業」という。）の最適化を検討しており，当該事業の分割及び甲への承継並びに甲の経営への参画を希望している。

よって，甲，乙及び丙は，以下の内容を有する本基本合意を締結する。

第1章　基本理念

第1条（本基本合意の前提・趣旨）
乙は，会社分割及び甲との株式交換の方法により，乙の薬粧卸売事業を甲に承継させ，同時に甲の株式を取得することにより，丙とともに甲が薬粧卸として成長し，業界で確固たる地位を築けるよう以下に記載する内容について，業務及び資本の提携を行う。
　①業務提携の内容
　　・営業活動における相互補完的協力
　　・効率的物流を実現するための協力
　　・情報システムの開発及び運用に関する協力
　　・従業員の教育・研修に関する協力

Ⅲ 株　式

　　　　　　・その他経営資源の有効活用に関する協力
　　　　②資本提携の内容
　　　　　　・乙は甲に薬粧卸売事業を移管し，その対価として甲の株式を乙に割当てる。詳細は本基本合意各条項及び甲，乙別途協議する内容に従うものとする。

第2章　会社分割及び株式交換〔※1〕

第2条（乙による新設分割）
　1　乙は，平成17年4月1日を目処に，乙の薬粧卸売事業のうち，北海道及び東海地区の事業につき，それぞれ新設分割手続を実施・完了しなければならない（以下，北海道の薬粧卸売事業を承継させて新設する会社を「(仮称)甲スズケン北海道」，東海の薬粧卸売事業を承継させて新設する会社を「(仮称)甲スズケン東海」といい，2社を合わせて「新設会社」という。）。
　2　乙は，前項の新設分割後の新設会社における営業の円滑な遂行に支障を来さぬよう，必要となる許認可につき，事前に申請等の手続を行い，分割期日において許認可を取得するものとする。
　3　乙が新設会社に対し承継する財産及び雇用契約その他の契約ならびに各新設会社の定款及び事業内容等については，甲，乙及び丙が別途協議のうえ決定した内容に従って，分割計画書において定めるものとする。

第3条（甲による吸収分割）
　　　　甲は，平成17年4月1日を目処に，乙の薬粧卸売事業のうち，H&BC東日本支店及びH&BC近畿支店が従事する事業を吸収分割することとする。なお，吸収分割の条件については，本基本合意に定める方針に従うほか，甲，乙間にて別途協議の上締結する分割契約書によるものとする。

第4条（甲，丙による株式交換）
　　　　甲及び丙は，平成17年4月1日を目処に，丙が保有する新設会社の株式と，甲株式について，適正に算出された比率に基づき，株式交換を行うものとする。株式交換の条件については，本基本合意に定める方針に従うほか，別途甲，乙間にて定める株式交換契約書によって定めるものとする。

第5条（分割により承継する財産）
　　　　第2条の新設分割にかかる分割計画書，第3条の吸収分割にかかる分割契約書及び第4条の株式交換にかかる株式交換契約書の作成にあたっては，次の各項を前提として，各分割及び株式交換により承継する財産及び株式を調整するものとする。
　1　甲が，吸収分割及び株式交換により取得する乙の薬粧卸売事業の純資産額の合計は26.5億円であること。
　2　乙は，上記の対価として甲の発行済株式総数の20％に相当する2,694株の甲株式を取得すること。

第6条（従業員等の取扱い）
　1　乙は，第2条の新設分割及び第3条の吸収分割（以下あわせて「両分割」という。）に先立って，別途甲，乙間の合意により取り決めた内容による労働契約の承継，整理等が円滑かつ適法に行われるように，従業員の了承をとるなど適切な措置を講ずるものとする。
　2　両分割により承継する従業員の労働条件は，両分割期日から1年間は同等の条件を維持するものとする。

第7条（表明及び保証）〔※2〕
　1　甲は乙に対し，本基本合意締結日及び両分割期日の前日において，別紙第1に記載の事項が真実かつ正確であることを表明し保証する。
　2　乙は甲に対し，本基本合意締結日及び両分割期日の前日において，別紙第2に記載の事項が真実かつ正確であることを表明し保証する。

第8条（甲の約束事項）
　1　甲は，本基本合意に定める吸収分割及び株式交換に関し，甲の取締役会承認決議を示す当該取締役会議事録の謄本又は抄本，その他本基本合意に定める事項を実行するために必要とされる全ての資料の写しを，両分割期日の前日までに乙に交付するものとする。
　2　甲は，別紙第1の表明及び保証に違反する事実が判明した場合は，直ちに乙に通知するものとする。
　3　前2項のほか，別途乙が実施したデュー・ディリジェンスにおいて，乙が発見した問題点につき，甲，乙協議の上，両分割期日の前日までに適切な対策を講じるものとする。

第9条（丙の約束事項）
　1　本基本合意締結日から両分割期日の前日までの間，乙の薬粧卸売事業は，従前の合理的慣行に従った，通常行われる営業のみを行うものとする。また，本基本合意締結日から両分割期日の前日までの間，乙は薬粧卸売事業に関する以下の事項を実施してはならないものとする。
　　　①第三者との合併，営業譲渡，会社分割等
　　　②資産の処分（但し，従前の合理的慣行に従った，通常行なわれる営業に伴うものを除く。）
　　　③借入，保証の実施（但し，従前の合理的慣行に従った，通常行われる営業に伴うものを除く。）
　　　④その他薬粧卸売事業の運営，資産，財務状況，経営成績，信用状況等に重大な悪影響を及ぼす事項
　2　乙は，本基本合意に定める両分割及び株式交換に関し，乙の取締役会承認決議を示す当該取締役会議事録の謄本又は抄本，その他本基本合意に定める事項を実行するために必要とされる全ての資料の写しを，両分割期日の前日までに甲に交付するものとする。
　3　乙は，別紙第2の表明及び保証に違反する事実が判明した場合は，直ちに甲に通知するものとする。
　4　前3項のほか，別途甲が実施したデュー・ディリジェンスにおいて，甲が発見した問題点につき，甲，債権者協議の上，両分割期日の前日までに適切な対策を講じるものとする。

第10条（甲の諸手続実行の前提条件）

2 株式の譲渡

本基本合意に基づいて，甲が吸収分割及び株式交換を実行する義務は，乙において以下の全ての項目が両分割期日の前日までに充足されていることを条件とする。
①別紙第2に定める乙による表明及び保証が真実かつ正確であること。
②第9条各項に定める乙の約束事項につき違反のないこと。

第11条（乙の諸手続実行の前提条件）
本基本合意に基づいて，乙が両分割及び株式交換を実行する義務は，甲において以下の全ての項目が両分割期日の前日までに充足されていることを条件とする。
①別紙第1に定める甲による表明及び保証が真実かつ正確であること。
②第8条各項に定める甲の約束事項につき違反のないこと。

第12条（補償）〔※3〕
1 各当事者は，本基本合意に定める表明及び保証が真正又は正確でなかったことあるいは第8条及び第9条に定める約束事項に違反したことに起因して生じる他の当事者の損害を補償するものとする。かかる損害には当該当事者が損害を回復するために必要とした弁護士費用その他の争訟関連費用を含むものとする。
2 別紙第2に定める乙による表明及び保証が，真正又は正確でなかったことあるいは乙が第9条に定める約束事項に違反した場合は，甲又は丙は前項の定めに加え，乙の保有する甲株式全てを，甲の直近の1株当りの純資産額又は取得価額のいずれか低い価格にて買取ることができるものとする。この場合，甲は乙に対する通知により，何らの義務を負うことなく本基本合意を解除することができる。
3 別紙第1に定める甲による表明及び保証が，真正又は正確でなかったことあるいは甲が第8条に定める約束事項に違反した場合は，乙は第1項の定めに加え，甲又は丙に対し，乙の保有する甲株式全てを，乙による甲株式の取得価額に相当する金額を対価として買い取らせることができるものとする。この場合，乙は甲に対する通知により，何らの義務を負うことなく本基本合意を解除することができる。
4 本条第1項に基づく補償及び前2項に基づく売渡／買取を求める当事者は，本基本合意締結日の3年後の応当日までの間に（当該応当日を含む。），原因事実を書面により特定して請求しなければならないものとする。本基本合意締結日の3年後の応当日の翌日以降は，いずれの当事者も表明及び保証ならびに約束について，何らの責任も負わないものとする。ただし，他の当事者の故意又は重過失による表明及び保証違反又は約束事項違反の場合についてはこの限りではない。

第13条（補償2）
乙は甲に対し，本基本合意第2条及び第3条の会社分割により新設会社又は甲にその契約上の地位を承継させようとする得意先に対して乙が平成17年3月末日現在有する売掛債権につき，平成17年4月1日から6ヶ月間これを保証するものとする。万一この期間中に，新設会社又は甲の当該債権の回収に遅滞又は不能が生じた場合には，乙は，甲又は新設会社に対し，別途甲，乙，丙間にて合意する覚書に従い，これを補償するものとする。

第3章 甲の事業運営における協調

第14条（取締役）〔※4〕
1 甲の取締役の員数は，5名とする。
2 甲の取締役として，乙は1名，丙は4名をそれぞれ指名するものとし，乙及び丙は，甲の株主総会において，相手方の取締役候補が取締役に選任されるよう議決権を行使するものとする。
3 前項の取締役のうち，丙指名の1名が甲の取締役会において代表取締役社長として選任されるよう，乙及び丙は，自己の派遣した取締役をして意思表示させるものとする。

第15条（資金調達に関する協力）
1 甲が，その業務の遂行上資金の調達を必要とする場合には，乙及び丙は，甲に独自に調達させることとする。
2 甲の独自の調達が困難な場合には，乙及び丙は別途協議のうえ，両者が必要と認めた場合には，乙又は丙が個別に甲に対し融資するか，又は甲の借入に乙及び丙が連帯保証するという協力を行うことにより甲の資金調達に協力するものとする。なお，この場合の乙及び丙の負担割合は，そのときの乙及び丙の議決権比率（総株主の議決権に占める各当事者の有する議決権の割合をいう。以下同じ。）によるものとする。ただし，乙の議決権比率が20.0％を下回った場合は，この限りではない。

第16条（甲，乙及び丙の役割）
1 甲の円滑な事業運営への支援のため，乙及び丙は次のとおり甲に協力するものとする。
　乙：仕入先との条件交渉，乙得意先への共同営業，その他甲の求める営業支援全般，物流及びシステムに関わるインフラの共同利用，経営補佐
　丙：経営支援全般
2 乙の円滑な事業運営への支援のため，甲は次のとおり乙に協力するものとする。
　甲：甲得意先への共同営業，物流及びシステムに関わるインフラの共同利用

第17条（株式の譲渡）〔※5〕
1 乙及び丙は，本条第2項及び第3項の場合を除く他，本基本合意に基づき取得し，保有する甲の株式（新株予約権を含む。本条において以下同じ。）の全部又は一部を他に譲渡してはならない。但し，相手方の書面による事前の承認を得た場合は，この限りではない。
2 本基本合意締結後5年間経過した後，
①乙又は丙が，その所有する甲の株式の全部又は一部を，他に譲渡しようとする場合は，先ず，相手方に対

Ⅲ　株　式

し書面にて株式譲渡の申込みを行う。相手方は申込みを受けた株式を自己にて買い取るか、又は自己の指名する第三者に買い取らせることができる。相手方が、自己若しくはその指名する第三者による株式買取りを拒否した場合、又は申込み受領後3ヶ月以内に買取り受諾を書面にて回答しない場合には、乙又は丙は、その3ヶ月以内に限り、相手方に提示した条件と同条件又は譲受人にとって、より有利とはならない条件で、当該株式を譲渡することができる。

②乙又は丙が、前項に定める株式譲渡の申込みを行った結果、相手方又は相手方の指名する第三者以外の者にその所有する甲の株式を譲渡する場合、乙又は丙は、譲受人となるべき第三者を特定した上で相手方に対し予め書面にて通知しなくてはならない。この場合、当該第三者と相手方が信頼関係を構築できない特段の事由が存すると相手方が判断したときは、相手方は乙又は丙が譲渡を希望する株式を、相手方と乙又は丙が別途合意する第三者機関の適正な評価に基づく価額により買い取ることができるものとする。

3　前2項の規定により乙の所有株式の一部が譲渡され、かつ、譲渡後の乙の議決権比率が10パーセント以上に維持される限り、乙は取締役の1名を就任させることができる。

4　本条第1項及び第2項の規定により、乙若しくは丙の全所有株式が譲渡された場合、又は甲発行済株式の3分の1以上が第三者によって所有されるに至った場合には、本基本合意の各規定は同時点をもって終了する。尚、本項にいう「第三者」には、甲、乙又は丙がその総株主の議決権の20パーセント以上を有する会社は含まれないものとする。

第18条（競業避止）

1　乙は、自己又は関連会社を通じて、両分割期日から本基本合意が終了するまでの間、甲の事前の書面による同意なしに、沖縄を除く日本において、薬粧卸売事業及びこれと同種の業務に従事してはならない。

2　乙が、M&Aを実行するに際して、一時的に薬粧卸売事業に従事する場合は、前項の限りではない。ただし、この場合は事前に書面により甲に通知し、当該薬粧卸売事業の甲への移管につき、誠意を持ってこれを検討するものとする。

第4章　雑　則

第19条（本基本合意の解除）

当事者のうちいずれか（以下、違反当事者という。）が次の事項に該当したとき、他方の当事者（以下、非違反当事者という。ここに言う他方当事者とは甲及び丙においては乙を、乙においては甲又は丙を意味し、以下同様とする。）は書面による通知をもって本基本合意を解除することができる。この場合、非違反当事者の違反当事者に対する損害賠償の請求を妨げない。なお、第12条及び第13条に定める事態が生じた場合は、各条の定めに従うものとし、本条は適用されないものとする。

①本基本合意の各条項の一に違反し、1ヶ月経過してもその違反状態が治癒されないとき。

②差押、仮差押、仮処分、公売処分、租税滞納処分、その他公権力の処分を受け、又は会社整理開始、民事再生手続開始、会社更生手続開始、特定調停、若しくは破産その他倒産手続の開始の申立がなされたとき。

③営業の全部若しくは重要な一部を譲渡し、又はその決議をしたとき。ただし、当該営業譲渡につき、事前に非違反当事者の同意を得た場合を除く。

④自ら振出し若しくは引き受けた手形又は小切手が不渡りとなる等支払停止状態に至ったとき。

⑤競売を申し立てられ、又は仮登記担保契約に関する法律第2条に基づく通知を受けたとき。

⑥監督官庁から営業停止又は営業免許若しくは営業登録の取消しの処分を受けたとき。

⑦前各号のほかパートナーとしての信頼関係を破壊する相当の事由（甲の事業運営に関する軽微な意見の相違にすぎない場合を除く。）が生じたとき。

第20条（本基本合意解除による権利行使）〔※6〕

1　前条により本基本合意を解除した違反当事者が甲又は丙の場合は、乙は自らが保有する甲の株式の全部又は一部を甲又は丙に買い取らせることができ、この時の譲渡価格は甲の直近の1株当たりの純資産額又は取得価額のいずれか高い価格とする。

2　前条により本基本合意を解除した違反当事者が乙の場合は、甲又は丙は、乙が保有する甲の株式の全部又は一部を買い取ることができ、この時の譲渡価格は甲の直近の1株当たりの純資産額又は取得価額のいずれか低い価格とする。

3　第1項の権利行使の結果、乙が甲の株主でなくなった場合には、丙は、甲に対する乙の貸付金を直ちに甲に代わって返済するとともに、甲の資金調達に対して乙が行った連帯保証債務を免責的に引き受けるものとする。

4　第2項の権利行使の結果、乙が甲の株主でなくなった場合でも、本基本合意に基づき既に行った甲に対する貸付及び甲の資金調達に対して行った連帯保証を、a）当該権利行使をした日から3年後又はb）当該貸付による貸付金が甲により完全に返還された日若しくは当該連帯保証債務が消滅した日のいずれか早く到来する日まで、引き続き継続するものとする。

第21条（本基本合意の実行）

乙及び丙は、本基本合意の各条項において甲を当事者とする事項については、甲が当該事項を規定どおり実行するようにそれぞれの株主としての権利を行使するとともに、それぞれが指名した取締役をしてこれを遵守せしめる。

第22条（本基本合意の存続期間）

本基本合意に規定される権利義務は、本基本合意締結日からその効力を生じ、次の事由が発生するまでの

間は存続する。
　①本基本合意の解除に合意したとき（この場合，乙及び丙が解除に合意した場合は甲も解除につき合意したとみなされるものとする。）
　②乙又は丙の議決権比率が3.0％を下回ったとき
　③甲の株式公開により甲の発行済株式が証券取引所に上場される，又は甲の発行済株式が店頭市場で取引されるようになったとき
　④甲が解散となったとき
第23条（秘密保持）
　1　各当事者は，本基本合意の履行及び甲の運営に関して知り得た，又は開示を受けた営業上若しくは技術上の情報及び資料（以下「秘密情報」という。）については，本基本合意期間中はもちろん，本基本合意終了後2年間は，これを秘密に保持するものとし，第三者に漏洩しないものとする。ただし，次の秘密情報については，この限りではない。
　　①相手方から開示された又は知り得た時点ですでに公知であったもの
　　②相手方から開示された又は知り得た後に公知となったもの（ただし，開示をうけた者の故意，過失により漏洩されたものを除く。）
　　③相手方から開示された又は知り得た時点ですでに保有していたもので，文書の証拠のあるもの
　　④第三者から秘密保持義務を負うことなしに合法的に取得したもの
　　⑤法令に基づき官公庁から開示を強制されたもの。
　2　各当事者は，秘密情報について，自己の役員及び従業員に対しても前項同様の義務を課すものとする。
第27条（本基本合意の変更）
　　本基本合意に規定される権利義務等の変更は，当事者間にて協議の上，各当事者の記名押印ある書面によってのみなされるものとする。
第28条（疑義の解釈）〔※7〕
　　本基本合意に定めのない事項その他本基本合意に関し生じた疑義については，各当事者誠意をもって協議のうえ，決定するものとする。
第29条（唯一の合意）〔※8〕
　　本基本合意は，本基本合意の目的に関する当事者間の合意のすべてを構成する唯一のものであり，従来又は現時点の交渉，申し合わせの一切に優先する。

【Discussion ⑦】　合弁契約

本件の合弁契約では，どのような目的で，どのように構築する設計がなされているのか，第2章（【資料Ⅲ-13】〔※1〕）の規定を中心に検討してみよ。

⇒参考判例：名古屋地決平成19年11月12日金判1319号50頁。

【Discussion ⑧】　表明保証

(1) 【資料Ⅲ-13】の〔※2〕および〔※3〕のような表明保証条項を入れておくことで，当事会社が公正な企業会計等に反する会計処理をしていたことが後に発覚した場合，損害賠償責任が肯定される（東京地判平成18年1月17日判時1920号136号）。では，このような表明保証条項が締結されていなかった場合には，相手方の責任を何ら追及することができなくなるか。

(2) 合弁契約のクロージングの前に，相手方の表明保証条項違反に気付いていた場合には，損害賠償を請求することができなくなるか。

⇒参考判例：東京地判平成15年1月17日判時1823号82頁，東京地判平成18年1月17日判時1920号136号。

【Discussion ⑨】　取締役および代表取締役

合弁契約においては，各当事者から取締役と代表取締役をどれだけ選任するかが定められることが多い（【資料Ⅲ-13】〔※4〕）。これはなぜか。また，合弁会社の定款で定めるとすれば，どのような規定を置くことが考えられるか。

⇒参考文献：江頭60-62頁。

【Discussion ⑩】　株式交換による株式の取得と譲渡

株式交換によって株式を取得させることは，第17条（【資料Ⅲ-13】〔※5〕）で制限されている株式の譲渡

Ⅲ 株式

に該当するか。同条だけではなくて，基本合意書の全体について検討してみよう。
　⇨参考判例：名古屋地決平成 19 年 11 月 12 日金判 1319 号 50 頁。

【Question ⑪】
　第 17 条 2 項では（【資料Ⅲ-13】〔※5〕），本基本合意締結後 5 年間経過した後に，各当事者が株式の全部または一部を他に譲渡する場合は，相手方に対して書面で株式譲渡の申込みを行わせ，相手方または相手方の指定する第三者が買い取る機会を与えている。この相手方の権利を先買権（first refusal right）などという。このような条項にはどのような機能があるか。

【Work & Practice ④】
　上記の【Discussion ⑦～⑩】と【Question ⑪】での検討を踏まえて，株式交換などの組織再変更行為に伴って株主の移転がある場合にも，相手方の事前の承認や先買権を行使する機会が必要であることが明確となるように，基本合意書を改訂してみよう。

【Question ⑫】
　第 20 条（【資料Ⅲ-13】〔※6〕）では基本合意が解除された場合に，どちらの当事者が株式を取得するかを定めるとともに，この時の譲渡価格についても定めている。このように，合弁契約を締結する際には，合弁解消の場面を想定して，契約書を作成する。なぜか。

【Question ⑬】
　第 28 条（【資料Ⅲ-13】〔※4〕）では，基本合意に定めのない事項などについては，各当事者が誠意をもって協議のうえ決定するとするが，どのような法律的な効果があるのか。この条項に違反した当事者に対して，反対当事者は何か請求できるのか。

【Discussion ⑪】　完全合意条項
　近時の企業契約では，完全合意条項（entire agreement clause）を設けることが多くなっている（【資料Ⅲ-13】〔※8〕）。このような規定の法的な意味は何か。上記の第 17 条の解釈において，どのような影響があると考えられるか。また，完全合意条項は，どのような場合でも有効であると考えてよいか。もし有効性に限界があるとすれば，どのような場合には効力が否定されるか。
　⇨参考判例：東京地判平成 19 年 9 月 27 日判時 1987 号 134 頁，名古屋地決平成 19 年 11 月 12 日金判 1319 号 50 頁。

3 株式の単位

(1) 売買単位

(a) 単元株式と売買単位　会社法上，一定の数の株式をもって株主が1個の議決権を行使することができる旨を定款で定めることができる（188条1項）。1個の議決権を行使することができる数の株式を単元株式という。単元未満株式には，議決権だけではなくて，定款の定めによって，他の株主の権利を行使することができないとすることも一定の範囲で認められている（189条）。株式市場では，単元株式数を単位として売買がなされている。株価の表示とあわせて，この売買単位が表示される（【資料Ⅲ-14】，【資料Ⅲ-15】）。

【資料Ⅲ-14】　売買単位（日本経済新聞株式欄）

【資料Ⅲ-15】　野村證券の株価検索

出所：http://www.nomura.co.jp/learn/study/invest/stock/abc/1-6.html

【Work & Practice ⑤】
　これらの資料で使われている用語について，調べてみよう。その際には，これらの情報がなぜ重要なのかを意識しよう。

Ⅲ 株　式

(b) **売買単位での株価の表示**　投資家が各人で売買単位を計算するのは面倒であるから，媒体によっては，株価を売買単位で示している。例えば，日経ヴェリタスでは，株式相場を単元株価で表示している（【資料Ⅲ-16】）。

【資料Ⅲ-16】　日経ヴェリタスの株式相場の欄

【Discussion ⑫】
　上場株式は，おおよそいくらの単位で売買されているか。なぜか。
　また，東京証券取引所は，売買単位を集約することを目指している。なぜか（http://www.tse.or.jp/rules/seibi/unit.html）。

(2) **株式の大きさの調整**
(a) **株式の分割**　取引単位を調整するためには，株式の大きさそのものを変更することも可能である。株式の分割とは，少数の数の株式を大きな数の株式にすることである（183条）。例えば，1株が150万円である場合に，3株を5株に分割すれば，理論的には，1株は90万円になる。株式分割にあたっても，基準日を定めて（【資料Ⅲ-17】），基準日現在の株主に分割新株を割り当てる。株式分割に際しては，発行可能株式総数に関する定款変更を行うことがある（【資料Ⅲ-18】）。

【資料Ⅲ-17】　株式分割に関する基準日公告

　　　　　　　　　　　基準日設定につき通知公告
　当社は，平成二十四年九月三十日を基準日と定め，同日午後五時現在の株主名簿上の株主をもって，その所有する株式一株を二株とする株式分割により株式の割当てを受ける株主と定めましたので公告します。
　　平成二十四年八月三十一日
　　東京都千代田区神田神保町二丁目十七番地
　　ヴィジュアル・マテリアルズ株式会社
　　　代表取締役　有斐　閣太郎

3 株式の単位

【資料Ⅲ-18】株式分割と定款変更の適時開示

Ⅶ Visual Materials

平成 24 年 8 月 31 日

各位

会社名　ヴィジュアル・マテリアルズ株式会社
代表者　代表取締役　有斐　閣太郎
（コード番号：0000　大証ヘラクレス）
問合せ先　常務取締役　業務本部長　有斐　閣次郎
（TEL　03-000-0000　http://www.vm.co.jp/）

株式分割および株式分割に伴う定款の一部変更に関するお知らせ

　当社は，平成 24 年 8 月 30 日開催の取締役会において，株式分割の実施および株式分割に伴う定款の一部変更を決議しましたので，お知らせいたします。

記

1. 株式分割
　(1) 株式分割の目的〔略〕
　(2) 株式分割の概要
　　①分割の方法
　　　平成 24 年 9 月 30 日を基準日とし，同日最終の株主名簿に記載された株主の所有株式を普通株式 1 株につき，2 株の割合をもって分割いたします。
〔略〕

2. 株式分割に伴う定款の一部変更
　(1) 定款変更の理由
　　　今回の株式分割に伴い，同日開催の取締役会において，会社法第 184 条第 2 項の規定に基づき，平成 24 年 10 月 1 日をもって当社定款第 6 条を変更し，発行可能株式総数を 170,000 株増加し，340,000 株とすることを決議いたしました。

　(2) 定款変更の内容（変更箇所に下線を付しております）

現行定款	変更後
（発行可能株式総数）第 6 条当社の発行可能株式総数は，170,000 株とする	（発行可能株式総数）第 6 条当社の発行可能株式総数は，340,000 株とする

〔略〕

以上

【Discussion ⑬】 株式分割後の株価？

　株式分割の後の株価は，理論的には，分割前の株価に分割比率を乗じたものになるはずであるが，実際には，そうなるとは限らない。どのような理由から，どのような値動きをする可能性があるか。
　⇨参考文献：龍田 213 頁。

【Question ⑭】

　株式分割に伴って，発行可能株式総数に関する定款変更をするのはなぜか。株式分割に伴って発行可能株式数に関する定款の定めを変更するには，どのような手続が必要か。このような手続が法定されているのは，なぜか。

Ⅲ 株式

(b) **株式無償割当て** 株式無償割当てとは，株主に対して新たに払込みをさせないで当該株式会社の株式の割当てをすることをいう（185条。【資料Ⅲ-19】）。株式無償割当てによっても，会社の財産を変化させずに発行済株式総数が増加させることができるから，株式の単位が調整される。

【資料Ⅲ-19】 株式無償割当てに関する基準日公告

> 基準日設定につき通知公告
> 当社は，平成二十四年九月三十日を基準日と定め，同日午後五時現在の株主名簿上の株主をもって，株式二株に対し一株を与える無償割当てを受ける株主と定めましたので公告します。
> 平成二十四年八月三十一日
> 東京都千代田区神田神保町二丁目十七番地
> ヴィジュアル・マテリアルズ株式会社
> 代表取締役　有斐　閣太郎

【Question ⑮】
株式分割と株式無償割当ての異同は何か。なぜ違いがあるのか。

【Discussion ⑭】 **株式無償割当てに対する株主の対応策**
違法または著しく不公正な株式無償割当てが行われようとしているときに，これに反対する株主は，どのような対応をすることが考えられるか。
⇒参考判例・文献：最決平成19年8月7日民集61巻5号2215頁と同決定に関する評釈など。なお，Legal Quest 122頁参照。

(c) **株式の併合** 株式の併合とは，数個の株式を合わせて，それよりも少数の株式にすることである（180条）。株式の分割とは逆に，1株の価値を上げることができる。株式の併合を行うためには，株主総会の特別決議が必要である（【資料Ⅲ-20】）。大規模な株式併合には，弊害があることが指摘されており，一定の規制がなされている（【資料Ⅲ-21】）。

【Question ⑯】
株式の併合をするため，会社法で求められる手続は，株式の分割や株式無償割当ての場合と比較して，何が異なるか。違いがあるのは，どうしてか。株式の併合の決定に際して，反対株主に株式買取請求権が与えられていないのは，なぜか。

【Discussion ⑮】 **大規模な株式併合の弊害？**
モックが，大規模な株式併合をしたのは，どうしてであると考えられるか（【資料Ⅲ-20】，【資料Ⅲ-21】）。
モックが同じ結果を生じさせるために，他の方法をとることはできたか。例えば，全部取得条項付種類株式の利用については，どうか。同じ結果を生じさせるのであれば，なぜ別の方法を用いなかったのか。別の方法を用いなかったことは，株主からみて，また，会社からみて，適当であったか。
⇒参考文献：野村修也「良識問われる株式併合」Financial Japan 2007年12月号155頁，法制審議会会社法制部会資料6「親子会社に関する規律に関する検討事項(3)——企業結合の形成過程等に関する規律」(http://www.moj.go.jp/content/000057965.pdf)参照。

3 株式の単位

【資料Ⅲ-20】 株式の併合の適時開示

2007年9月7日

各 位

会社名　株式会社モック
代表者名　代表取締役社長兼CEO　山田信房
（コード番号：2363 東証マザーズ）
問合せ先　取締役兼執行役員　斎藤将貴
TEL（03）0000-0000

株式併合に関するお知らせ

当社は，2007年9月7日開催の取締役会において，2007年9月26日開催予定の第14回定時株主総会に株式併合に関する議案を付議することを決議いたしましたので，下記のとおりお知らせいたします。

記

1. 株式併合の目的
　当社は，本日開示いたしました「第三者割当による新株予約権の発行に関するお知らせ」に係る新株予約権の行使による発行済株式総数の増加に備え株式併合を実施いたします。また，本日同時に開示いたしました「定款の一部変更に関するお知らせ」に記載のとおり，2007年9月26日開催予定の第14回定時株主総会において発行可能株式総数（授権枠）を現行の300,000株から537,000株に拡大する予定であり，上記の新株予約権の発行を可能とするため，本件10：1の株式併合を実施することといたしました。これにより，当社の発行済株式総数は134,263株から13,426株となり，発行可能株式総数（授権枠）に対して約523,000株分の余裕が生じることになります。
　なお，「第三者割当による新株予約権の発行に関するお知らせ」に係る新株予約権の行使による発行株式数は400,000株の予定であります。
　〔略〕

以　上

【資料Ⅲ-21】 株式の併合に関する東証の公表措置の実施

公表措置の実施―（株）モック―
［東京証券取引所］

当取引所は，「上場有価証券の発行者の会社情報の適時開示等に関する規則」第1条の4第2項の規定に基づき，株式会社モックが実施する予定の株式併合について，流通市場に混乱をもたらすおそれがあると認めたため，下記のとおり公表いたします。

1. 銘柄
　株式会社モック　株式
　（コード：2363，市場区分：マザーズ）
2. 公表日　平成19年9月7日（金）
3. 流通市場に混乱をもたらすおそれがある行為
　平成19年10月30日（火）を効力発生日（予定）とする株式併合
4. 公表理由
　株式会社モックは，(1) 発行済株式数の約30倍に相当する極めて大量の新株予約権の発行を可能とすることを目的として，既に発行されている株式について10株を1株とする「株式併合」を行うこと，及び，(2) この株式併合後，権利行使された場合に既存株主の株主持分が著しく希釈化される大量の新株予約権の「第三者割当」による発行を特に有利な条件でもって行うことにつき，平成19年9月26日（水）開催予定の同社第14回定時株主総会（以下「定時総会」という。）に付議することを，本日の同社取締役会で決議し，開示しました。
　かかる「株式併合」は，上述のとおり，10株を1株とする大幅なものであり，定時総会で承認された上で効力発生日を迎えた場合，同社株主（約8,400人（平成19年6月末時点））のうち，10株未満の株式を保有する約8割の株主（約6,700人（平成19年6月末時点））につき，株主としての地位を失わせしめ得ることになり，流通市場への混乱をもたらすおそれがあると認められます。

Ⅳ 機 関

1 株主総会

(1) 総説・開催時期

(a) 総　説　　株主総会は、株主の多数決によって会社の意思を決する機関である（下記写真）。毎事業年度終了後一定の時期に開催される定時株主総会（296条1項）と、必要に応じ随時開かれる臨時株主総会（同条2項）とがある。

【上場会社の株主総会の模様】

出所：サイバーエージェントウェブサイト
（http://www.cyberagent.co.jp）

(b) 定時株主総会の開催時期　　わが国の上場会社の定時株主総会は、伝統的に、6月の下旬、それも特定の1日（集中日）に集中して開催される傾向がある。集中日開催がピークとなった1996年には、上場会社のおよそ8割が6月に定時株主総会を開催し、その9割以上が、集中日に開催していた。近年は、特定の1日への集中は緩和されているが、6月下旬に集中するという傾向には、大きな変化はない（【資料Ⅳ-1】）。

【資料Ⅳ-1】　株主総会開催状況の推移

	1995年7月～1996年6月	2009年7月～2010年6月
6月開催会社数／調査対象会社数	1864社／2286社 （81.5％）	1917社／2455社 （78.1％）
集中日開催会社数／6月開催会社数	1755社／1864社 （94.2％）	863社／1917社 （45.0％）
6月下旬（21日以後）開催会社数／6月開催会社数	1850社／1864社 （99.2％）	1779社／1917社 （92.8％）

※調査対象会社は、1995年7月～96年6月、または2009年7月～10年6月に定時株主総会を開催した上場会社（新興市場上場会社および外国企業を除く）。
出所：資料版商事法務148号［1996］・256号［2005］、『株主総会白書2010年度版』（商事法務1816号［2010］）

【Discussion ①】
　このように、上場会社の株主総会の開催日が集中している理由は何だと考えられるか。
　　⇒参考文献：田中亘「定時株主総会はなぜ6月開催なのか」江頭憲治郎先生還暦記念『企業法の理論（上）』415頁［商事法務，2007］。

Ⅳ　機　関

(2) 招集通知

株主総会を招集するには，総会の日の2週間前（非公開会社では，1週間前）までに，株主に対して招集通知を発しなければならない（299条1項）。取締役会設置会社では，その通知は書面でしなければならない（同条2項2号）。【資料Ⅳ-2】は，公開会社の招集通知の例である。

【資料Ⅳ-2】　株主総会の招集通知

証券コード 8170
平成21年4月30日

株　主　各　位

東京都新宿区新宿一丁目6番3号
株式会社アデランスホールディングス
代表取締役社長　早　川　清

第40回定時株主総会招集ご通知

拝啓　ますますご清栄のこととお喜び申しあげます。
　さて，当社第40回定時株主総会を下記のとおり開催いたしますので，ご出席くださいますようご通知申しあげます。
　なお，当日ご出席願えない場合は，書面にて議決権を行使することができますので，お手数ながら後記の株主総会参考書類をご検討くださいまして，同封の議決権行使書用紙に賛否をご表示のうえ，平成21年5月27日（水曜日）午後6時までに到着するように，ご送付くださいますようお願い申しあげます。

敬　具

記

1. 日　時　　平成21年5月28日（木曜日）午前10時
2. 場　所　　東京都新宿区西新宿四丁目15番3号
　　　　　　　住友不動産西新宿ビル3号館1階「ベルサール西新宿ホール」
3. 会議の目的事項
　　報告事項　1. 第40期（平成20年3月1日から平成21年2月28日まで）事業報告，連結計算書類ならびに会計監査人および監査役会の連結計算書類監査結果報告の件
　　　　　　　2. 第40期（平成20年3月1日から平成21年2月28日まで）計算書類報告の件
　　決議事項
　　〈会社提案〉
　　第1号議案　剰余金の処分の件
　　第2号議案　定款一部変更の件
　　第3号議案　取締役7名選任の件
　　第4号議案　監査役2名選任の件
　　第5号議案　公開買付けに対する自己株式応募の件
　　〈株主提案〉
　　第6号議案　取締役8名選任の件
4. その他招集にあたっての決定事項
　(1) 議決権の不統一行使に際してのご通知方法
　　　　株主様がその有する議決権を統一しないで行使される場合には，株主総会の日の3日前までに，当社に対してその有する議決権を統一しないで行使する旨およびその理由を書面によりご通知ください。
　(2) 代理人による議決権行使
　　　　代理人による議決権の行使につきましては，当社の議決権を有する他の株主様1名を代理人として，その議決権を行使することとさせていただきます。ただし，議決権行使書用紙，代理権を証明する書面に押印された印鑑の印鑑証明書またはパスポート，運転免許証もしくは各種健康保険証の写しその他の株主様本人を確認できる資料とともに代理権を証明する書面のご提出が必要となりますのでご了承ください。

以　上

当日ご出席の際は，お手数ながら同封の議決権行使書用紙を会場受付にご提出くださいますようお願い申しあげます。
なお，株主総会参考書類ならびに事業報告，連結計算書類および計算書類に修正が生じた場合は，インターネット上の当社ウェブサイト（アドレス http://www.aderans.co.jp/hd/）に掲載させていただきます。

1 株主総会

【Question ①】
(1) 株主総会は，取締役が招集する場合（296条3項）と株主が招集する場合（297条4項）がある。【資料Ⅳ-2】の招集通知は，どちらによる招集か。
(2) 298条1項各号に規定されている事項が記載されているか確認しなさい（299条4項）。
(3) 株主は書面によって議決権を行使できるとされている。このような書面投票が義務づけられるのは，どのような会社か。
(4) 「報告事項」としていくつかの書類の報告の件が挙げられているが，これらが報告事項とされるのは，法令のどの規定に基づくものか。
(5) 決議事項として，第1号から第6号までの議題（株主総会の目的事項）が記載されている（【資料Ⅳ-2】では「議案」と記載されているが，ここに記されている表題自体は，議題というべきものである）。株主総会では，これ以外の議題について決議することはできるか。
(6) 〈株主提案〉として第6号議案が記載されている。株主がこうした提案をするには，どうすればよいか。
(7) 議決権の不統一行使について。①事前の通知が必要とされているが，これは会社法のどの規定に基づくものか。②不統一行使をする理由として，考えられるものは何か。
(8) ①「株主様本人を確認できる資料とともに代理権を証明する書面」の提出が必要とされているが，これは法令のどの規定に基づくものか。②「株主様本人を確認できる資料」の提出を要求している理由は何だと考えられるか。「代理権を証明する書類」として，株主本人が作成した委任状を提出させるだけでは，なぜいけないのか。③「株主様本人を確認できる資料」としては，何が考えられるか。

【Discussion ②】「代理人による議決権行使」について
「当社の議決権を有する」者のみを代理人にできるとされているが，この扱いは適法か。
⇒参考判例：最判昭和43年11月1日民集22巻12号2402頁（会社法判例百選〔第2版〕34事件〔髙田晴仁〕）。

【Work & Practice ①】上場会社の招集通知を調べるには
多くの上場会社は，株主総会の招集通知を自社のウェブサイトに掲載している。また，東京証券取引所ウェブサイトは，「東証上場会社情報サービス」（http://www.tse.or.jp/listing/compsearch/index.html）の中で，上場会社の招集通知を掲載している。任意の上場会社の招集通知を調べてみよう。

(3) 株主総会参考書類
株主が書面または電磁的方法により議決権を行使できる旨を定めたときは，取締役は，株主に対し，株主総会参考書類を交付しなければならない（301条1項・302条1項）。【資料Ⅳ-3】は，取締役の選任議案（会社〔取締役会〕提案）についての参考書類の記載事例である。

【資料Ⅳ-3】 株主総会参考書類（取締役の選任議案・会社〔取締役会〕提案）

第2号議案　取締役10名選任の件
　本総会終結の時をもちまして取締役全員（10名）の任期が満了となります。つきましては，下記1.の理由から，下記2.「取締役候補者」に記載の取締役10名（うち社外取締役3名）の選任をお願いいたしたいと存じます。
1. 取締役候補者の選任理由
　（略）
2. 取締役候補者
　取締役候補者は以下のとおりであります。

Ⅳ　機　関

（※印は新任候補者）

候補者番号	氏　名 生年月日	略歴，地位，担当及び重要な兼職の状況	所有する当社株式の数
1	村上　隆男 （むらかみ　たかお） 昭和20年8月14日生	昭和44年4月　当社（旧サッポロビール株式会社）入社 平成8年9月　理事　大阪工場長 平成10年9月　製造本部　製造部長 平成11年3月　執行役員　製造本部　製造部長 平成13年3月　常務執行役員 　　　　　　　営業本部　商品開発部長 平成15年3月　常務執行役員 　　　　　　　ビール事業本部　副本部長 平成15年7月　サッポロビール株式会社（新会社） 　　　　　　　取締役　兼　専務執行役員 　　　　　　　生産技術本部長 平成16年3月　当社　常務取締役 平成17年3月　代表取締役社長　兼　グループCEO 　　　　　　　（現在に至る）	48,000株
（以下，6名省略）			
8	衛藤　博啓 （えとう　ひろあき） 昭和16年1月14日生	昭和39年4月　株式会社富士銀行入行 平成2年6月　同行　取締役 平成5年5月　同行　常務取締役 平成8年6月　同行　専務取締役 平成10年4月　同行　副頭取 平成11年6月　安田信託銀行株式会社 　　　　　　　（現みずほ信託銀行株式会社） 　　　　　　　取締役副社長 平成12年4月　同行　取締役社長 平成15年3月　当社　取締役 　　　　　　　（現在に至る） 平成16年6月　みずほ信託銀行株式会社顧問 　　　　　　　（現在に至る） （重要な兼職の状況） 株式会社パソナグループ社外取締役	14,000株
（以下，2名省略）			

（注）　1．各候補者と当社の間には特別の利害関係はありません。
　　　　2．衛藤博啓氏，田中宏氏及び勝俣宣夫氏は，社外取締役の候補者であります。
　　　　3．衛藤博啓氏は，金融機関の経営者としての豊富な経験・実績，見識を有し，また業務執行を行う経営陣から独立した客観的立場にあり，社外取締役として当社の経営に資するところが大きいと判断し，候補者としております。なお，同氏は現在，当社の社外取締役でありますが，社外取締役としての在任期間は，本総会終結の時をもって7年となります。

（以下略）

出典：平成22年3月5日付サッポロホールディングス第86回定時株主総会招集通知（資料版商事法務313号126-127頁［2010］）

【Question ②】
(1) 株主総会の招集通知には，株主総会の目的事項（議題）を記載すればよいが（298条1項2号・299条4項），株主総会参考書類には，議案の記載も必要である（会社則73条1項1号）。これはなぜか。
(2) 取締役の選任については，何が議題で何が議案か。
(3) 【資料Ⅳ-3】における，取締役候補者の選任理由（本文の記載は省略），取締役候補者に関する略歴等の情報，および（注）の記載は，それぞれ，法令のどの規定に基づくものか。

(4) 株主提案
　株主総会では，株主から提案権（303条・304条・305条）が行使されることがある。【資料Ⅳ-4】は，【資料Ⅳ-3】と同一の株主総会で提出された，取締役の選任についての株主提案の例である。

【資料Ⅳ-4】 株主総会参考書類（取締役の選任議案・株主提案）

〈株主提案（第5号議案）〉
第5号議案は，株主スティール・パートナーズ・ジャパン・ストラテジック・ファンド（オフショア），エル・ピー（以下「提案株主」）からの提案によるものであります。
なお，提案株主の議決権の数は 69,150 個であります。

第5号議案
1 議題
　取締役 10 名選任の件
2 議案の要領
　本定時株主総会において下記取締役候補者記載のとおり，サッポロホールディングス株式会社（以下「当社」といいます。）の取締役 10 名の選任を提案いたします。
　なお，加藤氏，衛藤氏，田中氏及び勝俣氏を除く各氏より，当社取締役就任の内諾を得ています。

候補者番号	氏　　名　　　生　年　月　日	略歴，地位，担当及び重要な兼職の状況	所有する当社株式の数
1	内　藤　由　治 昭和21年10月6日生	昭和45年　ソニー株式会社入社 昭和61年　株式会社ポッカコーポレーション入社 平成4年　同社取締役 平成10年　同社代表取締役社長 平成18年　同社取締役会長 平成20年　同社名誉会長 平成21年　セレンディップ・コンサルティング株式会社最高顧問（現任）	0株
	（以下，4名省略）		
6	ジョシュア・シェクター 昭和48年3月27日生	平成8年　アーンスト＆ヤングLLPの税務顧問 平成9年　レイファー・キャピタル・インクの財務アナリスト 平成10年　インペリアル・キャピタルLLCのコーポレート・ファイナンス・グループのアソシエート（M&A，メザニン及び株式投資アナリスト／アドバイザリー） 平成13年　スティール・パートナーズ・リミテッドのパートナー（現任） 平成16年　ジャクソン・プロダクツ・インク取締役 平成17年　WHX コーポレーション取締役 平成20年　株式会社アデランスホールディングス取締役（現任）	0株
	（以下，4名省略）		

（注）（略）
3 提案の理由
　当社の現経営陣は，数年来低迷を続ける当社の業績を改善することができず，当社は 2002 年以来，売上高，営業利益及び純利益の期初業績予想を繰り返し達成できていません。これはまさに，当社の業務執行取締役に支配された取締役会が経営を誤り，また，それを見過ごした帰結であると考えます。当社は国内ビール市場における第三位の地位を失い，今や4大ビールメーカーの中で最下位です。
（中略）
　そこで，私どもは，当社を業績低迷から脱却させ，安定さらには成長させるために不可欠といえる市場環境の変化への迅速な対応，これはこれまでの業務執行取締役らが前向きに実行してこなかったことですが，それを行う資質と意欲のある取締役 10 名の選任を提案いたします。
（以下略）

●取締役会の意見
　取締役会は本提案に反対します。
（以下，理由の記載は省略）

出典：平成22年3月5日付サッポロホールディングス第86回定時株主総会招集通知（資料版商事法務313号128-129頁［2010］）

Ⅳ 機 関

【Question ③】

(1) 株主は，事前の予告がなくても，株主総会で議案を提案できる（304条）。それにもかかわらず，あらかじめ総会日の前に，議案の要領を招集通知に記載するよう請求する（305条）理由はなんだと考えられるか。

(2) 株主提案の理由が記載されているが，これは法令のどの規定に基づくか。株主から提出された提案理由が長すぎる場合，会社はどのような措置がとれるか。

(3) 取締役の反対意見が付されているが，これは法令のどの規定に基づくか。

【Discussion ③】

【資料Ⅳ-3】および【資料Ⅳ-4】に示したサッポロホールディングスの株主総会では，取締役提案と株主提案を併せて16名の候補者の選任が提案されている（重複候補が4名いる）が，同社の定款では，取締役の定員は10名以内とされている。このような場合，どのような方法で選任を行えばよいか。

⇒参考文献・判例：同社がとった処理につき，資料版商事法務313号133頁［2010］参照。なお，東京地判平成19年12月6日判タ1258号69頁［モリテックス事件］，田中亘「株主総会における議決権行使・委任状勧誘」岩原紳作＝小松岳志編『会社法施行5年──理論と実務の現状と課題』[有斐閣，2011] 4頁参照。

(5) 議決権の行使

(a) 書面投票・電子投票 各株主は，株主総会において，原則として1株につき1個の議決権を有する（308条1項）。株主は自ら株主総会に出席して議決権を行使することが原則ではあるが，招集権者は，株主総会に出席しない株主が書面または電磁的方法で議決権を行使できる旨を定めることができる（298条1項3号4号）。特に，議決権を行使できる株主が1000人以上の会社は，書面投票を認めなければならない（同条2項）。【資料Ⅳ-5】は，議決権行使書面の例である（なお，第1号議案から第4号議案までは会社（取締役会）提案，第5号議案は株主提案である）。

【資料Ⅳ-5】 議決権行使書面

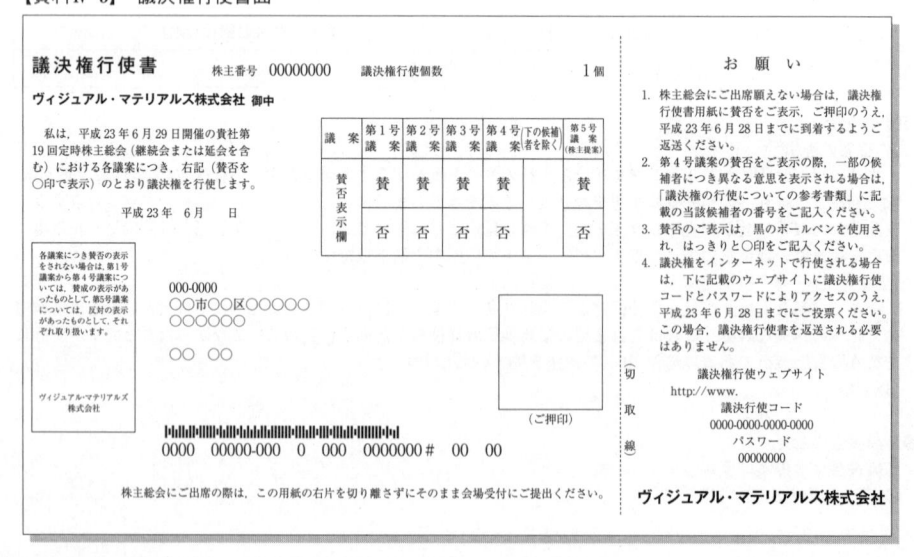

【Question ④】

賛否の表示がない場合には会社（取締役会）提案（第1号から第4号議案）については賛成，株主提案（第5号議案）については反対と扱うとしているが，このような取扱いは，適法か。

(b) **機関投資家による議決権行使の方法**

　年金基金の運用機関、投資信託の委託会社のような機関投資家は、株式を信託銀行の名義（外国の機関投資家の場合は、グローバルカストディアンと呼ばれる海外金融機関の名義）で保有している場合が多い。この場合、株主名簿上の株主である信託銀行等は、招集通知等の議案情報を機関投資家に伝達し、機関投資家の指図に基づいて株主としての議決権行使を行う（【資料Ⅳ-6】①参照）。従来は、このような方法だと、議案情報の伝達と指図の集計に時間がかかるため、機関投資家が議案を精査する時間が数日程度し

【資料Ⅳ-6】　機関投資家による議決権行使

▶①プラットフォーム未採用の場合の議案伝達・行使結果フロー

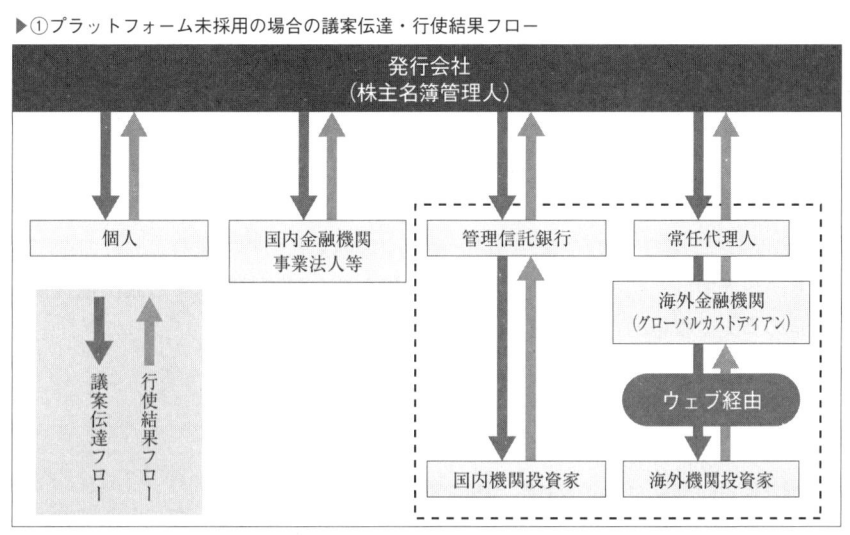

発行会社（株主名簿管理人）
　→ 個人
　→ 国内金融機関　事業法人等
　→ 管理信託銀行 → 国内機関投資家
　→ 常任代理人 → 海外金融機関（グローバルカストディアン）→ ウェブ経由 → 海外機関投資家

議案伝達フロー／行使結果フロー

※海外金融機関（グローバルカストディアン；日本における管理信託銀行に相当）は、通常、日本における議決権等の株主権の行使のために常任代理人を置いている。

▶②プラットフォーム採用の場合の議案伝達・行使結果フロー

発行会社（株主名簿管理人）
　⇢ 管理信託銀行
　⇢ 常任代理人
　　　海外金融機関（グローバルカストディアン）
　→ プラットフォーム（PF）→ 国内機関投資家／海外機関投資家

PF伝達フロー／PF結果フロー

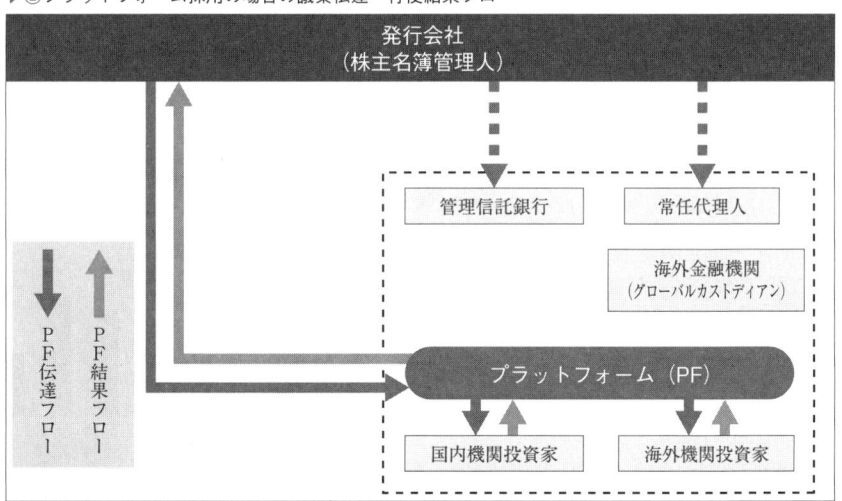

※機関投資家がプラットフォーム（WEBサイト）を経由して行う議決権行使の指図は、直接、株主名簿管理人（通常、会社のために議決権の集計事務を行っている）に伝達される。法的には、プラットフォーム運営者であるICJが、株主名簿上の株主である信託銀行等の使者または履行補助者として議決権行使を行っているという位置づけになる。

出典：株式会社ICJウェブサイト（http://www.icj-co.com/participation/plat.html）

Ⅳ 機 関

かとれないという問題があった。

そこで，東京証券取引所・日本証券業協会らの合弁により2004年7月に設立された株式会社ICJは，「機関投資家向け議決権電子行使プラットフォーム」を開設し，これに参加した会社の株主総会においては，機関投資家が株主名簿上の株主を通さず，直接にプラットフォーム（ウェブサイト）を経由して，議案情報の入手と議決権行使の指図ができるようにしている（【資料Ⅳ-6】②）。2010年6月現在，363社がプラットフォームに参加している。特に，東証第一部上場会社のうち，期末の株式時価総額が2000億円以上の会社（約300社）の参加率は，7割以上に上る（坂東照雄「議決権電子行使プラットフォームの現状と課題」商事法務1911号45頁，53頁［図表5］［2010］）。

【Question ⑤】
通常，信託銀行は，同一会社の株式を多数の機関投資家のために信託保有しており，議決権行使の指図の内容（議案ごとの賛否）も，委託者である機関投資家ごとに異なる場合がある。こうした場合，信託銀行はどのようにして議決権を行使すべきか。

(c) 積極化する機関投資家の議決権行使

2000年前後から，機関投資家の受託者責任の意識が高まり，各機関は，議決権行使のガイドラインを策定のうえ，積極的な議決権の行使を行っている。【資料Ⅳ-7】は，2010年5・6月の上場会社の株主総会における，国内の大手運用会社・信託銀行による議決権行使状況に関する報道記事である。

【資料Ⅳ-7】　機関投資家の議決権行使状況

運用会社や信託銀，株主総会，15％に反対票，退職慰労金・役員選任など。

　投資信託の運用大手10社と信託銀行大手5行が5・6月の株主総会で，会社提案議案の約15％に反対票を投じていたことが各社の開示資料や聞き取り調査で明らかになった。役員への退職慰労金の支給や役員選任に反対する例が目立つ。株価低迷が続き運用成績が悪化する中で，機関投資家の顧客向けの説明責任が増している。各社は積極的な議決権行使を通じて投資先企業の経営改善を促し，株価の底上げにつなげたい考えだ。

　野村アセットマネジメントなど運用大手10社と信託銀大手5行を対象に5・6月の総会集中期（一部企業はそれ以外の総会も含む）の投票結果を集計した。運用会社は合計で約5万4000件の議案の15％に反対。信託銀も約2万9000件の14％に反対票を投じた。

　運用会社や信託銀は今年から議決権行使結果の開示を求められるようになった。昨年の状況を投資信託協会のデータ（運用会社69社が対象）でみると，会社提案に反対した比率は10％だった。

　個別の議案で反対が最も多かったのが「役員退職慰労金の支給」だ。三菱UFJ投信は「社外取締役や社内外の監査役に支給する必要はない」との立場で，役員退職金慰労金の提案があった投資先293社の53％，154社で反対した。信託銀では「業績や株価低迷が目立つ企業には反対」の姿勢が目立った。

　2番目に反対比率が高かったのは「新株予約権の発行」。買収防衛策として新株予約権を導入しようとする企業の動きをけん制した格好だ。

　「取締役・監査役の選任」の反対比率も15～22％と高かった。

　みずほ投信投資顧問は取締役選任の反対比率が約4割に達した。取締役会への出席率が75％に満たない社外役員を承認しなかったためだ。ある信託銀行は「3期連続で自己資本利益率（ROE）が国債利回りを下回った企業の代表取締役の選任に反対した」という。

　議決権行使結果の開示に伴い，「経営者が機関投資家の投票結果に敏感になり，対話を重視する姿勢になり始めた」と大和住銀投信投資顧問の蔵本祐嗣投資調査部長は指摘する。

　オリックスは，宮内義彦会長の取締役再任の反対票が2割近くに達したことなどを受け，総会後すぐに機関投資家訪問を始めた。

株主総会で機関投資家の反対比率が高かった主な議案

（棒グラフ：運用会社／信託銀行）

議案	運用会社	信託銀行
取締役選任	15	22
監査役選任	22	19
新株予約権発行	25	26
退職慰労金支給	28	42
合計	15	14

（注）原則今年5～6月の株主総会が対象，運用会社は大手10社，信託銀行は大手5行の合計。議案は会社提案

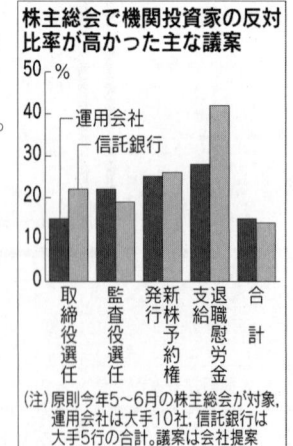

出典：日本経済新聞2010年9月17日付朝刊4面

【Work & Practice ②】
　国内最大の機関投資家である企業年金連合会は，「コーポレート・ガバナンス原則」（2010年11月4日改定）の中で，保有株式の議決権の行使基準（方針）を公表し，また，議決権行使結果も開示している（同会Webサイト：http://www.pfa.or.jp/jigyo/shisan/gava_giketsuken/index.html）。どのような議案について反対の議決権行使が多いか，また，それは，どういう方針で議決権を行使した結果そうなったのか，調べてみよう。

(6) 委任状勧誘

　株主は，代理人により議決権を行使することができる（310条1項）。実務上は，株主提案（→1(4)）をした株主が，他の株主に対して，議決権行使の代理権の授与を求めて勧誘することが多い（代理権の授与は，委任状という書面により行われるので，「委任状勧誘」と呼ばれる）。会社（取締役）側も，これに対抗して委任状勧誘を行い，「委任状勧誘戦」となることもある。上場会社で行われる委任状勧誘については，金融商品取引法による規制が課される（金商194条，同施行令36条の2～36条の6，上場株式の議決権の代理行使の勧誘に関する内閣府令［委任状府令］）。とりわけ，参考書類による情報提供と，委任状の様式（議案ごとに賛否を表示できるようにしなければならない。委任状府令43条）に関する規制が重要である。【資料Ⅳ-8】は，委任状の書式例である（取締役の選任につき，会社（取締役会）と株主〔リーガルクエスト・ファンド〕とが，それぞれ10人の候補者を提案した場合を想定）。

【資料Ⅳ-8】 委 任 状

委 任 状

　私は，リーガルクエスト・ファンド，エル・ピー又はその指定する株主を代理人と定め，私が権限行使することができる全議決権につき，下記の権限を委任します。また，この委任は，書面（ただし当該書面が私によって作成されたものであることを確認できる書類・資料を伴うもの）によらない限り撤回できないことを了承します。

1　平成23年6月29日開催のヴィジュアル・マテリアルズ株式会社第90回定時株主総会（その継続会又は延会を含む。）に出席し，下記の指示（○印で表示）のとおりに議決権を行使すること。但し，賛否を指示していない場合，原案に対して修正案が提出された場合，及び株主総会の議事・運営に関して動議が提出された場合は，いずれも白紙委任とします。
2　復代理人を選任すること。

記

〈会社提案〉 第2号議案 取締役10名選任の件	原案に対し	賛	否
		但し，次の候補者を除く （　　　　　　　　　　　　　　　　　）	

〈株主提案〉 第5号議案 取締役10名選任の件	原案に対し	賛	否
		但し，次の候補者を除く （　　　　　　　　　　　　　　　　　）	

　平成23年6月　　日

　株主　住所

　　　　氏名　　　　　　　　　　　　　　　　　㊞

Ⅳ 機関

【Discussion ④】
　議決権を行使できる株主が1000人以上の会社では，書面投票が義務づけられており（→1(5)），株主提案も株主総会参考書類に記載され（→1(4)），各株主は，株主提案について書面により議決権行使ができる。それにもかかわらず，提案株主が，あえて委任状の作成・郵送の費用をかけて委任状勧誘を行うのは，なぜだと考えられるか。
　⇨参考文献：田中亘「委任状勧誘戦に関する法律問題」金判1300号2頁，3-4頁［2008］。

(7) 議事・決議
(a) 上場会社の決議例　株主総会では，資本多数決により決議がされる（309条1項～3項）。

【資料Ⅳ-9】は，上場会社で会社提案が否決，株主提案が可決され，大きく報道された事例である。

【資料Ⅳ-9】　アデランスホールディングスの株主総会決議

出典：日本経済新聞2009年5月29日付朝刊9面

もっとも,【資料Ⅳ-9】のように,上場会社において現取締役会(経営陣)と対立する株主提案が総会で可決される例は稀である。例えば,2010年5〜6月の上場会社の定時株主総会では,26社に対して株主提案があったが,すべて否決されている(「株主提案権の事例分析(上)——平成22年4月〜6月総会」資料版商事319号95頁[2010])。

(b) **上場会社の安定株主** 現取締役会(経営陣)と対立する株主の提案が総会で支持されにくい理由の1つとして,日本の上場会社では,金融機関や取引先との株式の持合い等を通じて,現取締役会を支持すると期待できる株主(いわゆる安定株主)が多数派を占めていることが考えられる。商事法務研究会が上場会社を対象にして毎年行っているアンケート調査では,自社の「安定株主比率」を50%台または60%台と回答した会社が全体の半数を越えており,この10年でそれほど変化していない。もっとも,国内外の機関投資家による持株比率が一般に高い,資本金1000億円超の大企業では,安定株主比率は低くなる傾向がある(【資料Ⅳ-10】)。

【資料Ⅳ-10】 安定株主比率

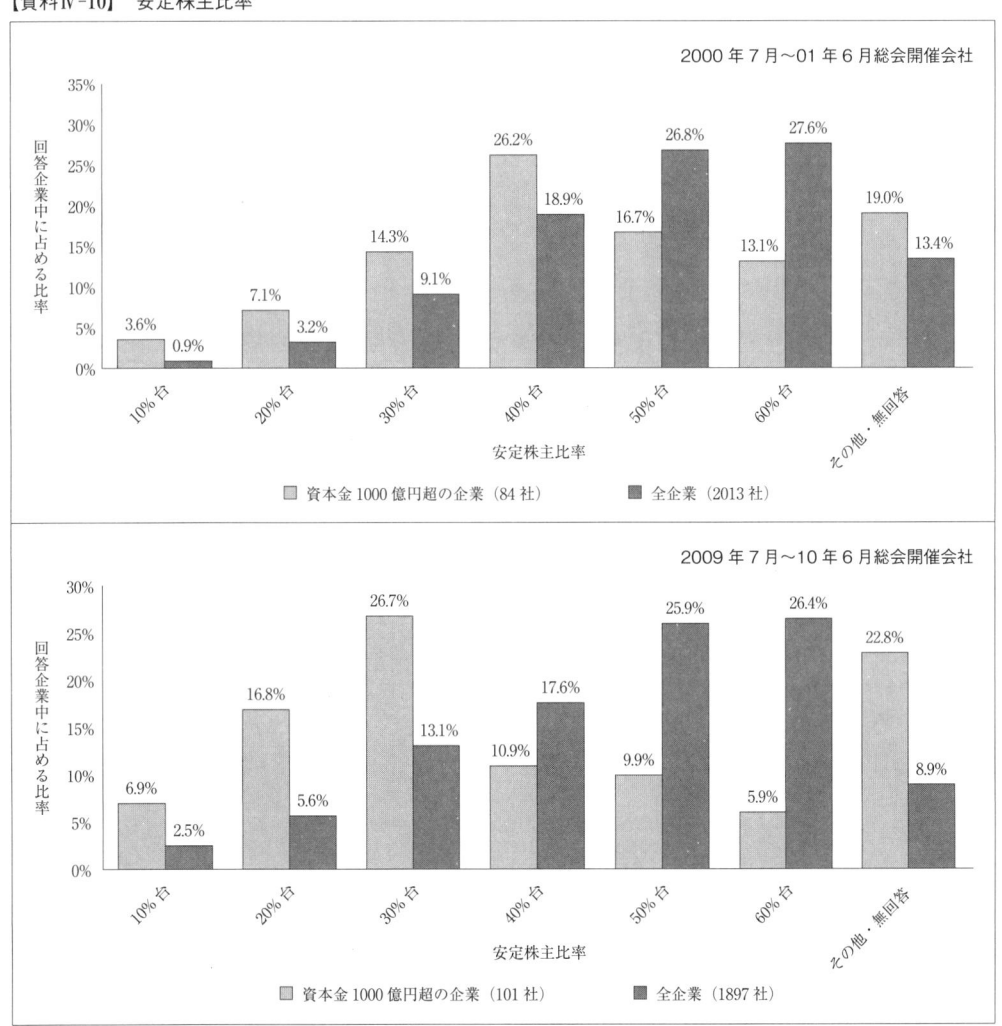

2000年7月〜01年6月総会開催会社

安定株主比率	資本金1000億円超の企業(84社)	全企業(2013社)
10%台	3.6%	0.9%
20%台	7.1%	3.2%
30%台	14.3%	9.1%
40%台	26.2%	18.9%
50%台	16.7%	26.8%
60%台	13.1%	27.6%
その他・無回答	19.0%	13.4%

2009年7月〜10年6月総会開催会社

安定株主比率	資本金1000億円超の企業(101社)	全企業(1897社)
10%台	6.9%	2.5%
20%台	16.8%	5.6%
30%台	26.7%	13.1%
40%台	10.9%	17.6%
50%台	9.9%	25.9%
60%台	5.9%	26.4%
その他・無回答	22.8%	8.9%

(注)商事法務研究会が,国内証券取引所上場会社(新興市場・外国企業を除く)を対象に毎年実施しているアンケート結果による。「安定株主比率」とは,「株主総会決議で会社側提案を支持してくれることが期待できる株主が保有する議決権数の全議決権に対する比率」のこと(すなわち,対象会社の自己認識に基づくものである)。

出典:商事法務編集部編『株主総会白書2001年度版』(商事法務1613号[2010])75頁,『株主総会白書2010年度版』(商事法務1916号[2010])66頁

Ⅳ 機 関

(8) 議決権行使結果の開示

株主総会の議事および決議結果については，議事録を作成し，株主および債権者の閲覧・謄写等の請求に供する必要がある（318条）。なお，会社法は，決議結果を株主に個別に通知することは要求していないが，上場会社では，以前から自主的に決議結果の通知を行ってきた。また，2010年度からは，上場会社は臨時報告書により議決権行使結果（決議の結果だけでなく，賛成・反対等の行使議決権数も含む）の開示が求められるようになった（金商24条の5第4項，企業内容等の開示に関する内閣府令［開示府令］19条2項9号の2）。【資料Ⅳ-11】は，【資料Ⅳ-3】と【資料Ⅳ-4】の提案が行われた上場会社における株主総会の議決権行使結果である。

【資料Ⅳ-11】 議決権行使結果の開示

平成22年4月6日

各 位

会 社 名　サッポロホールディングス株式会社
代 表 者 名　代表取締役社長　村上　隆男
コード番号　2501
上場取引所　東証・札証
問合せ先　取締役経営戦略部長　加藤　容一
　　　　　TEL 03（5423）7407

当社第86回定時株主総会における議決権行使の集計結果に関するお知らせ

平成22年3月30日に開催された当社第86回定時株主総会における議決権行使の集計結果につき，下記の通りお知らせいたします。

記

1. 議決権の状況

議決権を有する株主	28,031 名
総株主の議決権個数	387,397 個

2. 議決権行使状況

	株主総会前日までの議決権行使（事前行使）	株主総会当日出席による議決権行使	議決権行使合計
議決権行使数	120,905 個〜 257,877 個	72,742 個〜 211,794 個	330,613 個〜 332,721 個
行使率	31.21％〜 66.57％	18.78％〜 54.67％	85.34％〜 85.89％

（注）1. 議決権行使数は，議案毎の有効議決権行使数のうち最小値と最大値を記載しております。
　　　2. 株主総会当日出席による議決権行使数には，当日出席後，議案の採決を開始する時までに議場から退場した株主の議決権数を除き，代理人が委任状により行使した議決権数を含みます。

3. 議決権行使の結果

	事前行使における賛成数	当日出席を含めた賛成数合計	議案毎の議決権行使合計における賛成率
第1号議案 剰余金の配当の件	256,126 個	325,590 個	98.48％
第2号議案 取締役10名選任の件			
1．村上隆男	92,224 個	227,879 個	68.49％

1 株主総会

2. 持田佳行	93,464 個	229,120 個	68.86%	
3. 上條努	91,618 個	227,274 個	68.31%	
4. 寺坂史明	92,610 個	228,266 個	68.61%	
5. 牛尾和夫	93,460 個	229,116 個	68.86%	
6. 田中秀典	91,672 個	227,328 個	68.32%	
7. 加藤容一	118,151 個	326,630 個	98.17%	
8. 衛藤博啓	107,005 個	315,484 個	94.82%	
9. 田中宏	117,836 個	326,312 個	98.07%	
10. 勝俣宣夫	108,839 個	317,318 個	95.37%	
第3号議案 補欠監査役1名選任の件	255,595 個	255,909 個	77.40%	
第4号議案 当社株券等の大規模買付行為への対応方針承認の件	78,015 個	213,385 個	64.54%	
第5号議案〈株主提案〉 取締役10名選任の件				
		109,467 個	32.90%	
		111,361 個	33.47%	
		104,018 個	31.26%	
		105,307 個	31.65%	
		96,585 個	29.03%	
		103,473 個	31.10%	

会社法 Visual Materials　　お詫びと訂正

09 頁【資料V-12】①貸借対照表に誤りがありました。
詫びして訂正いたします。

（誤）	→	（正）
純資産の部）		（純資産の部）
式資本		株主資本
（中略）		（中略）
利益剰余金		利益剰余金
利益準備金		利益準備金
その他利益剰余金		その他利益剰余金
海外投資等損失準備金		海外投資等損失準備金
特別償却準備金		特別償却準備金
固定資産圧縮積立金		固定資産圧縮積立金
別途積立金		別途積立金
繰越利益剰余金		繰越利益剰余金

「株式資本」→「株主資本」に訂正する。
「海外投資等損失準備金」以下の項目 → 字下げをする。

2011.10（13606）

ば，株主総会で威圧的な発言等をして議事を妨害する者を総会屋という。かつては，多くの上場会社が平穏に株主総会を終わらせるために総会屋に利益を供与し，これが発覚して社会問題

・ジャパン・ストラテジック・ファンド（オフショア），エ
と当日出席の株主から各議案の賛否に関して確認できた賛成
したものであります。
から各議案の賛否に関して確認できた議決権行使の内容によ
日出席株主の正確な賛否集計は行っておりません。なお，各
は 3,278 個（議決権行使合計の約 0.99%）です。

以　上

ずれが可決されたか。
正確な賛否集計は行っておりません」とあるが，

出席株主の議決権行使結果まで集計・開示しよう

開示の充実等への企業の対応——有報の総会前提出
に関する先進的事例」商事法務 1906 号 96 頁

になっていた（【資料Ⅳ-12】①）。利益供与に対する規制や取締りの強化によって，総会屋の活動は沈静化しつつあるといわれるが，現在でも，特に6月の総会シーズンになると，会社や当局は総会屋に対する警戒を強める（【資料Ⅳ-12】②）。

【資料Ⅳ-12】　総会屋と利益供与

▶①大手証券会社・銀行の関与した利益供与事件

四大証券 倫理〝総崩れ〟

大和もトップ背信

金融・証券業界にまたがる利益供与事件の捜査は六日、大和証券の元副社長らの逮捕で大きなヤマを越えた。たった一人の総会屋に振り回された事件で、証券大手四社と第一勧業銀行の五社を合わせた逮捕者は三十六人に達し、代表権を持つ社長や副社長ら経営トップの腐敗が次々と暴かれた。顧客に背を向け、総会屋の執拗(しつよう)な要求に応ずるまま、違法な株取引や迂回(うかい)融資で巨額の資金を提供した横並びの構造的犯罪は、順法精神より「株主総会が混乱すれば、会社の信用に傷が付く」というメンツを優先していた日本の企業社会の〝病根〟を改めて浮き彫りにした。(1面参照)

総会屋に金縛り

顧客より会社のメンツ

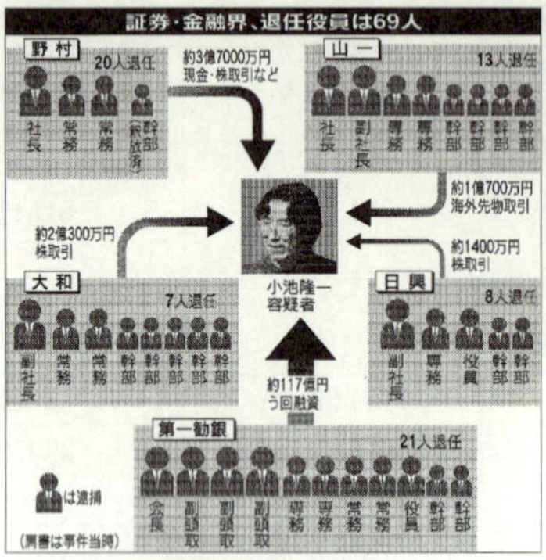

■誤算

総会屋グループ代表、小池隆一容疑者(54)は九二年以降、野村、大和、日興、山一の証券各社に親族企業名義の口座を相次いで開設。証券会社側に株売買などを任せる一任勘定取引で口座を運用した。九三年九月までに野村側の口座で約三億二千万円の利益を上げるなど、当初は順調だったが、同年十月、大和側の口座を通じて上場したばかりのJR東日本株を購入したことで、大きくつまずく。株価の急落で、九四年一月時点で約三億四千万円の損失が発生。大和側は関連ノンバンクを使った迂回融資で約八億円を小池容疑者に提供し、いったんは損失を穴埋めした。しかし、九四年以降、証券市場の低迷で日興の口座では一億円余、野村では翌九五年三月までに約三億七千万円の損失を出した。

小池容疑者の株取引を支えていたのは、第一勧銀からの違法な迂回融資だった。「このままでは融資の返済にも支障が出る」として小池容疑者は九四年六月、山一の本店に口座を新設。第一勧銀からの融資の約三億円を持ち込み運用を一任したが、山一でも半年間で一割の利益を保証したはずの取引はうまくいかず、損失額は約三千万円に膨れ上がった。「どんな方法でもいいから、補てんしろ」――。小池容疑者の脅し文句に、証券各社は利益の付け替えに奔走する。

■脅威

証券四社の経営中枢部が「小池案件」に腐心したのは、小池容疑者が八九年二月、第一勧銀からの融資で各社の株を三十万株ずつ取得、株主総会で役員の解任などを提案できる大口株主に躍り出たためだった。

大和証券の元副社長、十亀博光容疑者(61)も同年三月ごろ、当時の総務部幹部から小池容疑者の存在を知らされて以降、その影におびえていたという。

九二年春、小池容疑者は各社に前年の証券不祥事の経営責任を追及する質問状を送付。三十万株の取得後、初めて株主総会での議案提案権を行使する構えをみせる。経営トップとの面談、質問状の撤回、違法な一任勘定取引……。小池容疑者の揺さぶりの前に、各社は横並びで転落の軌跡をたどった。

野村証券の前社長、酒巻英雄被告(62)=起訴=は特捜部の調べに対し、「いつも闇(やみ)の世界からにらまれている恐怖を感じていた」などと、利益提供の動機を供述。山一証券の前社長、三木淳夫容疑者(62)は「株主総会が荒れれば、企業イメージが低下すると思った」と供述し、総務のメンツを優先する企業の論理が総会屋につけ込まれる形となった。

複雑な表情で会見する原良也大和証券社長(6日午後、東証)

▶②集中日，総会屋警戒続く――警察庁，事件根絶は道半ば（10 株主総会）

企業の株主総会が 29 日ピークを迎えた。最近は，総会での議事進行の妨害などをちらつかせて金銭を要求する総会屋の勢力は縮小傾向にある。企業側の姿勢の変化や法規制などが背景にあるようだ。ただ脅迫事件などの摘発はあり，警察庁は警戒を続けている。（1 面参照）

同庁によると，総会屋は統計の残る 1983 年（約 1700 人）から減少が続く。旧 4 大証券トップらが関与する利益供与事件が発覚，総会屋が利益を求めただけで犯罪となる商法の「利益要求罪」が新設された 97 年には約 900 人となり，昨年は約 300 人まで減った。

ただ違法行為がなくなるまでには至っておらず，全国の警察は恐喝未遂や暴行などの容疑で 2009 年に 4 人，08 年に 9 人を摘発。今年も警視庁が会社法違反（利益供与要求）容疑で 1 人を逮捕した。下請けへの参入など一般の商取引を装った手口の巧妙化も懸念されるという。

警察庁幹部は「総会を舞台とした典型的な総会屋から姿を変えてきている。手を替え品を替え金品を要求するやり方は暴力団と同類だ」と指摘。この日に株主総会を開く企業のうち，要請があった 1011 社について計約 3400 人態勢で警戒にあたる。

出典：①日本経済新聞 1997 年 11 月 7 日付朝刊 39 面
②日本経済新聞 2010 年 6 月 29 日付夕刊 21 面

【Question ⑦】
(1) 利益供与の禁止や，「利益要求罪」は，会社法では何条に規定されているか。
(2) 会社が総会屋に利益供与をしたことが発覚した場合，株主は，どのような法的手段がとれるか。

【Work & Practice ③】
【資料Ⅳ-12】②の記事では，総会屋の沈静化には「企業側の姿勢の変化」も寄与したと指摘されているが，これは，具体的にはどのようなことを意味するのだろうか。商事法務研究会が上場会社の総会担当者を対象に毎年行っているアンケート調査結果により，各社が利益供与等防止策として，どのようなことを行っているか調べてみよう（『株主総会白書2010年版』商事法務1916号126頁，127頁図表150［2010］）。

2 機関設計の選択肢──公開大会社または上場会社の場合

(1) 公開大会社または上場会社の機関設計

会社法は，機関設計について，各会社による選択の余地を相当広く認めている（326条～328条）。しかし，公開会社かつ大会社である会社（以下，「公開大会社」という）については，株主や債権者といった多数の会社関係者の利益保護のため，経営の監視・監督が十分機能する仕組みを有する必要があるとの見地から，その機関設計の選択肢を限定している。具体的には，公開大会社は，監査役設置会社または委員会設置会社のいずれかの形態をとり，かつ会計監査人を設置しなければならない（328条1項・327条5項）。

また，東京証券取引所（以下，「東証」）上場会社は，たとえ公開大会社でなくても，取引所規則によって，公開大会社と同様の機関設計をとることが求められている（【資料Ⅳ-13】）。

【資料Ⅳ-13】 東京証券取引所・有価証券上場規程

（上場内国会社の機関）
第437条 上場内国株券の発行者は，次の各号に掲げる機関をおくものとする。
一 取締役会
二 監査役会又は委員会（会社法第2条第12号に規定する委員会をいう。）
三 会計監査人

【Discussion ⑥】
会社の機関設計について，法が一定の規制を課す理由は何だと考えられるか。会社がどういう事業を行い，どんな商品やサービスを提供するかは各社の判断に委ねられているのと同じく，会社がどのような機関（ガバナンス構造）を選択するかもまた，法律（国）ではなく会社自身の選択に任せるということで，なぜいけないのだろうか。
⇨参考文献：神田秀樹＝藤田友敬「株式会社法の特質，多様性，変化」三輪芳朗＝神田秀樹＝柳川範之編『会社法の経済学』453頁［東京大学出版会，1998］。

(2) 上場会社の機関設計の実際

2010年9月10日現在，東証上場会社2,294社中，監査役会設置会社は2,243社（97.8％），委員会設置会社は51社（2.2％）である（東京証券取引所『東証上場会社コーポレート・ガバナンス白書2011』15頁図表15）。委員会設置会社の数が少ない理由としては，平成14年商法改正で導入された新しい組織形態であること，社外取締役を最低2人以上選任し（400条1項3項参照），かつ指名委員会など3委員会の設置が強制され

Ⅳ 機　関

るなど，規制が比較的厳格であることが挙げられる。もっとも，委員会設置会社には著名な上場会社が含まれており（【資料Ⅳ-14】参照），その経済的重要性は，採用社数から想像される以上に大きい。

【資料Ⅳ-14】　主な委員会設置会社

●イオン，ソニー，HOYA，東芝，日立製作所，日立金属，野村ホールディングス，三菱電機，りそなホールディングス，大和証券グループ本社，旭テック，大京。

(注)　平成22年11月19日現在。

出典：(社)日本監査役協会ウェブサイト「委員会設置会社リスト」（http://www.kansa.or.jp/PDF/iinkai_list.pdf）

【Work & Practice ④】
　同じ機関設計を選択していても，役員（特に取締役）にどのような経歴の人を採用しているかにより，会社の組織のあり方は相当に異なる。ともに委員会設置会社である，ソニーと日立金属の平成22事業年度の有価証券報告書によって両社の役員構成を調べ，どのような経歴の人が，取締役および各委員会の委員になっているかを比較してみよう。さらに，監査役会設置会社であるトヨタの役員構成とも比較してみよう。
※上場会社の役員構成は，有価証券報告書（EDINET〈http://info.edinet-fsa.go.jp/〉で閲覧できる）の「第一部　企業情報　第4　提出会社の状況」の「役員の状況」および「コーポレート・ガバナンスの状況等」で開示されている。

3　取締役会の監督機能

(1)　経営者の交代
(a)　**上場会社における代表取締役社長の解職**
　取締役会は，業務執行の決定を行うとともに，代表取締役その他の業務執行取締役（委員会設置会社では，代表執行役その他の執行役）を選定・解職し，その職務執行を監督する（362条2項）。特に，会社のトップ経営者（代表取締役または代表執行役）を監督し，必要があればこれを交代させることは，取締役会に課された重要な職責である（【資料Ⅳ-15】）。

【資料Ⅳ-15】　代表取締役の解職

セイコーHD，社長解任，「独断的」，後任に服部真二氏，和光社長の礼次郎氏も。

　セイコーホールディングスは30日，村野晃一会長兼社長（72）を解任し，非常勤の取締役にしたと発表した。創業家一族で副社長の服部真二氏（57）が同日付で社長に昇格した。子会社で債務超過に陥っている和光（東京・中央）についても，服部礼次郎会長兼社長（89）と鵜浦典子専務（53）を解任した。経営体制を刷新し，コーポレートガバナンスの改善と業績回復をめざす。（関連記事を電子版に）
　村野氏と鵜浦氏は6月の株主総会でセイコーHDの取締役も退任する方向だ。
　同日午後2時半から開いた取締役会で社外取締役の原田明夫氏（元・検事総長）が村野氏を解任する旨の緊急動議を提出，村野氏を除く5人の取締役のうち3人が賛成した。取締役会の後，グループ企業の経営陣や労働組合に新体制を報告して了承を得た。
　東京都内で会見した服部真二新社長は村野氏を解任した理由について「大株主の礼次郎氏やその腹心ともいうべき鵜浦氏の意向に逆らえず，独断的な経営に陥って合理的な判断ができなかった」と説明した。（中略）
　礼次郎氏は一切のセイコーグループの役職を外れるが，セイコーHD名誉会長の肩書は変わらない。個人で10・8％（09年10月1日時点）の株を持つ大株主でもある。真二社長は礼次郎氏について「大株主としての意見は聞く」としており，新経営陣がどれだけ独立した経営をできるかは不透明だ。

出典：日本経済新聞2010年5月1日付朝刊10面

(b) 業績の悪い会社の経営者は交代しているか 【資料Ⅳ-15】は，業績不振の上場会社で，社外取締役の動議により，トップ経営者の交代が行われた事例である。もっとも，上場会社において，取締役会がこうした監督機能をどこまで発揮しうるかについては，疑問視する向きも少なくない。上場会社の取締役の多くは，その会社の使用人（従業員）兼務者あるいはその出身者であり，監視・監督すべきトップ経営者の部下として逆に監督を受ける立場にいるからである。

【資料Ⅳ-16】は，日経225に含まれる上場会社のうちどれだけの会社において社長が交代したかを示している。前年度に赤字（ここでは，経常利益がマイナスになること）を計上していても，社長の交代率はそれほど大きく違わないようである（前年度まで3期連続で赤字を計上した企業では，なぜか社長交代率は低くなっている）。久保克行・早稲田大学教授は，この結果につき，「業績が悪化した企業で経営者を交代させるようなメカニズムが存在しない」ためであると分析している（久保【資料Ⅳ-16】引用文献97頁）。

【資料Ⅳ-16】 業績と経営者の交代率

	社長交代の有無		合計	交替率
	なし	あり		
全企業	2387	461	2848	16.2%
前期に赤字を計上した企業	117	36	153	23.5%
前期まで2期連続赤字を計上した企業	41	12	53	22.6%
前期まで3期連続赤字を計上した企業	12	1	13	7.7%

(注) 対象は日経225に含まれている企業（会社）から金融，電気・ガス事業を除いた企業であり，1992年から2006年の社長交代を示す。数字は，交替率を除き，社数を示す。たとえば，当該期間中，前事業年度に赤字（経常利益マイナス）を計上した会社がのべ153社あり，そのうち，社長が交替したのは36社であることを示す。

出典：久保克行『コーポレート・ガバナンス――経営者の交代と報酬はどうあるべきか』95頁表2-3［日本経済新聞出版社，2010］

(2) 取締役会改革

かつて，日本の上場会社の取締役会は，①内部者中心である（その会社の使用人［従業員］またはその出身者が大半を占める）こと，②取締役の員数が多いことが特徴である，といわれてきた。しかし，②については，90年代以降，取締役会の意思決定の迅速を図るため，取締役の員数の急速な減少が進んだ（【資料Ⅳ-17】）。2010年9月現在，東証上場会社の一社あたり取締役の員数は，8.35人（東証第一部上場会社に限ると，一社平均8.97人）である（東京証券取引所『東証上場会社コーポレート・ガバナンス白書2011』17頁）。

取締役の員数減少に伴い，新たなポストとして執行役員（委員会設置会社の執行役と異なり，任意の役職である）制度を導入した会社が多い（宮島＝新田【資料Ⅳ-17】引用文献参照）。

(3) 社外取締役・独立役員

(a) 内部者中心の取締役会　取締役会の規模が顕著に縮小してきたのとは異なり，日本の取締役会のもう1つの特徴である，内部者中心という点は，本質的には変わっていない。東証上場会社に占める社外取締役を選任している会社の比率は増加傾向にあるが，2010年9月現在で48.7%（前年比3.4ポイント増）と，なお半数以上の会社は社外取締役を選任していない。

また，選任している会社における社外取締役の平均人数は，1.86人である（東京証券取引所『東証上場会社コーポレート・ガバナンス白書2011』18-19頁）。なお，社外取締役の大半（78.5%）は，他の会社の出身者であり，他には，弁護士，公認会計士，学者などである（同22頁）。監査役設置会社・委員会設置会社ごとの社外取締役の員数については，【資料Ⅳ-18】参照。

IV 機関

【資料IV-17】 取締役会の員数削減（東証上場会社）

取締役会員数の推移（東証1部・2部上場会社，各年度）

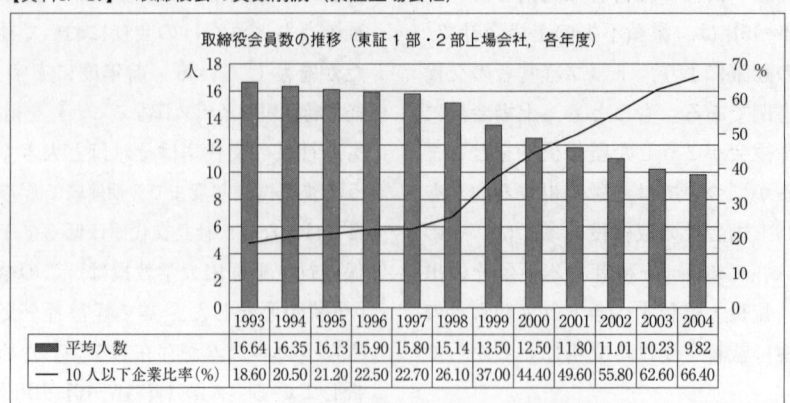

	1993	1994	1995	1996	1997	1998	1999	2000	2001	2002	2003	2004
平均人数	16.64	16.35	16.13	15.90	15.80	15.14	13.50	12.50	11.80	11.01	10.23	9.82
10人以下企業比率(%)	18.60	20.50	21.20	22.50	22.70	26.10	37.00	44.40	49.60	55.80	62.60	66.40

（注）東洋経済「役員データ」より作成。「平均人数」は，一社あたりの取締役の平均員数。「10人以下企業比率」は，東証一部・二部上場会社のうち，取締役の員数が10人以下の会社の比率。

出典：宮島英昭＝新田啓祐「日本型取締役会の多元的進化——その決定要因とパフォーマンス効果」神田秀樹＝財務省財務総合政策研究所編『企業統治の多様化と展望』27頁図表2-4［2007，金融財政事情研究会］

【資料IV-18】 東証上場会社の社外取締役の人数，会社との関係

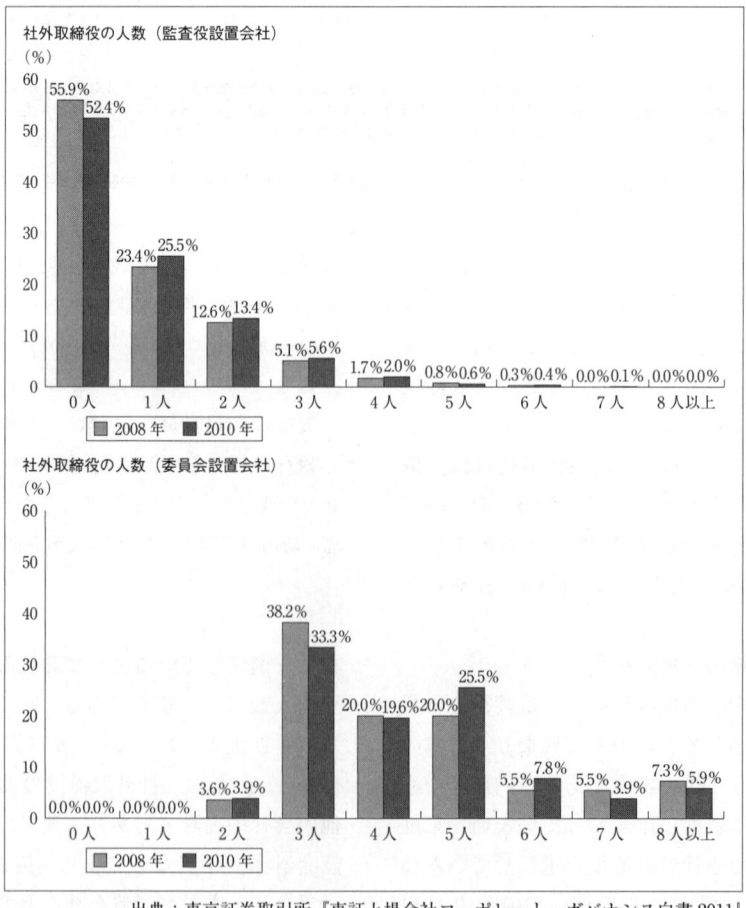

社外取締役の人数（監査役設置会社）

	0人	1人	2人	3人	4人	5人	6人	7人	8人以上
2008年	55.9%	23.4%	12.6%	5.1%	1.7%	0.8%	0.3%	0.0%	0.0%
2010年	52.4%	25.5%	13.4%	5.6%	2.0%	0.6%	0.4%	0.1%	0.0%

社外取締役の人数（委員会設置会社）

	0人	1人	2人	3人	4人	5人	6人	7人	8人以上
2008年	0.0%	0.0%	3.6%	38.2%	20.0%	20.0%	5.5%	5.5%	7.3%
2010年	0.0%	0.0%	3.9%	33.3%	19.6%	25.5%	7.8%	3.9%	5.9%

出典：東京証券取引所『東証上場会社コーポレート・ガバナンス白書2011』

3 取締役会の監督機能

(b) 利害関係のある社外取締役 また、社外取締役として選任されている者の中には、その会社の親会社・関連会社あるいは取引先の出身であったり、経営者の親族であったりする場合が少なくない（後掲【資料Ⅳ-20】③参照）。特に、親会社のある東証上場会社においては、社外取締役のうち約6割の者は、親会社出身者である（【資料Ⅳ-19】参照）。

【資料Ⅳ-19】 親会社を有する会社における社外取締役と会社の関係

		親会社を有する上場会社の数	上場会社に対する比率	1社あたりの社外取締役の数	取締役数に対する比率	1社あたりの親会社出身の社外取締役の数	社外取締役数に対する比率	1社あたりの親会社出身社外取締役のうち、報酬関係がある者の数	親会社出身社外取締役数に対する比率
監査役設置会社	2008年	286	12.3%	0.93	11.9%	0.63	67.5%	0.34	54.2%
	2010年	249	11.1%	0.89	11.3%	0.54	61.1%	0.34	62.2%
委員会設置会社	2008年	13	23.6%	3.77	51.0%	2.54	67.3%	2.23	87.9%
	2010年	16	31.4%	4.00	53.3%	2.13	53.1%	2.06	97.1%
全体	2008年	299	12.6%	1.05	13.5%	0.71	67.5%	0.42	59.4%
	2010年	265	11.6%	1.08	13.8%	0.64	59.3%	0.44	69.2%

出典：東京証券取引所『東証上場会社コーポレート・ガバナンス白書2011』図表33

【Discussion ⑦】
(1) 親会社の業務執行取締役、執行役あるいは使用人は、子会社の社外取締役になれるのか。会社法における、社外取締役の定義を確認しなさい。
(2) 親会社出身者が子会社の取締役になることには、どのようなメリットとデメリットが考えられるか。

(c) 取引所による「独立役員」の義務づけ

海外では、取締役会が経営者を適切に監督し、また、親会社等の支配株主がいる場合にはその支配権の不当な行使から一般株主の利益を守るためには、取締役の相当数（なるべく過半数）が、経営者や支配株主から「独立」した者で構成される必要がある、という考え方が強い（この考え方によれば、例えば親会社の業務執行者を兼ねている取締役は、「独立」の取締役とはいえないことになる）。例えば、アメリカの主要上場会社（S&P 500 採用会社）では、2005年時点で、取締役のうち約75%の者が「独立」取締役であるとの調査がある (Jeffrey N. Gordon, The Rise of Independent Directors in the United States, 1950-2005: Of Shareholder Value and Stock Market Prices, 59 Stanford Law Review 1465, 1475 [2007])。

上場会社における外国人（多くは機関投資家）の持株比率の高まり等（→Ⅰ3(1)）を背景に、こうした「独立」の取締役を選任するよう求める投資家・株主の意見が強くなってきている。東京証券取引所は、2009年12月に上場規程を改正し、上場会社に対し、社外取締役または社外監査役の中から、「一般株主と利益相反の生じるおそれのない」者を「独立役員」として1名以上確保し、かつ、これを「独立役員届出書」により東証に届け出るように義務づけることにした（東京証券取引所・有価証券上場規程436条の2、同施行規則436条の2）。

【資料Ⅳ-20】①は、独立役員届出書のフォーマットである。会社法の「社外」要件と違い、親会社や主要な取引先との関係等も問題にされていることに注意しよう（【資料Ⅳ-20】①のチェックボックスa1～e2の要件参照。以下、これらを「形式要件」という）。もっとも、形式要件に該当していても、なお「一般株主と利益相反の生じるおそれ」がないと上場会社が判断する場合は、その理由を付したうえで独立役員として届け出ることができるようになっている（【資料Ⅳ-20】

Ⅳ　機　関

【資料Ⅳ-20】　独立役員制度
▶①東京証券取引所「独立役員届出書」

「独立役員届出書」
2010/05/10 改訂

〔提出会社情報〕
会社名　　　　　　　コード
提出日 (yyyy/mm/dd)　　　提出区分

〔独立役員が確保されていない場合〕
□ 独立役員が確保されていない

〔独立役員〕
氏　名
独立役員通番

〔独立役員の異動に関する情報〕
異動(予定)日 (yyyy/mm/dd)
異動理由

※一斉届出の場合は〔独立役員の異動に関する情報〕欄の記入は不要です。

〔独立役員の属性等〕
社外取締役／社外監査役

a1〜e2のいずれかに該当している場合には，その左にあるチェックボックスをチェックしてください。［本人］又は［近親者］のどちらかを選び，［現在・最近］又は［過去］のどちらかを選んでください。
いずれにも該当しない場合には，下の［a1〜e2のいずれにも該当しない場合］にチェックしてください。

本人	近親者	現在・最近	過去	
□	□	□	□	a1. 上場会社の親会社の業務執行者
□	□	□	□	a2. 上場会社の兄弟会社の業務執行者
□	□	□	□	b1. 上場会社を主要な取引先とする者又はその業務執行者
□	□	□	□	b2. 上場会社の主要な取引先又はその業務執行者
□	□	□	□	c. 上場会社から役員報酬以外に多額の金銭その他の財産を得ているコンサルタント，会計専門家，法律専門家
□	□	□	□	d. 上場会社の主要株主
□	□	□	□	e1. 上場会社又はその子会社の業務執行者
□	□	□	□	e2. 上場会社又はその子会社の非業務執行取締役又は会計参与（独立役員が社外監査役の場合）

□ a1〜e2のいずれにも該当しない場合

〔該当状況についての説明〕
※上記a1〜e2のいずれにも該当していない場合には，「該当事項なし」と記入してください。

〔独立役員の指定理由等〕
この独立役員届出書によって届け出る社外取締役又は社外監査役を独立役員として指定する理由を記入してください。
指定理由の記入に際しては，以下の点にご留意ください。
※上記a1〜e2のいずれかに該当している場合には，当該事由に該当していてもなお一般株主と利益相反の生じるおそれがないと判断し，独立役員として指定する理由を記入してください。
※独立役員が確保されていない場合は，独立役員の確保に向けた今後の対応方針を記入してください。

〔独立役員届出書の内容を確認し，有価証券上場規程及び同施行規則に基づいて独立役員に係る届出をすることについての本人の同意〕
□ 同意している

※　記入後に，必ず確認ボタンをクリックしてください。
　　この確認ボタンにより，記入漏れ等の形式チェックを行います。エラーメッセージが表示された場合は，メッセージの内容をご確認のうえ，記入漏れの追加等を行ったうえで，再度確認ボタンをクリックしてください。

確　認

①参照。ただし，「現在・最近」においてこれらの形式要件［dは除く］に該当する者については，東証は，明らかに「一般株主と利益相反の生じるおそれ」があるとして，独立役員とは認めない立場をとって

出所：東証ウェブサイト（http://www.tse.or.jp/rules/lcdoc/）いる。東京証券取引所「上場管理等に関するガイドライン」Ⅲ5(3)の2，佐々木元哉「独立役員届出書の提出状況」商事法務1898号28頁，32頁［2010］参照）。

3 取締役会の監督機能

▶②独立役員の選任状況および人数（外国人株式所有比率）

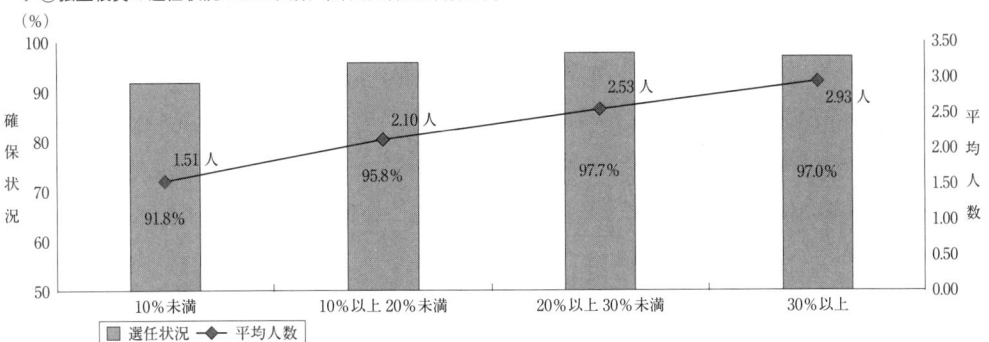

外国人株式所有比率	確保状況	平均人数
10%未満	91.8%	1.51人
10%以上20%未満	95.8%	2.10人
20%以上30%未満	97.7%	2.53人
30%以上	97.0%	2.93人

出所：東京証券取引所『東証上場会社コーポレート・ガバナンス白書2011』

▶③独立役員と会社との関係

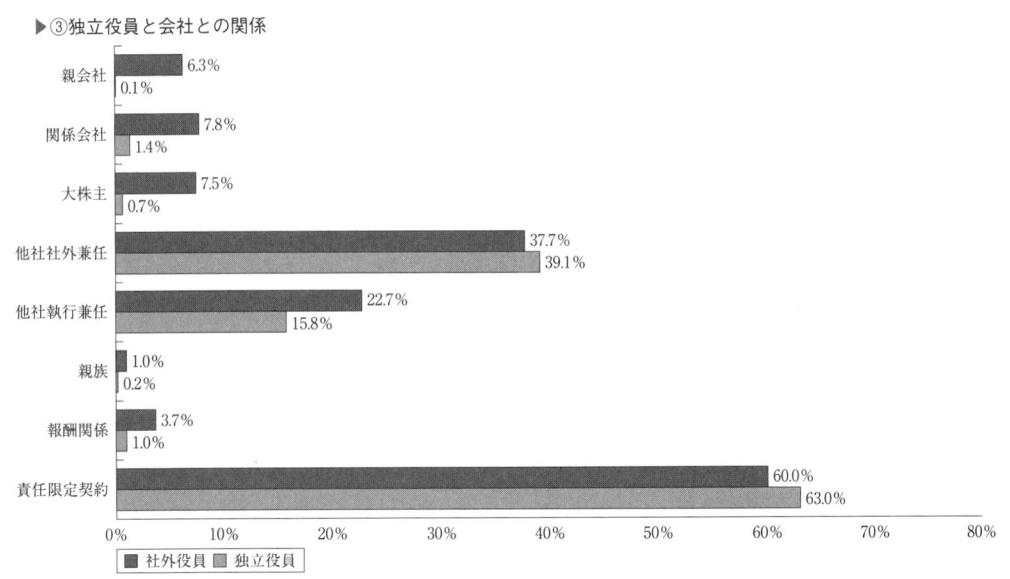

	社外役員	独立役員
親会社	6.3%	0.1%
関係会社	7.8%	1.4%
大株主	7.5%	0.7%
他社社外兼任	37.7%	39.1%
他社執行兼任	22.7%	15.8%
親族	1.0%	0.2%
報酬関係	3.7%	1.0%
責任限定契約	60.0%	63.0%

出所：東京証券取引所『東証上場会社コーポレート・ガバナンス白書2011』

2010年9月10日現在，東証上場会社の93.5％（2146社）は，独立役員を確保・届出ずみである。届け出られた独立役員は延べ4,191名，1社平均の独立役員の人数は1.83名である。もっとも，独立役員のうち75.5％は，社外監査役であり，社外取締役である独立役員は，少数派である。なお，社外取締役総数に占める，独立役員として届け出られた社外取締役の比率は49.2％である（東京証券取引所『東証上場会社コーポレート・ガバナンス白書2011』37-39頁）。【資料Ⅳ-20】②に見られるように，外国人株式所有比率の高い会社ほど，独立役員をすでに確保している会社が多く，また，1社当たりの平均人数も多くなる傾向がある。

独立役員と会社との関係を見ると，社外役員（社外取締役および社外監査役）と比較して，親会社，関係会社，大株主等の出身者に該当する者の比率は低くなっている（【資料Ⅳ-20】③）。なお，形式要件（【資料Ⅳ-20】①参照）に該当するが，なお「一般株主と利益相反の生じるおそれがないもの」として，その理由を開示したうえで独立役員として届け出られた者（開示加重要件該当者）が，全体の6.0％いる（【資料Ⅳ-20】④）。特に，過去において主要な取引先の業務執行者であった者（メインバンク出身者など）が独立役員として届け出られる例が相当数みられる。

Ⅳ 機 関

▶④独立役員の開示加重要件への該当状況

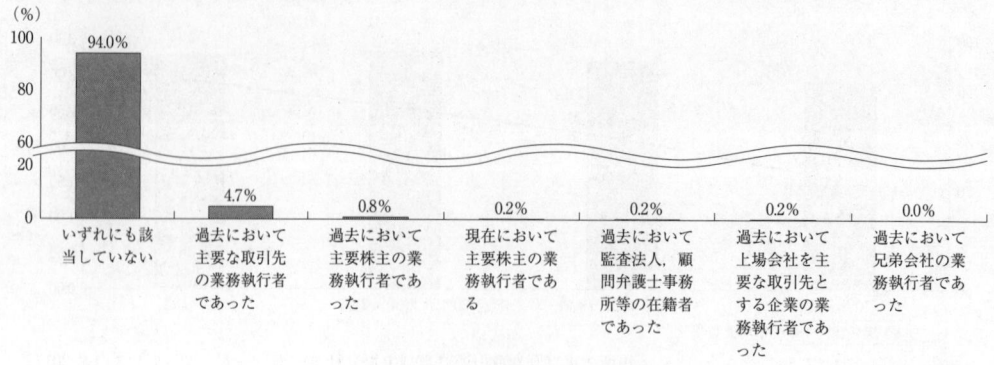

（棒グラフ：
- いずれにも該当していない：94.0%
- 過去において主要な取引先の業務執行者であった：4.7%
- 過去において主要株主の業務執行者であった：0.8%
- 現在において主要株主の業務執行者である：0.2%
- 過去において監査法人，顧問弁護士事務所等の在籍者であった：0.2%
- 過去において上場会社を主要な取引先とする企業の業務執行者であった：0.2%
- 過去において兄弟会社の業務執行者であった：0.0%）

出所：東京証券取引所『東証上場会社コーポレート・ガバナンス白書2011』

【Discussion ⑧】

(1) 外国人の株式所有比率が高い上場会社ほど，独立役員の人数が多くなる（【資料Ⅳ-20】②）のはなぜだと考えられるか。
(2) 社外取締役であっても独立役員でない者が相当数いるようであるが，これは，例えばどのような者たちだと考えられるか。
(3) 機関投資家（とりわけ外国人投資家）の間では，独立した社外監査役を有するだけでは，経営陣の監視・監督のためには十分でなく，独立した取締役を有する必要がある，という主張が強い。これはなぜであろうか。（社外）監査役と（社外）取締役では，経営の監視・監督のための機能・権限にどのような違いがあるか。

(d) **社外取締役とパフォーマンス** これまで述べてきたとおり，上場会社では，社外取締役や独立役員を少数ながら選任するようになってきているが，このような社外者は，実際に，経営の監視・監督の役割を果たしているのだろうか。

もしも社外者の選任によって監視機能が高まるならば，経営者の行動が規律づけられ，長期

【資料Ⅳ-21】 社外取締役とパフォーマンス
▶社外取締役増加企業のパフォーマンス変化

年	調整後 ROA 平均	t 値	調整後 Tobin's Q 平均	t 値
パネル A：社外取締役増加企業（N=244）				
Year−1	−0.35%	−1.23	−0.14	−1.56
Year 0	−0.48%	−1.55	−0.29	−2.11**
Year 1	−0.22%	−0.77	−0.03	−049
Year 2	−0.31%	−0.88	0.05	1.14
Year 3	0.14%	0.42	0.10	2.66***
Year 1−Year−1	0.13%	0.55	0.12	1.29
Year 3−Year−1	0.48%	1.58	0.24	2.66***
パネル B：社外取締役新規導入企業（N=190）				
Year−1	−0.47%	−1.66*	−0.06	−1.90*
Year 0	−0.52%	−1.65	0.08	1.11
Year 1	−0.24%	−0.78	0.07	1.42
Year 2	−0.36%	−0.87	0.09	1.90*
Year 3	−0.23%	−0.68	0.07	1.80*
Year 1−Year−1	0.23%	0.94	0.13	3.56***
Year 3−Year−1	0.25%	0.75	0.12	3.45***

***：1%水準で有意　　**：5%水準で有意　　*：10%水準で有意

出典：内田交謹「取締役会構成変化の決定要因と企業パフォーマンスへの影響」商事法務1874号15頁［2009］21頁［表3］

3 取締役会の監督機能

的には，会社の業績向上にもつながると考えられる。近年は，本当にそのような効果が認められるかを実証的に明らかにしようとする研究が現れている。ここでは，実証研究がどのように行われるのかについての簡単な説明を兼ねて，その1つを紹介しよう。

【資料Ⅳ-21】は，東証一部上場会社の中で，2003年度または2004年度に社外取締役数を増加させた会社244社（うち190社は，社外取締役を新規に導入した会社）について，導入年度の前年度（Year-1）から3事業年度後（Year 3）までに，会社の業績がどのように変化したかを調査したものである。資料中，ROA（Return on Assets）とは，企業の総資産簿価（貸借対照表に計上された資産総額のこと）に対する当期純利益の割合（％）であり，会計上の数値を用いた代表的な業績指標である。また，Tobin's Q（本書の他の箇所で「トービンのQ」と呼ばれているものと同じ。→【資料Ⅰ-18】，【資料Ⅵ-22】）とは，「（株式時価総額＋総負債簿価）÷総資産簿価」として計算される。この値が高いほど，その企業の価値が株式市場で高く評価されているということであり，株価を用いた代表的な業績指標である。なお，業種や年度の影響を除くために，これらの数値は，各会社のROA（またはTobin's Q）から，「その会社と同一業種に属し，かつ2003年度から06年度までに社外取締役数が変わっていない他の上場会社の平均ROA（またはTobin's Q）」を控除した，調整後ROA（または調整後Tobin's Q）を用いている。

結果は，Year-1からYear 3にかけ，社外取締役を増加させた会社の調整後Tobin's Qは，平均で0.24上昇している。この値は，1％水準で統計学的に有意である（パネルAの最終行参照）。このことは，上記の期間に社外取締役を増加させた会社は，同業他社と比較して，株価で測ったパフォーマンスが改善したことを示す。もしも社外取締役を増加させた企業と変化させなかった企業とで，株価で測ったパフォーマンスにまったく差がなければ，調整後Tobin's Qは0になるはずである。なお，「1％水準で統計学的に有意」とは，観察された0.24という値が，0から十分に離れており，統計学上の一定の仮定のもとでは，これほどの差が偶然に観察される確率は1％未満しかないことを意味する（資料中の「t値」とは，統計学上の有意性を判定するために用いられる数値であり，この値の絶対値がおおよそ2かそれ以上に大きいと，統計学的には有意と判定される）。社外取締役を新規導入した企業のみの調整後Tobin's Qも，同様に，有意な上昇を示している（パネルB）。他方，調整後ROAについては，平均して上昇する傾向があるものの，統計学的には有意でない。

【資料Ⅳ-21】の文献の著者は，この結果から，「新規社外取締役導入が株式市場で好意的に評価されていることが示された。ただし，会計パフォーマンス改善効果がみられないため，社外取締役新規導入を義務化すべきかという問題については，慎重な検討が必要であろう」と指摘している（商事法務1874号21頁）。

【Question ⑧】

(1) 【資料Ⅳ-21】の研究において，社外取締役を導入・増加させた会社のROA（Tobin's Q）をそのまま用いるのではなく，それらの数値から，社外取締役数を変化させていない同業他社の平均値を控除した調整後ROA（調整後Tobin's Q）を用いているのは，なぜか。ROA（Tobin's Q）をそのまま用いると，どのような結果が得られると思うか。

(2) 社外取締役を導入・増加させた会社は，その後に同業他社と比べて業績を改善させる，という結果が得られたとして，そのことは，「社外取締役は業績にとってプラスである」ことを「証明」したことになるであろうか。

【Work & Practice ⑤】

社外（あるいは独立）取締役の選任を義務づけるべきかどうかといった，一定の政策判断に基づく法律論を展開するうえでは，論者がどのような事実の認識を前提にしているのか，そしてそのような認識は適切なの

Ⅳ 機 関

かということの検証が必要であり，そのためには，【資料Ⅳ-21】のような実証的研究がきわめて有益になる。【資料Ⅳ-21】の文献を読み，社外（独立）取締役の導入の効果について，これまでどのような実証研究があるか，調べてみよう。

4 役員報酬

　会社の役員，ことにトップ経営者（代表取締役や代表執行役）は，会社の経営機構を実質的に支配しているため，自らの報酬を過大なものにする危険があり，こうした「お手盛り」の防止は，会社法の重要な課題の1つである。また，報酬の絶対額の大きさだけでなく，報酬の内容が，経営者に会社の業績を高める十分なインセンティブを与えるものになっているかどうかも，会社・株主にとって重大な関心事である。以下では，役員報酬の決定の仕方や開示に関する法令・実務を見てみよう。

(1) 役員報酬の決定の仕方

　委員会設置会社を除き（執行役の報酬等とともに報酬委員会が定める。404条3項），取締役の報酬等は，定款に定めがないときは株主総会で定める（361条1項）。監査役も同様である（387条1項）。【資料Ⅳ-22】①～③は，報酬等の種類別に，株主総会の議案の典型例を示したものである。

【資料Ⅳ-22】　報酬改訂議案・退職慰労金議案・ストック・オプション議案
▶①役員報酬改定議案

第5号議案　取締役の報酬額改定の件
　現在の取締役の報酬額は，平成2年6月26日開催の第26期定時株主総会において，年額2億円以内とご承認いただき，今日に至っておりますが，その後の経済情勢の変化および諸般の事情を考慮いたしまして，取締役の報酬額を年額5億円以内と改定させていただきたいと存じます。
　なお，取締役の報酬額には，従来どおり使用人兼務取締役の使用人分の給与は含まないといたしたいと存じます。
　また，現在の取締役は6名です。

【Question ⑨】
(1)　取締役の個人別の報酬額ではなく，報酬総額（その上限）を定めるにとどまるようであるが，このような取扱いは，適法か。
(2)　使用人兼務取締役の使用人給与分は報酬額に含まれないとされているが，このような扱いは，適法か。

▶②退職慰労金支給議案

第6号議案　退任取締役及び退任監査役に対する慰労金支給議案
　本総会の時をもって任期満了退任いたします取締役中田渡氏及び本総会終結の時をもって辞任いたします監査役後藤晶氏に対し退職慰労金を，在任中の功労に報いるため，当社所定の基準に従い相当額の範囲内において贈呈いたしたいと存じます。
　なお，その具体的な金額，贈呈の時期，方法等は取締役については取締役会に，監査役については監査役の協議にご一任願いたいと存じます。
　その対象者の略歴は次のとおりであります。

氏名	略歴	
中田　渡	平成7年6月　当社取締役	平成13年6月　当社常務取締役（現任）

4 役員報酬

| 後藤　晶 | 平成14年6月 | 当社監査役（現任） |

【Question ⑩】
(1) 退職慰労金の額を特定しないで決議しようとしているが，このような扱いは，適法か。
(2) 「当社所定の基準」に従って支給するものとしているが，株主は，その基準をどのようにすれば知ることができるか。
(3) 退任監査役の退職慰労金に関しては，監査役の協議に一任するとされているが，これを，取締役の退職慰労金とともに取締役会に一任することは許されるか。

▶③ストック・オプション議案

●参考書類
第4号議案　取締役に対するストックオプションとしての報酬額および内容決定の件

当社では従来，2種のストックオプションとして新株予約権を発行してまいりました。すなわち，①業績向上や企業価値増大に対する意欲を高めることを目的として取締役や経営幹部を対象として付与する一般型ストックオプション（平成14年度以降実施）と，②現金による役員退職慰労金を廃止し，その代替として取締役・執行役員を対象として付与する株式報酬型ストックオプション（平成16年度以降実施）であります。

取締役に対してストックオプションとして先行する新株予約権は「取締役に対する報酬等」の一部であると位置づけられるため，今年度に取締役に付与する予定であるストックオプション2種につき，ストックオプション報酬としてその額および内容に対するご承認をお願いするものであります。なお，本件の付与対象者には社外取締役を含まないものとします。

1. ストックオプションとしての報酬額
　当社の取締役の報酬額は，平成20年の第143回定時株主総会でご承認いただいた「月額3,000万円以内（うち社外取締役分200万円以内）」でありますが，この報酬限度額とは別枠として，当社取締役に対する本総会の日から1年間のストックオプション報酬として新株予約権を1億3,500万円以内（ただし，新株予約権発行時点での公正な評価額により算出する額，以下同じ）で発行し，その内訳は，一般型ストックオプション3,000万円以内，株式報酬型ストックオプション1億500万円以内といたします。なお，対象となる取締役の員数は，第3号議案が承認されることを前提として，社外取締役を除く7名であります。

2. ストックオプションとしての新株予約権の内容
　上記金額の範囲内でストックオプションとして発行する新株予約権の内容は，次のとおりとし，具体的な発行事項は取締役会の新株予約権発行決議により決定するものとします。
(1) 一般型ストックオプション
　①新株予約権の総数および目的である株式の種類・数
　　新株予約権の総数　500個（上限）
　　目的である株式は普通株式50,000株（上限）とし，新株予約権1個当たりの株式数は100株とする。なお，当社が合併，会社分割，株式分割，株式併合等を行うことにより，株式数の変更をすることが適切な事態となった場合は，当社は必要と定める調整を行うものとする。
　②新株予約権の行使に際して払込をすべき金銭
　　新株予約権の目的である株式1株当たりの払込金額（行使価額）は次の方法で定めるものとする。
　　新株予約権発行日の属する月の前月の各日（取引がない日を除く）における東京証券取引所における当社株式普通取引の終値の平均値に1.05を乗じた価額とし，1円未満の端数は切り上げる。ただし，その平均値が新株予約権発行日の終値（当日取引がない場合は，それに先立つ直近日の終値）を下回る場合は，平均値に代えて当該終値を使用する。
　　なお，当社が合併，会社分割，株式分割，株式併合等を行うことにより，払込金額の変更をすることが必要な事態となった場合は，当社は必要と認める調整を行うものとする。
　③新株予約権を行使することができる期間
　　平成23年1月1日から平成25年12月31日まで
(2) 株式報酬型ストックオプション
　①新株予約権の総数および目的である株式の種類・数
　　新株予約権の総数　280個（上限）
　　目的である株式は普通株式28,000株（上限）とし，新株予約権1個当たりの株式数は100株とする。なお，当社が合併，会社分割，株式分割，株式併合等を行うことにより，株式数の変更をすることが適切な事態となった場合は，当社は必要と認める調整を行うものとする。
　②新株予約権の行使に際して払込をすべき金額

Ⅳ 機 関

　　　新株予約権の目的である株式1株当たりの払込金額（行使価額）は1円とする。
③新株予約権を行使することができる期間
　　　新株予約権発行日の翌日から30年以内の期間を別途定める。
④新株予約権行使の条件
　　　上記③にかかわらず，新株予約権者は原則として，当社の取締役の地位を喪失した日の翌日から別途定める期間に限り新株予約権を行使できる。

出典：日東電工2009年6月株主総会招集通知（資料版商事法務319号89頁［2010］より）

【Question ⑪】

(1) 新株予約権の発行事項は取締役会で決定するものとされているが，もしも取締役会が，新株予約権と引き換えに金銭の払込みを要しないこととした場合（238条1項2号），株主総会の特別決議による承認を受けないでよいか。

(2) 「一般型ストックオプション」と「株式報酬型ストックオプション」の2種類のストック・オプションの支給が予定されているが，両者の間にはどのような違いがあるか。後者が「株式報酬型」と呼ばれるのは，なぜだと考えられるか。

(3) わが国では，株式報酬型ストック・オプションは，退職慰労金制度を廃止した会社がそれに代わるものとして発行する場合が多い。資料の「株式報酬型ストックオプション」がそのようなものであることは，どの点からわかるか。

【Discussion ⑨】

　　従来型の退職慰労金（【資料Ⅳ-22】②参照）と，退職慰労金に代わるものとしての株式報酬型ストック・オプションの違いは，主にどういう点にあると考えられるか。従来型の退職慰労金には反対する株主が，株式報酬型ストック・オプションには賛成することがあるとすれば，それはなぜか。

　　⇒参考文献：髙田剛＝タワーズペリン経営者報酬コンサルティング部門『経営者報酬の法律と実務（別冊商事法務285号）』［2005］51-52頁［髙田］。

(2) 役員報酬の開示

(a) **役員報酬の開示方式**　　公開会社は，各事業年度の事業報告において，当該事業年度に係る会社役員の報酬等の額の開示が義務づけられているが（会社則121条3号），役職ごとにその総額を開示すれば足り（同号イ），個人別の報酬等の額を開示するかどうかは任意である（同号ロ・ハ参照）。【資料Ⅳ-23】は，事業報告による開示例である。

【資料Ⅳ-23】 役員報酬の開示

当事業年度に係る取締役および監査役の報酬等の総額

　　取締役　9名　673百万円

　　監査役　5名　141百万円（うち社外監査役　2名　29百万円）

(注) 1. 上記には，2009年6月25日開催の第133回定時株主総会終結の時をもって退任した取締役3名および辞任した監査役1名を含んでおります。
　　 2. 取締役の報酬等は，定額である基本報酬，各事業年度の連結業績等を勘案した賞与および中長期的な業績に連動するストック・オプションにより構成され，上記総額には，以下の基本報酬額，賞与支給予定額およびストック・オプションに係る費用計上額が含まれております。なお，使用人兼務取締役の使用人分給与および使用人分賞与は含まれておりません。
　　　(1) 基本報酬額は，月額40百万円以内（1990年6月28日開催の第114回定時株主総会決議による）

であります。
(2) 賞与支給予定額は，本総会において第3号議案「取締役賞与の支給の件」が原案どおり承認可決された場合の支給予定額（160百万円）であります。
(3) ストック・オプションに係る費用計上額は，ストック・オプションとして割り当てた新株予約権に関する報酬等のうち当事業年度に費用計上した額（180百万円）であります。
3. 監査役の報酬等は基本報酬に一本化しており，基本報酬額は，月額15百万円以内（2008年6月26日開催の第132回定時株主総会決議による）であります。

出所：武田薬品工業株式会社・第133期（2009年4月1日から2010年3月31日まで）事業報告

【Question ⑫】

株主総会で支払われる予定の役員賞与（総額1億6000万円）が，取締役の報酬等の額に含まれている。けれども，この金額は，株主総会が開催される日（【資料Ⅳ-23】の会社では，2010年6月25日）の属する事業年度，つまり，この会社の第134期（2010年4月1日から2011年3月31日まで）中に支払われる金額である。それなのに，この会社の第133期（【資料Ⅳ-23】の「出典」を参照）の事業報告の中で開示しているのは，なぜであろうか。

また，上場会社は，金融商品取引法により有価証券報告書（金商24条）での報酬開示も義務づけられている。特に，2010年3月期からは，連結報酬等（その会社の役員としての報酬等の他，主要な連結子会社から受ける報酬等を含む）の額が1億円以上の役員については，個人別の報酬等の額の開示が義務づけられた（開示府令第三号様式・記載上の注意（37），第二号様式・記載上の注意（57）a(d)参照）。

(b) **経営者報酬の大きさと業績連動性** 欧米諸国（とくにアメリカ）では，トップ経営者の報酬はきわめて高額であり，社会問題になることもあるのに対し，日本の上場会社の経営者報酬は，一般にそれほど高額ではなく，お手盛りの弊害は具体的には現れていないようにみえる。2010年3月期の有価証券報告書を提出した上場会社2,632社のうち，個人別の役員報酬の額を開示した会社は，162社（6.2％）であった（(株)ゼブラル「個別役員報酬の開示分析」1頁（http://www.xebral.com/pdf/DirectorsComp_20100630.pdf））。つまり，上場会社のうちで1億円以上の報酬を得た役員が1人でもいる会社は，1割にも満たない。【資料Ⅳ-24】の調査をみても，日本の経営者報酬は，欧米と比較してもかなり少ない。

【資料Ⅳ-24】 日米欧経営者報酬の比較

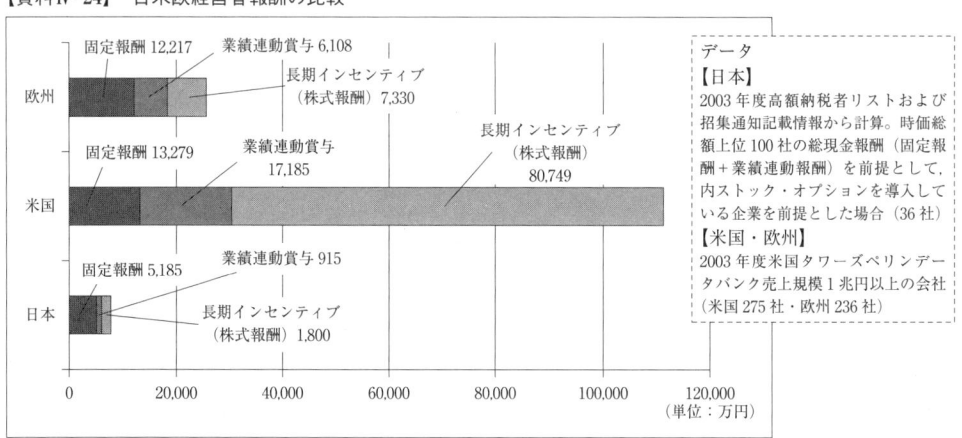

欧州：固定報酬 12,217／業績連動賞与 6,108／長期インセンティブ（株式報酬）7,330
米国：固定報酬 13,279／業績連動賞与 17,185／長期インセンティブ（株式報酬）80,749
日本：固定報酬 5,185／業績連動賞与 915／長期インセンティブ（株式報酬）1,800
（単位：万円）

データ
【日本】
2003年度高額納税者リストおよび招集通知記載情報から計算。時価総額上位100社の総現金報酬（固定報酬＋業績連動報酬）を前提として，内ストック・オプションを導入している企業を前提とした場合（36社）
【米国・欧州】
2003年度米国タワーズペリンデータバンク売上規模1兆円以上の会社（米国275社・欧州236社）

出所：Towers Perrinによる調査。日本取締役協会制度インフラと透明性委員会2005年2月16日付「経営者報酬の指針」添付資料（1）（2）（別冊商事法務285号141-142頁[2007]）

Ⅳ 機 関

もっとも，会社や株主にとっては，経営者報酬の絶対額の大きさもさることながら，報酬内容が，経営者に会社の業績を上げるインセンティブを十分与えるものになっているかどうかという点も，重要である。【資料Ⅳ-24】でもわかるように，日本の経営者の報酬は固定給が多く，株価や会計上の利益などの会社の業績に連動する部分が，欧米の経営者と比較して小さい。

【資料Ⅳ-25】は，日米両国で，株式投資収益率の高い順に上場会社を区分したとき，それぞれの区分ごとにその会社の経営者は平均いくらの報酬を得ているかを推計したものである。アメリカと異なり，日本の経営者の報酬は，ほとんど株式投資収益率と連動していない。【資料Ⅳ-25】の著者はこの結果から，「日本の経営者は株価を最大化するようなインセンティブをほとんど持っていない」と主張している。

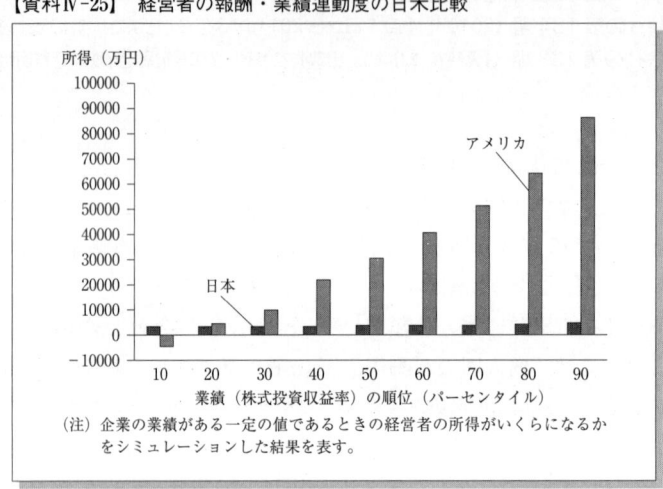

【資料Ⅳ-25】 経営者の報酬・業績連動度の日米比較

(注) 企業の業績がある一定の値であるときの経営者の所得がいくらになるかをシミュレーションした結果を表す。

出所：久保克行『コーポレート・ガバナンス――経営者の交代と報酬はどうあるべきか』155頁グラフ3-4［日本経済新聞出版社, 2010］

【Discussion⑩】
　日本の上場会社の経営者報酬は，業績との連動度をより高めた方がよいのであろうか。また，「業績」を測る指標としては何が考えられるか。例えば，「株主の利益にかなう経営をさせるために，経営者により多くのストック・オプションを付与すべきだ」という提案について，どう考えるか。

5　監査役・会計監査人

(1) 監 査 役
　公開会社は，委員会設置会社を除いて原則的に監査役の設置が義務づけられる（327条1項1号・2項）。監査役は，取締役の職務執行を監視し，違法があればこれを是正するためにさまざまな権限が与えられている。【資料Ⅳ-26】で紹介されているのは，上場会社で監査役がその権限を行使し，話題になった事例である。

5 監査役・会計監査人

【資料Ⅳ-26】 監査役の権限行使

▶①春日電機事件

取締役の法的責任追及など，監査役，相次ぐ権限行使（法務インサイド）

　上場企業の監査役が法令で認められている権限を行使し，取締役を公然と批判し訴えるケースが目立ってきた。監査役には取締役を監視する強い権限が与えられている。だが従来はほとんど行使されなかった。ここへきて監査役が権限を行使し始めた背景には，株主代表訴訟などで監査役も法的責任を問われる傾向が出てきたことがあるようだ。

　「長年世話になった会社の危機だった。敵前逃亡するわけにはいかなかった」。春日電機の竹内博監査役はこう振り返る。昨年11月11日，当時社長だった前社長を相手取り，違法行為の差し止めを求める仮処分を東京地裁に申し立てた。地裁は同月26日，監査役側の請求を全面的に認める決定を出した。

　申立書によると，春日電機では昨年6月の定時株主総会で，大株主となっていた前社長らが経営権を握った。前社長は就任後，代表者を務めていた他社に数億円を融資するなど春日電機から資金を流出させ，さらに別の会社と不透明な取引をした，と申立書は指摘していた。

　こうした出来事によって春日電機は混乱に陥り，3人の監査役のうち2人は辞任した。しかし竹内監査役は同社の会計監査人のアドバイスを受け，権限行使に踏み切った。特別損失を抱えた責任を問われ前社長は12月末，辞任に追い込まれた。（中略）

　監査役には取締役の違法行為を差し止めたり，取締役を相手取った各種訴訟を提起したりする権限が認められている。（中略）しかし，これまでの監査役は異常事態に直面しても座視するか，責任を回避するために辞任するケースが一般的だった。日本企業では監査役を「上がりポスト」と見る向きもあったうえ，実質的に取締役会が監査役を選ぶという構造問題もあり，監査役に英断を期待するのは難しかった。

　では最近の監査役の活発な動きは，個人の力量の問題なのか。（中略）　最大の変化は，近年の企業不祥事を巡る株主代表訴訟で，行動しなかった監査役の法的責任が問われる流れが出てきたことだ。（中略）　特に無認可添加物入りの肉まん販売を巡るダスキン株主代表訴訟の大阪高裁判決（06年6月）では，「積極的には公表しない」と決めた取締役の明らかな任務懈怠（けたい）への監査を怠ったとして，監査役に損害賠償責任が認定された。足利銀行の破綻を巡る損害賠償訴訟では元監査役が同行に訴えられ，07年に和解金を支払った。

　監査役も株主や司法の目が厳しくなったと自覚しつつある。監査役向けの法務セミナーを担当する弁護士は「ダスキン判決以後，監査役が真剣に自分の責任と権限を学ぶようになった」と語る。従来通りの意識のままでいると，監査役の責任とリスクは間尺に合わないものになりそうだ。（編集委員　渋谷高弘）

▶②春日電機事件の経緯

2007年　7月	株式会社アインテスラ，春日電機株式会社の株式の取得を開始。
2008年　1月	アインテスラ，共同保有分を併せて春日電機株式の約37％を保有。
6月	春日電機の株主総会で現社長らの取締役再任議案否決，篠原猛氏（アインテスラ取締役会長）が取締役に選任される。篠原氏は春日電機社長に就任。
11月	春日電機の竹内博監査役，篠原社長の違法行為差止（アインテスラに対する貸付金の返済期限の猶予等の禁止）の仮処分を東京地裁に申し立て，認容される（東京地決平成20年11月26日資料版商事299号330頁）。
12月	篠原社長，辞任。
2009年　1月	春日電機，財務諸表について監査法人の意見表明が得られなかったことから，東京証券取引所第二部上場廃止となる。
4月	春日電機，篠原前社長を特別背任容疑で刑事告訴。
6月	春日電機，会社更生手続開始決定を受ける。
10月	更生会社春日電機，アインテスラに対して貸付金返還訴訟を提起。因幡電機産業株式会社による支援決定。
11月	因幡電機産業が設立した新会社が，更生会社春日電機より事業譲渡を受け，「春日電機株式会社」として営業を再開。
2011年　1月	篠原元社長，特別背任容疑で逮捕される。

出典：①日本経済新聞2009年4月20日付朝刊14面
　　　②春日電機HP，同社有価証券報告書，アインテスラ大量保有報告，日本経済新聞より，筆者作成

【Question ⑬】

(1) 【資料Ⅳ-26】で監査役が提起した違法行為差止めの仮処分の申立ては，法令のどの規定に基づくものか。3人の監査役のうち2人が権限行使に反対した場合，1人だけでこの権限を行使することはできるか。

Ⅳ 機　関

(2) 【資料Ⅳ-26】で言及されているダスキン事件はどのような事件で，監査役はどのような理由で責任が認められたのか（足利銀行事件については，【資料Ⅳ-28】参照）。

【Discussion ⑪】

　監査役は，法令上，取締役の職務執行を監査するさまざまな権限を有している。しかしその一方，監査役の権限が基本的に適法性の問題に限られ，経営の妥当性の問題には及ばないこと，代表取締役その他の業務執行取締役の選任・解任といった「人事」の問題には介入できないことから，監査役は「独立」の取締役と比べ，会社経営を監視・監督する機能において劣るという考え方が，特に海外の機関投資家株主の間では強い。監査役の権限を生かしつつ，こうした投資家のニーズにも応えられるような制度改正を行うとすれば，どのような制度が考えられるか。
　⇨参考文献：武井一浩「「『監査委員会設置会社』の解禁」商事法務 1900 号 13 頁 [2010]。

(2)　会　計　監　査　人

　会計監査人は，会社の計算関係書類を監査する機関である（396条1項）。大会社および委員会設置会社は，会計監査人の設置が義務づけられる（328条・327条5項）。なお，上場会社の会計監査人は，通常，金融商品取引法により会社が提出する財務諸表等の監査証明（金商193条の2）も行っている。

　会計監査人が，監査先である会社の計算関係書類の虚偽記載等（いわゆる粉飾決算）に加担した場合は，会社法上の責任が生じるほか，監督庁の処分を受ける場合もある。【資料Ⅳ-27】は，かつて四大監査法人の一角に数えられた監査法人が，粉飾への加担により業務停止命令を受け（公認会計士法29条〜31条），それを契機として清算を余儀なくされた事例である。

【資料Ⅳ-27】　中央青山監査法人の業務停止命令および清算

▶①中央青山に業務停止命令，金融庁，7月から——対象は2300社に。

　金融庁は10日，中央青山監査法人に対して上場企業など「法定監査」先約2,300社（一月時点）の監査業務を，原則として7月1日から2カ月間やめさせる一部業務停止命令を出した。四大監査法人に対し業務停止命令を出すのは初めてで，異例の厳しい内容となった。
　金融庁が行政処分を下すのは，監査先企業だったカネボウが1999年3月期—2003年3月期の決算書類を粉飾した際，所属の公認会計士が作業に加担したため。中央青山の内部管理体制などを調査した結果，審査や教育など会計士を監督する体制に不備があったことも認定した。金融庁は10日，責任分担の明確化を含めた是正策を6月10日までに報告するよう命じた。
　（中略）中央青山と会社法監査の契約を結んでいる企業は約2,100社ある。各社は「一時会計監査人」を選ぶなど対応を迫られそうだ。
　金融庁は特例として，8月末までに有価証券報告書を提出する義務がある5月期決算企業を業務停止の対象から外した。また4月期決算企業のほか，6，10，11月期決算企業も監査業務の停止期間を1カ月間に限る措置を設けた。7—8月が有価証券報告書や半期報告書の監査が集中する時期に当たるため，投資家などへの情報開示が遅れないよう配慮した。
　労働組合や投資法人，株式上場を目指す企業などについては監査業務の継続を認める。
　金融庁はカネボウの粉飾決算事件に加担したとして逮捕・起訴された所属の公認会計士2人の登録を抹消する処分も発表した。起訴されなかった1人には1年の業務停止を命じた。

▶②みすず監査法人，7月末解散決定。

　みすず監査法人（旧中央青山）は30日，一般企業の株主総会に当たる定時社員総会を開き7月末で解散することを正式に決めた。足利銀行など監査業務に絡んだ損害賠償請求訴訟などに対応するため，清算法人に移行する。
　カネボウや日興コーディアルグループなど監査不祥事が相次ぎ顧客離れが進み，監査業務をほかの法人に移管する方針を発表していた。
　清算法人には，片山英木理事長ら幹部4人と弁護士1人の5人が残る。みすずが抱える会計士や職員ら2,400人は他の監査法人などに移籍。

新日本が 1,060 人，トーマツ 400 人，あずさは 280 人となる見通しだ。

出典：①日本経済新聞 2006 年 5 月 11 日付朝刊 1 面
②日本経済新聞 2007 年 5 月 31 日付朝刊 4 面

【Question ⑭】
【資料Ⅳ-27】の記事中，中央青山監査法人と会社法監査の契約を結んでいる企業は「一時会計監査人を選任するなど，対応を迫られる」とされているが，なぜ，そのようなことをする必要があるのか。一時会計監査人を選任するのは誰か。

6 役員等の義務と責任・代表訴訟

会社の役員等が任務を怠り，会社に損害を与えた場合には，会社に対して損害賠償責任を負う（423 条）。また，株主が会社に代わり，その責任を追及する制度（株主代表訴訟）も存在する。近年は，上場会社の役員等の責任が追及され，社会の耳目を引きつける事例も現れている。

(1) 役員等の義務と責任

中央青山監査法人（後に名称変更し，みすず監査法人となった）は，【資料Ⅳ-27】で紹介した粉飾決算への加担を理由に，監査先の会社である足利銀行（経営破綻により国有化された）から，損害賠償責任を追及された。足利銀行の事件当時の取締役・監査役も，同行から責任追及を受けた。【資料Ⅳ-28】は，足利銀行と，同行の旧監査役およびみすず監査法人との間で，和解が成立した旨のプレス・リリースである。なお，この和解の 2 か月後には，旧取締役との間でも和解が成立し，旧取締役が違法配当および一部の不正融資に関して責任を認め，損害賠償の支払に同意している（足利銀行平成 19 年 9 月 10 日付ニュースリリース・同行ウェブサイト http://www.ashikagabank.co.jp 参照）。

【資料Ⅳ-28】 役員および会計監査人に対する責任追及

平成 19 年 7 月 2 日

各 位

民事提訴事件の一部和解について

株式会社足利銀行（頭取　池田憲人）は，「平成 13 年 3 月期決算における違法配当事案」にかかる損害賠償請求訴訟において，被告みすず監査法人（旧中央青山監査法人）および旧監査役 4 名との間で，宇都宮地方裁判所の和解勧告に従い，本日下記のとおり和解が成立いたしましたので，お知らせいたします。

記

1. 損害賠償請求訴訟の概要
   提 訴 日　平成 17 年 2 月 4 日，平成 17 年 9 月 16 日
   事 件 名　宇都宮地方裁判所平成 17 年（ワ）第 51，477 号（違法配当事件）
   　　　　　（平成 19 年 1 月 31 日併合）
   被　　告　Y_1，Y_2，Y_3，Y_4，Y_5，Y_6，Y_7（旧取締役），Y_8，Y_9，Y_{10}，Y_{11}（旧監査役）
   　　　　　みすず監査法人（旧中央青山監査法人）
   請求金額　1,135,800,000 円

Ⅳ 機 関

2. 和解の概要
(1) 責任の明確化
　上記被告のうち，被告みすず監査法人においては，同監査法人が会計監査を行い適法の監査意見を表明した弊行の平成13年3月期決算に関し，果たすべき役割を全うするに至らなかった責任を認め，弊行に対し和解金を支払うこととしました。
　また，被告旧監査役4名についても，果たすべき役割を全うするに至らなかった責任を認め，弊行に対し和解金を支払うこととしました。

(2) 和解金額
　みすず監査法人　　　　　2億5,000万円
　旧監査役4名（総額）　　　1,200万円

3. 今後の対応
　本件訴訟のうち，みすず監査法人および旧監査役4名を除く被告にかかるもの，ならびに別件にて提起している個別融資事案に関する訴訟については，宇都宮地方裁判所にて継続して審理が行われており，引き続き預金保険法第116条に基づき，旧経営陣の責任を明確にすべく対応してまいります。

以上

出所：足利銀行ウェブサイト（http://www.ashikagabank.co.jp/news/h19news.html）
（個人被告については仮名とした）

【Question ⑮】

(1) 会社のした違法配当について，監査役や会計監査人が会社に対して責任を負うのは，会社法のどの規定を根拠とするものか（【資料Ⅳ-28】の事件は，会社法施行前に起きた事件だが，会社法下で起きたと仮定して回答しなさい）。

(2) ①計算書類が粉飾されていて実際には分配可能額がないことを知りながら，株主総会に配当議案を提出する取締役会の決議に賛成した取締役の責任は，法令のどの規定に基づいて生じるか。②配当が取締役会決議によって行われた場合（459条1項4号）に，その決議に賛成した取締役の責任については，どうか。

(3) 粉飾によって不当に吊り上げられた価格で株式を購入した投資家は，会社法のどの規定に基づいて，会社の役員や会計監査人の責任を追及できるか。

(2) 株主代表訴訟
(a) **株主代表訴訟とは**　役員等の会社に対する責任の追及を会社に任せた場合には，同僚意識により責任の追及が適切に行われない危険がある。そこで会社法は，株主が会社に代わり，役員等の責任を追及することを認める。これが，株主代表訴訟である（847条）。【資料Ⅳ-29】は，大和銀行ニューヨーク支店における不正取引に関連して，大和銀行の取締役の責任が代表訴訟で追及された事件であり，巨額の賠償責任を認めたこととともに，取締役の内部統制システムの整備義務を初めて認めた裁判例としても注目される（大阪地判平成12年9月20日判時1721号3頁）。

【資料Ⅳ-29】 大和銀行株主代表訴訟

企業統治 役員に重責

大和銀株主代表訴訟 地裁判決

管理義務を前面に
国際標準の体制整備 課題

大和銀行のニューヨーク支店で発覚した巨額損失事件をめぐる株主代表訴訟で、大阪地裁が二十日、現・元取締役ら十一人に総額七億七千五百万ドル（約八百二十九億円）の賠償を命じる判決を言い渡した。代表訴訟では前例のない巨額賠償に、経済界は「個人ではとても支払えない。非常識だ」（経団連）と驚きを隠せない。判決は取締役に自らの不正行為への責任だけでなく、不正行為を防止する体制を敷く責任」も負うことを求めており、幅広い「役員の責任」を認めた。一審判決とはいえ、経営者に従来の通念を上回る義務を課す判決で、日本型企業統治を迫っている。

今回の判決は大和銀行の元・元役員らの明確な法律違反に対する責任だけでなく、社内のリスク管理を怠った点に特徴がある。大企業の株主代表訴訟では総会屋への利益供与や自治体首長らへの贈賄など刑事事件に発展したケースが大半。不正行為に深く関与した取締役の責任が問われてきた。しかし、今回は、不正取引の舞台となったニューヨーク支店だけでなく、日本の…

株主代表訴訟で賠償請求を認めた主な判決と和解

会社名	請求理由	賠償請求額	裁判所 判決・和解時期	内容
日本航空電子工業	関税法・外為法違反	50億円	東京高裁（97年10月）	12億円の賠償命じる地裁判決後、和解（1億円）
高島屋	総会屋への利益供与	1億6000万円	大阪地裁（97年4月）	和解（被告9人が1億7000万円）
野村証券	利益供与、損失補てん	4億3800万円など	東京地裁（98年10月）	和解（6人が連帯で3億8000万円）
大林組	談合による課徴金	2億2902万円	大阪地裁（99年1月）	和解（被告10人が連帯で2000万円）
日立製作所	独禁法違反	2億3200万円	東京地裁（99年12月）	和解（1億円）
第一勧業銀行	総会屋への融資等	12億円	東京地裁（2000年2月）	和解（被告5人合計で1億2700万円）
コスモ証券	「飛ばし」による損失	698億円余	大阪地裁（2000年4月）	和解（被告24人が連帯して1億3000万円）

〔商事法務研究会調べ〕

大和銀行ニューヨーク支店の巨額損失事件 一九九五年九月、同支店の井口俊英・元嘱託行員が米捜査当局に逮捕され、詐欺罪などで起訴された。当初、無罪を主張したが九六年二月、司法取引に応じ、罰金三億四千万ドルを支払った。同行が七月に本人からの告白で事実を把握しながら、速やかに米金融当局に報告しなかったことも判明。井口元嘱託行員がそれまでの十一年間に、米国債の不正取引を約三万回繰り返し、十一億ドルの損失を出したことが発覚した。またこの事件で、同行は米金融当局から全米での業務停止処分を受け、米国から撤退した。

出典：いずれも日本経済新聞2000年9月21日付朝刊3面

【Question ⑯】

(1) 本件で認められた、内部統制システムの整備義務は、現行の会社法では、一定の会社について明文で規定されている。それらの規定を挙げなさい。

(2) 本件は控訴された後、被告49人が総額約2億5千万円を支払うという内容で和解が成立した（「巨額損失事件、大和銀代表訴訟が和解」日本経済新聞2001年12月11日夕刊1面）。一審の認容額と比べ、かなり低い金額で和解が成立したのは、控訴審係属中に大和銀行が株式移転を行い、原告が大和銀行の株主でなくなったことから、当時の商法のもとでは、原告適格喪失により訴えが却下される可能性が生じたためであるといわれる（日本経済新聞2001年12月12日朝刊39面）。①もしも現行の会社法のもとで、代表訴訟の係属中に株式移転があった場合には、原告株主は訴訟を追行（継続）することができるか。②株式移転の後に、代表訴訟が提起された場合はどうなるか。

Ⅳ 機　関

(b) 株主代表訴訟の動向とその重要性　平成5年の商法改正により，代表訴訟は財産上の請求でない請求に係る訴えとみなされたことにより（請求額にかかわらず，原告株主は8200円（当時。現在は1万3000円。民訴8条1項，民訴費4条1項・別表第1第1項参照）の手数料で代表訴訟を提起できることが明確となった。このことに加え，バブル崩壊後に多くの不祥事が発覚したことが要因となって，90年代後半に株主代表訴訟は急増した（【資料Ⅳ-30】）。

【資料Ⅳ-30】　株主代表訴訟の係属件数

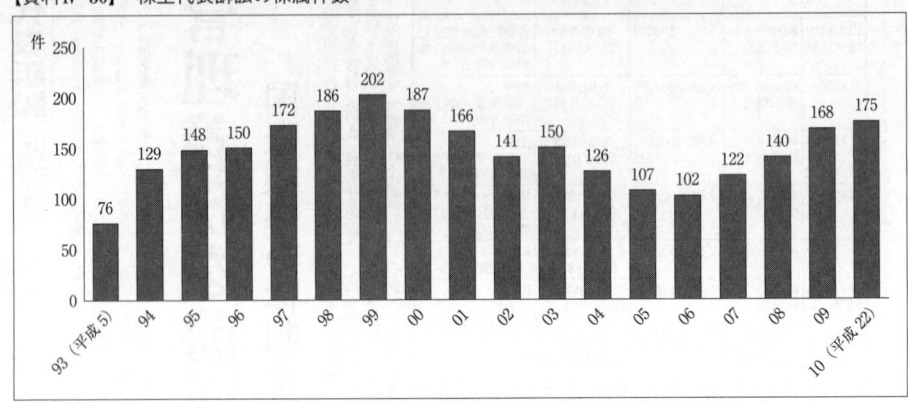

年	件数
93（平成5）	76
94	129
95	148
96	150
97	172
98	186
99	202
00	187
01	166
02	141
03	150
04	126
05	107
06	102
07	122
08	140
09	168
10（平成22）	175

各年末（12月31日）現在の地裁における株主代表訴訟の係属件数。最高裁調べ。
出所：資料版商事法務205号117頁［2001］，商事法務1935号45頁［2011］

もっとも，急増したといっても係属数は全国の地裁を併せて100件台であるし（ちなみに，平成21年の地裁における民事・行政の未済事件総数は394,572件，うち通常訴訟の未済事件数は126,039件である。最高裁判所事務総局編『司法統計年報1 民事・行政編［平成21年度］10頁第4表），役員等が故意に法令違反行為をした場合を除けば，大部分の事件において請求は棄却されている（「主要な株主代表訴訟一覧表」資料版商事法務316号185-197頁［2010］参照）。ただし，代表訴訟の中には，上場会社の役員に対して巨額の賠償責任を肯定したものや，重要な法理の形成につながったものもある（【資料Ⅳ-31】）。さらに，代表訴訟が実際に提起されなくてもその可能性があることが，経営の規律に役立つ可能性もあるから（半面，過度な経営の萎縮につながるという懸念もあるが），代表訴訟の重要性は，件数から想像される以上に大きい。

【資料Ⅳ-31】 主な株主代表訴訟事件

会社名（提訴時期）	請求理由	判決・和解時期	結果
三井鉱山（昭和53年）	子会社を通じた自己株式取得	最高裁（平成5・9・9判決）	取締役6名に各自1億円の賠償を命じる
蛇の目ミシン工業（平成5年）	株式を買い占めた仕手筋に対する利益の供与	最高裁（平成18・4・10判決、平成20・10・2決定［差戻後控訴審判決に対する上告棄却・不受理］）	一・二審で取締役の責任を否定したが最高裁は破棄。差戻審で被告5名に約583億円の賠償を命じる判決が出され、確定
野村證券（平成6年）	顧客に対する損失補填	最高裁（平成12・7・7判決）	責任否定
大和銀行（平成7年）	ニューヨーク支店での不正取引による損失および事件秘匿による罰金の支払	大阪地裁（平成12・9・20判決）、大阪高裁（平成13・12・10和解成立）	一審で被告11名に総額7億7500万ドルの賠償を命じる判決後、高裁で和解（被告49人の総額2億5千万円）
ダスキン（平成15年）	運営するドーナツ店で無認可添加物を販売し、発覚後も公表しなかったことによる損失	大阪高裁（平成18・6・9判決）、最高裁（平成20・2・12決定［上告棄却・不受理］）	代表取締役会長兼社長に5億2805万円、専務取締役に5億5805万円、その余の取締役8名・監査役1名に各自2億1122万円の賠償を命じる
アパマンショップホールディングス（平成18年）	不当に高額での株式買取りによる損失	最高裁（平成22・7・15判決）	高裁で請求一部認容されるも最高裁で破棄、責任否定

出所：「主要な株主代表訴訟事件一覧表」資料版商事法務316号185頁［2010］より

【Work & Practice ⑥】
　【資料Ⅳ-31】で紹介した事件はいずれも、社会の耳目を引きつけ、あるいは重要な法理の形成につながった事件である。教科書・判例集で、どのような事件でどういう判決がされたか、調べてみよう。

(3) 責任制限とD&O保険
(a) 責任制限　大和銀行事件（【資料Ⅳ-29】）で巨額の賠償責任が認められ、株主代表訴訟のリスクが強く認識されたことを契機にして、平成13年商法改正で、役員等の責任制限が認められた（現行会社法の425条～427条）。とりわけ、社外取締役を選任する際には、責任限定契約（427条）を締結することが多い。2010年9月10日現在、東証上場会社の中で、監査役設置会社の社外取締役の71.0%、委員会設置会社の社外取締役の91.2%が、会社との間で責任限定契約を締結している（東京証券取引所『東証上場会社コーポレート・ガバナンス白書2011』24-25頁）。

(b) D&O保険　また、役員等が訴訟（株主代表訴訟に限られない）を提起された場合の争訟費用や、敗訴の場合の損害賠償責任をカバーするための会社役員損害賠償責任保険（Directors' and Officers' Liability Insurance; D&O保険）も普及している（【資料Ⅳ-32】）。

Ⅳ 機　関

【資料Ⅳ-32】　D&O保険約款

出所：東京海上日動火災保険ウェブサイト（抜粋）

【Discussion ⑫】
　実務上，役員が株主代表訴訟で敗訴した場合の争訟費用や損害賠償責任をカバーする保険部分については，その保険料を会社でなく，役員が負担する取扱いがなされている。なぜ，このような取扱いがされているのか。敗訴の場合の損害をカバーする保険部分の保険料を会社が負担することはできるか。
　⇨参考文献：落合誠一編『会社法コンメンタール(8)』［商事法務，2009］155-158頁〔田中亘〕。

Ⅴ 資金調達・計算

1 募集株式の発行等

(1) 株式発行による資金調達方法

株式会社が募集株式の発行等により資金調達を行う際の方法としては，既存の株主にその持株比率に応じて募集株式の割当てを受ける権利を与える株主割当，広く一般から募集株式の引受人を募集する公募，特定の第三者に対して発行する第三者割当ての3つの方法がある。

次の2つの資料は，1955年から2009年にかけての，わが国の上場企業の株式による資金調達の件数と調達金額を，上記の3つの方法ごとにまとめたグラフである（東証要覧2010のデータから作成）。

【資料Ⅴ-1】 上場企業の株式による資金調達の件数

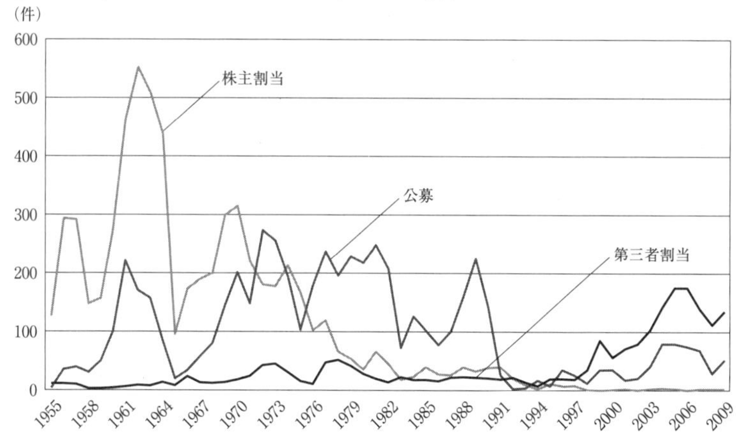

【資料Ⅴ-2】 上場企業の株式による資金調達の額

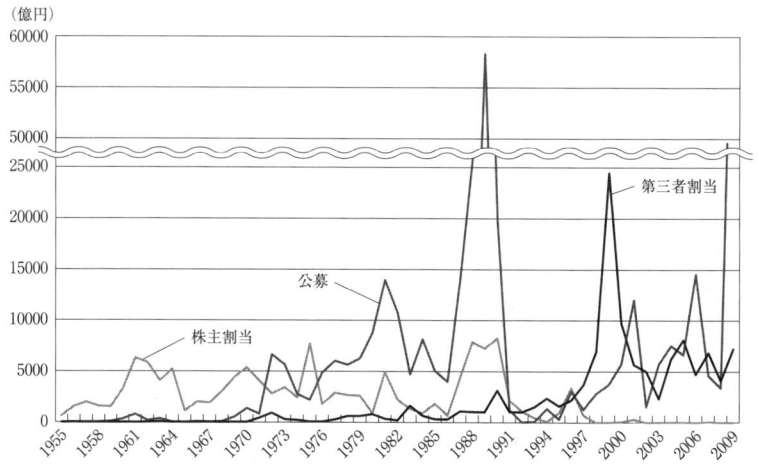

V 資金調達・計算

【Question ①】 上場企業の株式による資金調達の方法の変遷
以上の2つのグラフからは，どのようなことが読み取れるか。

【Discussion ①】 株式による資金調達と資本コスト
株主割当てによる株式の発行が主流であった当時，その発行価額は当該会社の株式の額面額とされるのが一般的であった（株式の額面とは，平成13年改正前商法に存在した制度であり，株式1株について株式の時価とは関係のない一定の金額（額面）を定め，当該金額未満での株式発行を禁じるものであった）。このような株主割当てによる発行が次第に利用されなくなる一方で，1990年代初頭までは公募による株式の発行が主流であった背景には，どのような発想があったと考えられるか。また，そのような発想は妥当なものか。

⇨参考文献：藤田友敬「Law & Economics 会社法(6)——株式会社の企業金融(1)」法学教室264号95頁［2002］

(2) 第三者割当てによる募集株式の発行
(a) 第三者割当てによる募集株式の発行と開示　会社法は，公開会社が取締役会において募集株式の発行を決議した場合，募集事項を通知・公告することを要求しているが（201条3項・4項），各証券取引所は，さらに一定の情報を適時に開示することを要求している。

次の資料は，東京証券取引所による開示要請の根拠規定である。

【資料Ⅴ-3】 第三者割当てに関する事項の開示
▶①東京証券取引所・有価証券上場規程

> （会社情報の開示）
> 第402条　上場会社は，次の各号のいずれかに該当する場合（施行規則で定める基準に該当するものその他の投資者の投資判断に及ぼす影響が軽微なものと当取引所が認めるものを除く。）は，施行規則で定めるところにより，直ちにその内容を開示しなければならない。
> (1) 上場会社の業務執行を決定する機関が，次のaからapまでに掲げる事項のいずれかを行うことについての決定をした場合（当該決定に係る事項を行わないことを決定した場合を含む。）
> 　　a　会社法第199条第1項に規定する株式会社の発行する株式若しくはその処分する自己株式を引き受ける者（協同組織金融機関が発行する優先出資を引き受ける者を含む。）の募集（処分する自己株式を引き受ける者の募集をする場合にあっては，これに相当する外国の法令の規定（上場外国会社である場合に限る。以下同じ。）によるものを含む。）若しくは同法第238条第1項に規定する募集新株予約権を引き受ける者の募集（処分する自己新株予約権を引き受ける者の募集を含む。）又は株式若しくは新株予約権の売出し
> 　　b　以下略

▶②東京証券取引所・有価証券上場規程施行規則

> （会社情報の開示の取扱い）
> 第402条の2　規程第402条，規程第403条及び規程第407条の規定に基づき開示すべき内容は，原則として，次の各号に掲げる内容とする。
> (1) 規程第402条第1号，規程第403条第1号及び規程第407条第2項に定める事項（以下この項において「決定事実」という。）を決定した理由又は規程第402条第2号，規程第403条第2号及び規程第407条に定める事実（以下この項において「発生事実」という。）が発生した経緯
> (2) 決定事実又は発生事実の概要
> (3) 決定事実又は発生事実に関する今後の見通し
> (4) その他当取引所が投資判断上重要と認める事項
> 2　規程第402条第1号aに該当する場合で，第三者割当による募集株式等の割当てを行うときの開示は，次の各号に掲げる内容を含めるものとする。
> (1) 割当てを受ける者の払込みに要する財産の存在について確認した内容
> (2) 次のa及びbに掲げる事項（bに掲げる事項については，当取引所が必要と認める場合に限る。）

> a 払込金額の算定根拠及びその具体的な内容
> b 払込金額が割当てを受ける者に特に有利でないことに係る適法性に関する監査役又は監査委員会の意見等
> (3) 規程第432条に定めるところにより同条各号に掲げるいずれかの手続を行う場合は，その内容（同条ただし書の規定の適用を受ける場合は，その理由）

▶③東京証券取引所「MSCB等の発行及び開示並びに第三者割当増資等の開示に関する実務上の留意事項」（平成19年6月25日）

> 留意事項 (3)
>> 上場会社は，第三者割当により株式，新株予約権又は新株予約権付社債（MSCB等を除く。）の発行を行う際には，当該資金調達方法を選択した理由，調達する資金の使途，発行条件の合理性等について，わかりやすく具体的な説明を行うこと。
>
> ・上場会社は，第三者割当により株式，新株予約権又は新株予約権付社債（MSCB等を除く。）の発行を行う際には，株式の希薄化が生じるものであることから，第三者割当による資金調達を行うことによる企業価値の向上について十分な説明を行うことが重要と考えられます。そのため，募集の目的，資金調達方法として第三者割当による株式等の発行により資金調達を選択することとした理由，調達する資金の額及び使途，最近3年間の業績及びエクイティ・ファイナンスの状況，発行条件の合理性並びに割当先の選定理由等について，わかりやすく具体的な説明を行うことが求められます。
> ・第三者割当増資等を行う場合の開示事項等の詳細については，別添「MSCB等の発行及び第三者割当増資等に係る適時開示実務上の取扱い」を参照してください。

【Question ②】証券取引所の有価証券上場規程による適時開示

(1) 証券取引所の有価証券上場規程の上場企業に対する拘束力は，何に基づいて生じるのか。
(2) 会社法に基づく募集株式の発行等に伴う通知・公告の内容と，上記の資料における開示の内容とは，どのように異なっているか。

【Discussion ②】 証券取引所による開示と金融商品取引法による開示の意義

(1) 会社法による開示に加えて，証券取引所が上記のような開示を求めているのは，どのような考慮に基づくものだと考えられるか。
　⇨参考文献：東京証券取引所上場制度整備懇談会「安心して投資できる市場環境等の整備に向けて」[2009年]
(2) これらの情報は，金融商品取引法に基づく開示においても要求されている。証券取引所の要請による開示と，金融商品取引法に基づく開示とでは，何が異なるのだろうか。
　⇨参考文献：谷口義幸＝宮下央＝小田望未「第三者割当てに係る開示の充実等のための内閣府令等の改正」商事法務1888号4頁[2010]
　　山下友信＝神田秀樹『金融商品取引法概説』第6章[有斐閣，2010]

次の資料は，大阪証券取引所のJASDAQ市場にその発行する株式を上場している株式会社ジャパン・ティッシュ・エンジニアリングが行った第三者割当てによる募集株式の発行に関する，同取引所の【資料Ⅴ-3】と同様の規程に基づいて出されたプレス・リリース（2010年8月30日付）の抜粋である。

Ⅴ　資金調達・計算

【資料Ⅴ-4】　株式会社ジャパン・ティッシュ・エンジニアリング第三者割当てプレス・リリース

J·TEC

平成22年8月30日

各位

会　社　名　株式会社ジャパン・ティッシュ・エンジニアリング
代表者氏名　代表取締役社長　小　澤　洋　介
（コード番号：7774NEO）
本店所在地　　　　　　（略）
問合せ先　　　　　　　（略）
電話番号　　　　　　　（略）

第三者割当による新株式発行並びに
主要株主である筆頭株主及びその他の関係会社の異動に関するお知らせ

　当社は，平成22年8月30日開催の当社取締役会において，下記のとおり第三者割当による新株式の発行（以下「本件第三者割当」といいます。）を決議いたしましたので，お知らせいたします。なお，本件第三者割当は平成22年10月28日開催予定の当社臨時株主総会の付議議案として付議し，株主の皆様から承認・可決されることを条件といたします。

　また，本件第三者割当に伴い，当社の主要株主である筆頭株主及びその他の関係会社に異動が生じる見込みとなったため，併せてお知らせいたします。

記

Ⅰ．第三者割当による新株式発行について
1．募集の概要

(1) 発　行　期　日	平成22年10月29日
(2) 発 行 新 株 式 数	当社普通株式 75,500株
(3) 発　行　価　額	1株につき 53,000円
(4) 発行価額の総額	4,001,500,000円
(5) 資 本 組 入 額	1株につき 26,500円
(6) 資本組入額の総額	2,000,750,000円
(7) 募集又は割当方法 （割当先）	第三者割当の方法によります 　富士フイルム株式会社 75,500株
(8) そ　　の　　他	上記各号については，当社臨時株主総会（平成22年10月28日開催予定）において，本件第三者割当に関する議案が承認されること及び金融商品取引法による届出の効力発生を条件とします

2．募集の目的および理由

　当社は，医療の質的変化をもたらすティッシュエンジニアリング（組織工学：生きた細胞を使って，本来の機能をできるだけ保持した組織・臓器を人工的に作り出す技術）をベースとし，薬事法が適用される「再生医療製品事業」と，薬事法が適用されない「研究開発支援事業」を行っております。再生医療製品事業としては，現在，自家培養表皮（製品名ジェイス），自家培養軟骨，自家培養角膜上皮の3つの製品の開発を進めております。自家培養表皮ジェイスにつきましては，我が国初の再生医療製品として平成21年1月より保険適用を受け上市いたしました。ジェイスは，保険算定に関する留意事項として算定限度や施設基準等が付与されていますが，徐々に販売実績を積み重ねています。平成23年3月期は，平成22年4月1日の診療報酬改定により，保険算定に関する留意事項の施設基準が緩和されたことを受け，対象施設が大幅に増加いたしました。自家培養軟骨は，障害を受けた膝関節軟骨の補綴（ほてつ）・修復及び関節機能の改善を目的として，平成21年8月に製造販売承認申請を厚生労働省に行いました。自家培養角膜上皮は，平成19年5月に治験前の確認申請を厚生労働省に提出いたしました。研究開発支援事業としては，平成17年4月より研究用ヒト培養組織ラボサイトシリーズの製造販売を行っております。

　平成22年3月期におきまして当社は，売上高211百万円，経常損失1,096百万円，当期純損失1,099百万円を計上し，期末現金及び預金残高は1,475百万円となりました。当社は，平成22年5月14日発表の「マイルストーン開示に係る事業計画について（平成23年3月期～平成25年3月期）」（以下，「マイルストーン

開示に係る事業計画」といいます。）におきまして損失計上を予定しております。また，当社が現在抱える課題として，ジェイスが重症熱傷の治療を目的とすることから市場規模が限定的であることや，受注後の患者死亡が多く発生するなどが挙げられます。また，将来のリスクとして，自家培養軟骨の承認時期，適応症，保険収載の有無および収載価格等が現時点では不明であり，当社の想定どおり進まない可能性を否定できないことが考えられます。

このように再生医療製品事業が薬事承認を必要とする時間軸の長い事業であることを鑑み，当社は自己資本の充実による財務基盤の強化が重要であると考え，多様な資金調達手段を検討してまいりました。調達手段のうち公募増資に関しては，調達が一時に可能となる一方，株価に対しての直接的な影響が大きく，また当社が期待する事業シナジーが得られないと考えられること，新株予約権や新株予約権付社債に関しては，株式に転換されない限り資本が増強されないこと，また銀行借入れに関しては，当社の信用力から今後さらに多額の調達をすることは難しいことなどが課題として挙げられました。当社はこれらの諸要素を総合的に判断した結果，今後の事業の進捗において必要とされる資金需要を充足し事業シナジーを発揮するため，迅速且つ確実な手段として第三者割当による資金調達が現時点では最良の選択であると判断いたしました。

本年3月に実施いたしました第三者割当は，既報のとおりジェイスの製造販売後臨床試験費用および本社棟培養施設等に充当することを目的としたものです。一方，本件第三者割当は当社財務基盤を強化し，さらに安定した経営基盤を構築することにより，今後事業を拡大させることを目的としています。

3．調達する資金の額，使途および支出予定時期
(1) 調達する資金の額（差引手取概算額）

調達資金の総額（円）	発行諸費用の概算額（円）	差引手取概算額（円）
4,001,500,000	255,000	3,976,000,00

(注) 1　発行諸費用の概算額には，消費税等は含まれておりません。
　　 2　発行諸費用に含まれる主なものは，登録免許税，株主総会関連費用，弁護士費用です。

(2) 調達する資金の具体的な使途

具体的な使途	金額（百万円）	支出予定時期
運転資金 (内訳) 　①人件費 　②借入金約定返済 　③その他 （水道光熱費，委託試験費等）	3,976 2,030 915 1,031	平成22年11月～平成25年3月

(注) 平成22年11月より必要に応じて随時支出する予定であり，支出時期までの資金管理につきましては，銀行預金等の安定的な金融資産で運用する予定であります。

4．調達する資金使途の合理性に関する考え方
前述2（募集の目的および理由）に記載のとおり，当該資金は当社財務基盤を強化し，さらに安定した経営基盤を構築することにより，今後の事業拡大および企業価値向上に寄与するものであり，合理性があるものと判断しております。

5．発行条件等の合理性
(1) 払込金額の算定根拠およびその具体的内容
払込金額は，本件第三者割当に係る取締役会決議日の直前営業日までの直近3か月間（平成22年5月31日から平成22年8月27日まで）に株式会社大阪証券取引所が公表した当社普通株式の普通取引の最終価格の平均の額57,452円にディスカウント率7%を乗じ，1株につき53,000円（千円未満切捨て）と決定いたしました。
直前営業日の終値54,500円を算定基礎として適用しなかったのは，当社株式の流動性が低く，少額の取引高でも株価が大きく変動しやすいことから，特定の一時点を参考にするよりも一定期間の平均値を参考とするのが算定根拠として客観性が高く合理的であると判断したためです。次に1か月の平均値（55,538円）を適用しなかったのは，当社が平成22年7月30日に発表した平成23年3月期第1四半期決算発表の内容が，当社株式のボラティリティの高さから必ずしも適正に反映されているとは言い切れない可能性があると判断したためです。6か月の平均値（61,217円）を適用しなかったのは，平成22年4月30日に発表した平成22年3月期の決算内容が反映される以前の株価がその算定に大きく影響を及ぼしており（算定期間の3分の1に相当），当社の現状と乖離している可能性があるためです。また，マイルストーン開示に係る事業計画の発表が平成22年5月14日であり，株式会社大阪証券取引所 JASDAQ NEO 市場に属する当社の成長性の検討が十分にできない期間（算定期間の12分の5に相当）を含んでおり，基準とするのは適切でないと判断いたしました。結果といたしまして3か月の平均値（57,452円）を算定期間として適用いたしましたのは，一定期間の平均株価という平準化された値を基準とすることが算定根拠として客観性が高く合理的であるとともに，6か月の平均値の場合のように適切ではないと考えられる期間を算入せず，しかも決算発表の内容及びマイルストーン開示に係る事業計画の内容が反映されており，1か月平均の場合のようなボラティリティの高さをも平準化する

Ⅴ 資金調達・計算

ものであると判断したためです。
　今回の払込金額に係るディスカウント率は，直前営業日2.8%，1か月平均4.6%，3か月平均7.7%，6か月平均13.4%となります。6か月平均のディスカウント率は13.4%となるものの，前述のとおり6か月平均を算定根拠とすることは，当社の現状と乖離している可能性が高いものと判断しております。ディスカウント率を7%といたしましたのは，当社を取り巻く事業環境，最近の業績，割当株式数等を総合的に勘案し，割当先との間における独立した交渉を経て決定いたしました。今回当社の株式発行に関し，前述のとおり適切ではないと判断しています算定期間6か月平均の場合を除き，その他の場合のディスカウント率は全て10%未満となっており，いわゆる有利発行には該当しないものと判断しております。従いまして当社は，上記払込金額の算定根拠につきましては，日本証券業協会の「第三者割当増資等の取扱いに関する指針」に準拠するものと考えております。
　上記払込金額の決定にあたっては，富士フイルム株式会社（以下「富士フイルム」といいます。）の従業員（富山化学工業株式会社へ出向中）を兼務する監査役1名を除き，本件第三者割当に関する取締役会に出席した監査役2名（いずれも社外監査役）からは，富士フイルムとの交渉経緯は適時に説明を受けており，払込金額の算定根拠とその内容について説明を受けた上で，当社を取り巻く事業環境，最近の業績，割当株式数，当社株式のボラティリティ等を総合的に判断し3か月平均としたことは適切であり，ディスカウント率も7%としていることから，払込金額が割当先に特に有利でない旨の意見を得ております。

(2) 発行数量および株式の希薄化の規模が合理的であると判断した根拠
　現在の発行済株式総数は107,301株であり，総議決権数は107,301個であります。本件第三者割当による新規発行株式数は75,500株であり，これは現在の総議決権数の70.3%に相当いたします。しかしながら，本件第三者割当により調達された資金を株主資本に充当することにより，自己資本の充実が見込まれることから，本件第三者割当は，当社の財務基盤を安定させるとともに，今後の事業拡大および企業価値向上に寄与するものと考えられ，中長期的な観点からは当社の既存株主の皆様の利益に資するものと考えております。資金調達を迅速かつ確実に実行するためにも第三者割当の方法が最適であり，当該規模の株式の希薄化は，合理的な水準であると判断いたしました。

6. 割当先の選定理由等
(1) 割当先の概要（平成22年3月31日現在）

① 商　　　　号	富士フイルム株式会社	
② 本店所在地	東京都港区西麻布二丁目26番30号	
③ 代表者の役職・氏名	代表取締役社長　古森　重隆	
④ 事業内容	イメージングソリューション（カラーフィルム，デジタルカメラ，フォトフィニッシング機器，現像プリント用のカラーペーパー，薬品・サービス等），インフォメーションソリューション（メディカルシステム・ライフサイエンス機材，グラフィックシステム機材，フラットパネルディスプレイ材料，記録メディア，光学デバイス，電子材料，インクジェット用材料等）の開発，製造，販売，サービス	
（略）		
⑬ 当社との関係等	資本関係	該当事項はありません
	取引関係	該当事項はありません
	人的関係	当社の社外監査役のうち1名が割当先の従業員（富山化学工業株式会社へ出向中）を兼務しております
	関連当事者への該当状況	該当事項はありません
（略）		

　なお，割当先，当該割当先の役員又は主要株主（主な出資者）が暴力団等とは一切関係がないことを確認しており，その旨の確認書を株式会社大阪証券取引所（以下「大阪証券取引所」といいます。）に提出しています。

(2) 割当先を選定した理由
　当社は，平成22年3月期初頭より，資本参画に加え，事業シナジーを得られること，既存株主の利益に反しないことを前提に，財務基盤の強化と経営の安定化を目指し，数社と資本提携並びに業務提携の可能性を模索してまいりました。その中で，平成21年5月より当社株主である富山化学工業株式会社（以下「富山化学工業」といいます。）が富士フイルムの兄弟会社であることから，富士フイルムを有力な候補先の一つとして協議を進めてまいりました。
　当社が第三者割当の割当先に富士フイルムを選定した理由は，当該割当先が「医療・ライフサイエンス事業」を今後主要となる事業の一つとして位置付けていること，また当社の課題である財務基盤の強化を図るために必要な資本支援が可能である点などを総合的に勘案し決定いたしました。富士フイルムは，医療用デジタルX線画像診断システム，内視鏡システム，高機能性材料などを中心に実績と知見を有し，平成20年には当

社株主でもあります富山化学工業をグループ会社化し，医療・ライフサイエンス分野に進出するとともに積極的に設備投資・研究開発を進めています。当社は，富士フイルムが本件により資本参画することだけでなく，研究開発や事業においても協働することにより，今後，当社が企業理念として掲げる「再生医療の産業化」に向けてシナジーを発揮することができるものと判断いたしました。

(3) 割当先の保有方針

当社は割当先から，今回の当社株式の取得は，中長期の保有方針である旨の説明を受けております。なお，当社は割当先に対して，払込期日から2年以内に割当株式の全部又は一部を譲渡する場合には，譲渡を受ける者の氏名又は名称および譲渡株式数等の内容を直ちに当社へ書面により報告すること，当社が当該報告内容を大阪証券取引所に報告すること，並びに当該報告内容が公衆縦覧に供されることに同意することにつき，確約書を締結する予定です。

(4) 割当先の払込みに要する財産の存在について確認した内容

本件第三者割当による新株式発行の払い込みに要する資金につきましては，割当先の直近の財務諸表により総資産額，純資産額等の状況を把握した上で，割当先に対し資金の調達手段，保有状況と今後の見込み，及びその確実性等につきヒアリングを実施するとともに銀行預金残高書類を確認した結果，払込に必要な自己資金を保有しており問題がないと判断しております。

7. 募集後の大株主および持株比率

8. 今後の見通し

本件第三者割当は，当社の財務基盤を強化し，さらに安定した経営基盤を構築することで事業の進捗を予定通り進めることを目的としたものです。従いまして，本件第三者割当が，今期業績予想及びマイルストーン開示に係る事業計画に与える影響は軽微であると考えております。今後業績への影響が判明した場合には，速やかに開示いたします。

(企業行動規範上の手続き)

本件第三者割当により割り当てられる株式に係る議決権の数（当社普通株式75,500株に係る議決権75,500個）に，本届出書の提出日前6か月以内である平成22年3月1日に行なわれた第三者割当により割り当てられた株式等に係る議決権の数（当社普通株式6,000株に係る議決権6,000個，以下「加算議決権数」といいます。）を加えた数を，本届出書提出日現在の当社の総株主の議決権数（107,301個）から加算議決権数6,000個を控除した数（101,301個）で除した数は，0.804となるため，本件第三者割当は「企業内容等の開示に関する内閣府令第2号様式記載上の注意（23-6）」に規定する大規模な第三者割当増資に該当します。

募集前（平成22年3月31日）		募集後	
株式会社ニデック	19.70%	富士フイルム株式会社	41.30%
富山化学工業株式会社	7.73%	株式会社ニデック	11.56%
株式会社INAX	4.19%	富山化学工業株式会社	4.54%
三菱UFJキャピタル株式会社	4.05%	株式会社INAX	2.46%
ジャフコ・バイオテクノロジー1号投資事業有限責任組合	1.88%	三菱UFJキャピタル株式会社	2.38%
中部飼料株式会社	1.86%	ジャフコ・バイオテクノロジー1号投資事業有限責任組合	1.10%
前田陽子	1.49%	中部飼料株式会社	1.09%
三井住友海上火災保険株式会社	1.40%	前田陽子	0.88%
ガステックサービス株式会社	1.40%	三井住友海上火災保険株式会社	0.82%
小澤洋介	1.12%	ガステックサービス株式会社	0.82%

(注) 1 平成22年3月31日現在の株主名簿を基準として記載しております。
2 割当後の所有株式数および割当後の総議決権数に対する所有議決権数の割合は，平成22年3月31日現在の発行済株式総数に，本件第三者割当による新株式発行により増加する株式数（75,500株）を加えて算出した数値です。

上記のとおり本件第三者割当増資は大規模な第三者割当増資となることから，大阪証券取引所の定める「JASDAQ等における企業行動規範に関する規則の特例」第2条に定める独立第三者からの意見入手又は株主の意思確認手続きが必要となります。既存株主の皆様に大きな影響が生じることに鑑み，特に有利な金額で発行するものではありませんが，本件第三者割当の必要性および相当性について株主の皆様に説明をし，株主の皆様のご承認を得るべく，当社は，上記の希薄化を伴う本件第三者割当について，平成22年10月28日開催予定の臨時株主総会に普通決議事項として諮ることにより株主の意思確認を行います。

Ⅴ　資金調達・計算

（以下略）

【Question ③】適時開示の内容

【資料Ⅴ-4】のプレス・リリースにおいて，【資料Ⅴ-3】の諸規程が開示を求めている各事項について，どのような開示がなされているか，確認しなさい。

（b）**株式の発行価格の決定**　会社法は，公開会社においても，払込金額が募集株式を引き受ける者に特に有利な金額である場合（有利発行）には，募集事項を株主総会の特別決議により決定しなければならないものと定めている（201条1項・199条3項・309条2項5号）。【資料Ⅴ-4】の事案を含め，上場企業による募集株式の発行が有利発行に該当するか否かの判断に際しては，次の資料に掲げる日本証券業協会の「第三者割当増資等の取扱いに関する指針」が参照されることが多い。

【資料Ⅴ-5】　日本証券業協会「第三者割当増資等の取扱いに関する指針」

> 1. 会員は，上場銘柄の発行会社（外国会社を除く。）が我が国において第三者割当（企業内容等の開示に関する内閣府令第19条第2項第1号ヲに規定する方法をいう。）により株式の発行（自己株式の処分を含む。以下同じ。）を行う場合には，当該発行会社に対して，次に定める内容に沿って行われるよう要請する。
> 　(1)　払込金額は，株式の発行に係る取締役会決議の直前日の価額（直前日における売買がない場合は，当該直前日からさかのぼった直近日の価額）に0.9を乗じた額以上の価額であること。ただし，直近日又は直前日までの価額又は売買高の状況等を勘案し，当該決議の日から払込金額を決定するために適当な期間（最長6か月）をさかのぼった日から当該決議の直前日までの間の平均の価額に0.9を乗じた額以上の価額とすることができる。
> 　(2)　株式の発行が会社法に基づき株主総会の特別決議を経て行われる場合は，本指針の適用は受けない。
> 2. 会員は，1.(1)のただし書により払込金額が決定されるときには，発行会社に対し，株式の発行に係る取締役会決議の直前日の価額を勘案しない理由及び払込金額を決定するための期間を採用した理由を適切に開示するよう要請する。

【Question ④】日本証券業協会の「指針」の位置づけ

この指針は，誰が誰に対して，何を要求したものだろうか。【資料Ⅴ-4】の事案に直接適用されるだろうか。【資料Ⅴ-4】の事案で，この指針が参照されているのは，なぜだろうか。

【Discussion ③】有利発行該当性の判断

【資料Ⅴ-4】の事案では，当該第三者割当てによる募集株式の発行が有利発行に該当するか否かについて，どのような判断がなされているか。それはどのように評価できるか。

（c）**大規模な第三者割当て** 会社法は，公開会社においては，有利発行に該当しない限り，会社は取締役会決議のみで第三者割当てによる募集株式の発行等を行いうるものとしている（201条・199条）。

しかし，東京証券取引所は，次の資料のような規程により，2009年8月から，発行済株式の議決権の総数の25％に相当する議決権を有する株式の第三者割当てによる発行については，会社法上の手続に加えて，経営者から一定程度独立した者による意見の入手や株主の意思確認を行うことを要求している。

【資料Ⅴ-6】 大規模な第三者割当ての場合に必要とされる手続
▶①東京証券取引所・有価証券上場規程

（第三者割当に係る遵守事項）
第432条　上場会社は，第三者割当による募集株式等の割当てを行う場合（施行規則で定める議決権の比率が25％以上となる場合に限る。）又は当該割当て及び当該割当てに係る募集株式等の転換又は行使により支配株主が異動する見込みがある場合は，次の各号に掲げる手続のいずれかを行うものとする。ただし，当該割当ての緊急性が極めて高いものとして施行規則で定める場合はこの限りでない。
(1)　経営者から一定程度独立した者による当該割当ての必要性及び相当性に関する意見の入手
(2)　当該割当てに係る株主総会決議などによる株主の意思確認

▶②東京証券取引所・有価証券上場規程施行規則

（第三者割当に係る遵守事項の取扱い）
第435条の2　規程第432条に規定する施行規則で定める議決権の比率とは，次の算式により算出した値をいう。
算式
　（A÷B）×100（％）
算式の符号
　A　当該第三者割当により割り当てられる募集株式等に係る議決権の数（当該募集株式等の転換又は行使により交付される株式に係る議決権の数を含む。）
　B　当該第三者割当に係る募集事項の決定前における発行済株式に係る議決権の総数
2　前項の規定にかかわらず，当該第三者割当の払込金額の算定方法及び割当ての態様等を勘案して当取引所が前項に定める算式により算出した値によることが適当でないと認めた場合の規程第432条に規定する施行規則で定める議決権の比率については，当取引所がその都度定めるところによるものとする。
3　規程第432条に規定する当該割当ての緊急性が極めて高いものとして施行規則で定める場合とは，資金繰りが急速に悪化していることなどにより同条各号に掲げる手続のいずれも行うことが困難であると当取引所が認めた場合をいう。

【Discussion④】大規模な第三者割当てに対する規制の意義

この証券取引所による規制は，どのような観点から課せられているのだろうか。また，このような規制をかけることに弊害はないだろうか。【資料Ⅴ-6】の規程は，考えられる弊害にどのように対処していると考えられるか。

　　　⇨参考文献：東京証券取引所上場制度整備懇談会「安心して投資できる市場環境等の整備に向けて」［2009］

V　資金調達・計算

　この制度の導入後に東京証券取引所上場企業により行われた第三者割当てによる募集株式の発行等の分布は，【資料V-7】のようになっている。また，この規制に応じてとられている手続は【資料V-8】のようになっている。

【資料V-7】　第三者割当ての希薄化率の分布状況の比較

希薄化率25％以上の第三者割当の占める割合は40.5％から28.4％に減少し，希薄化率25％未満の第三者割当の占める割合は，59.5％から71.6％に増加

希薄化率25％以上100％未満の事例の占める割当は，32.8％から15.6％に減少

希薄化率100％以上の事例の占める割当は，7.8％から，12.8％に増加

希薄化率	0%〜25%	25%〜50%	50%〜75%	75%〜100%	100%〜125%	125%〜150%	150%〜175%	175%〜200%	200%〜
制度改正前	59.5%	21.6%	7.8%	3.4%	2.6%	0.9%	0.9%	0.0%	3.4%
制度改正後	71.6%	7.1%	5.7%	2.8%	4.3%	2.1%	1.4%	0.7%	4.3%

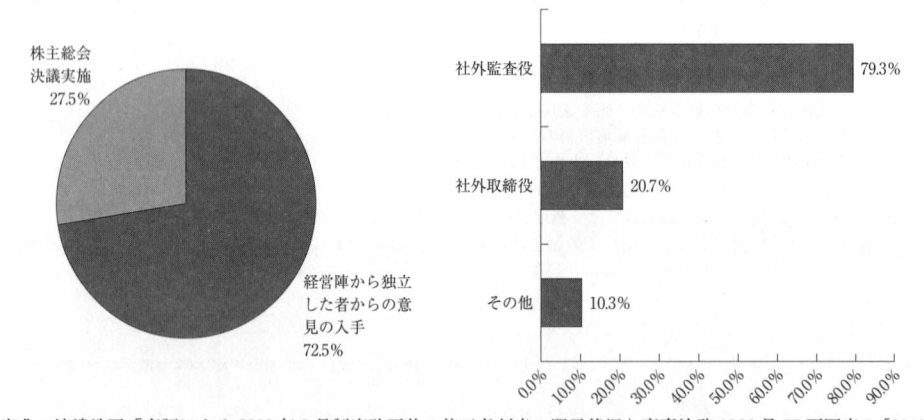

出典：渡邉浩司「東証による2009年8月制度改正後の第三者割当の開示状況」商事法務1906号75頁図表2［2010］

【資料V-8】　大規模な第三者割当てについて実施された手続の内容および意見の入手先

株主総会決議実施　27.5％
経営陣から独立した者からの意見の入手　72.5％

社外監査役　79.3％
社外取締役　20.7％
その他　10.3％

出典：渡邉浩司「東証による2009年8月制度改正後の第三者割当の開示状況」商事法務1906号77頁図表5［2010］

【Question⑤】大規模な第三者割当てについて実施された手続
　大阪証券取引所においても，【資料V-6】と同様の規定が設けられており，【資料V-4】の事案にも適用されている。当該事案では，これに基づいて，どのような手続が採られているか。

【Discussion⑤】大規模な第三者割当てに対する規制の実効性
　【資料V-6】の規程を設けた証券取引所の目的は，十分に実現されていると評価できるだろうか。【資料V-7】および【資料V-8】も踏まえて検討しなさい。

なお，東京証券取引所は，次の資料のように，発行済株式の議決権の総数の300％を超える議決権を有する株式を第三者割当てにより発行することが決定された場合には，原則として当該会社の株式を上場廃止とすることも定めている。

【資料Ⅴ-9】 大規模な第三者割当てと上場廃止
▶①東京証券取引所・有価証券上場規程

>（上場内国会社の上場廃止基準）
>第601条　本則市場の上場内国株券等が次の各号のいずれかに該当する場合には，その上場を廃止するものとする。この場合における当該各号の取扱いは施行規則で定める。
>（中略）
>(9)の2　支配株主との取引の健全性の毀損
>　　第三者割当により支配株主が異動した場合において，3年以内に支配株主との取引に関する健全性が著しく毀損されていると取引所が認めるとき
>（中略）
>(17)　株主の権利の不当な制限
>　　株主の権利内容及びその行使が不当に制限されているとして施行規則で定める場合
>（以下略）

▶②東京証券取引所・有価証券上場規程施行規則

>（上場内国会社の上場廃止基準の取扱い）
>第601条
>（中略）
>13　規程第601条第1項第17号に規定する施行規則で定める場合とは，上場会社が次の各号のいずれかに掲げる行為を行っていると当取引所が認めた場合その他株主の権利内容及びその行使が不当に制限されていると当取引所が認めた場合をいう。
>（中略）
>(6)　第435条の2に規定する議決権の比率が300％を超える第三者割当に係る決議又は決定。ただし，株主及び投資者の利益を侵害するおそれが少ないと当取引所が認める場合は，この限りでない。
>（以下略）

【Discussion ⑥】大規模な第三者割当てと上場廃止
　この証券取引所による規制は，どのような観点から課せられているのだろうか。そもそも，公開会社の発行可能株式総数に関する規律を前提とした場合，この規制に違反した募集株式の発行等が可能となるのはどのような場合であろうか。また，この規制に違反した場合の効果を考慮した場合，この規制は実効的に運用されると考えられるであろうか。
　　⇨参考文献：東京証券取引所上場制度整備懇談会「安心して投資できる市場環境等の整備に向けて」[2009]

V 資金調達・計算

2 新株予約権付社債の発行

次の資料は、イオン株式会社による、転換社債型新株予約権付社債の発行に関するプレスリリース（平成21年11月10日付）の抜粋である（このプレスリリースも、【資料V-3】の東京証券取引所・有価証券上場規程402条により要請されているものである。240条2項3項・238条1項各号も参照）。

【資料V-10】 イオン転換社債型新株予約権付社債プレスリリース

平成21年11月10日
イオン株式会社

転換社債型新株予約権付社債発行に関するお知らせ

平成21年11月10日（火）付で当社代表執行役社長が、第6回無担保転換社債型新株予約権付社債及び第7回無担保転換社債型新株予約権付社債の発行に関し、下記の通り決定いたしましたので、その概要につきお知らせいたします。

なお、本新株予約権付社債の募集につきましては、払込金額（各社債の金額100円につき金100円）と異なる価格（発行価格、各社債の金額100円につき金102.5円）で一般募集を行います。
（中略）

1. 社債の名称　　　　　　　　　イオン株式会社120％コールオプション条項付第6回無担保転換社債型新株予約権付社債（転換社債型新株予約権付社債間限定同順位特約付）（以下「本新株予約権付社債」といい、そのうち社債のみを「本社債」、新株予約権のみを「本新株予約権」という。）
2. 社債総額　　　　　　　　　　金500億円
3. 各社債の金額　　　　　　　　金100万円
　（中略）
6. 社債の利率　　　　　　　　　本社債には利息を付さない。
7. 社債の払込金額（発行価額）　各社債の金額100円につき金100円
8. 社債の発行価格　　　　　　　各社債の金額100円につき金102.5円
9. 社債の償還価額　　　　　　　各社債の金額100円につき金100円
　　　　　　　　　　　　　　　　ただし、繰上償還する場合は第12項第(2)号乃至第(4)号に定める金額による。
10. 担保・保証の有無
　　本新株予約権付社債には担保および保証は付されておらず、また本新株予約権付社債のために特に留保されている資産はない。
11. 社債管理者
　　(1) 社債管理者の名称
　　　　株式会社みずほコーポレート銀行
　　(2) 債権者の異議手続における社債管理者の権限
　　　　会社法第740条第2項本文の定めにかかわらず社債管理者は、同条第1項に掲げる債権者保護手続において、社債権者集会の決議によらずに本社債権者のために異議を述べることは行わない。
　　(3) 社債管理者の辞任
　　　　①社債管理者は、以下に定める場合その他正当な事由がある場合は、社債管理者の事務を承継する者を定めて辞任することができる。
　　　　　　（イ）社債管理者と本社債権者との間で利益が相反するまたは利益が相反するおそれがある場合。
（中略）
12. 社債の償還の方法および期限
　　(1) 本社債の元金は、平成24年11月22日にその総額を償還する。ただし、繰上償還に関しては本項第(2)号乃至第(4)号に、買入消却に関しては本項第(6)号に定めるところによる。
　（中略）
　　(4) 120％コールオプション条項
　　　　①当社は、株式会社東京証券取引所における当社普通株式の普通取引の終値がある20連続取引日（「取引日」とは、株式会社東京証券取引所において当社普通株式の普通取引が行われる日をいう。

2 新株予約権付社債の発行

以下同じ。）にわたり，各取引日における当該終値が当該取引日に適用のある転換価額の 120 パーセント以上であった場合，平成 24 年 1 月 4 日以降，当該 20 連続取引日の最終日から 15 日以内に必要事項を公告した上で，当該公告において指定した償還日（かかる償還日は，当該公告の日から 30 日目以降 60 日目までのいずれかの日とする。）に，残存する本社債の全部（一部は不可）を，各社債の金額 100 円につき金 100 円で繰上償還することができる。
（中略）

13. 本新株予約権に関する事項
    (1) 本社債に付された本新株予約権の数
        各本社債に付された本新株予約権の数は 1 個とし，合計 50,000 個の本新株予約権を発行する。
    (2) 各新株予約権の払込金額
        本新株予約権を引き受ける者は，本新株予約権と引換えに金銭の払込みを要しないものとする。
    (3) 本新株予約権の目的である株式の種類およびその数の算定方法
        本新株予約権の目的である株式の種類は当社普通株式とし，その行使請求により当社が交付する当社普通株式の数は，行使請求に係る本新株予約権が付された本社債の金額の合計額を当該行使請求日に適用のある転換価額で除して得られる数とする。この場合に 1 株未満の端数を生じたときはこれを切り捨て，現金による調整は行わない。
    (4) 本新株予約権を行使することができる期間
        本新株予約権付社債の新株予約権者（以下「本新株予約権者」という。）は，平成 22 年 1 月 4 日から平成 24 年 11 月 20 日までの間，いつでも，本新株予約権を行使し，当社に対して本項第(3)号に定める当社普通株式の交付を請求することができる。
        （中略）
    (6) 本新株予約権の行使に際して出資される財産の内容およびその価額
        ①各本新株予約権の行使に際しては，当該各本新株予約権が付された本社債を出資するものとし，当該本社債の価額は，その払込金額と同額とする。
        ②各本新株予約権の行使により交付する当社普通株式の数を算定するにあたり用いられる価額（以下「転換価額」という。ただし，本項第(14)号において，「転換価額」は，承継新株予約権の行使により交付する承継会社等の普通株式の数を算定するにあたり用いられる価額をさす。）は，当初，日本証券業協会の定める有価証券の引受け等に関する規則第 25 条に規定される方式による需要状況の結果等を考慮し，平成 21 年 11 月 17 日（火）から平成 21 年 11 月 19 日（木）までの間のいずれかの日（転換価額等決定日）の株式会社東京証券取引所における当社普通株式の普通取引の終値（当日に終値がない場合は，その日に先立つ直近日の終値）に，同日に 117％ から 122％ の範囲内で決定される値を乗じて算出される金額とし，計算の結果 1 円未満の端数が生じる場合は，その端数を切り捨てるものとする。なお，上記計算の結果算出される転換価額が 658 円を下回るときは，本新株予約権付社債の発行を中止する。ただし，転換価額は本項第(7)号乃至第(10)号に定めるところにより調整されることがある。
    (7) ①当社は，本新株予約権付社債の発行後，本号②に掲げる各事由により当社普通株式数に変更を生ずる場合または変更を生ずる可能性がある場合には，次に定める算式（以下「新株発行等による転換価額調整式」という。）をもって転換価額を調整する。

$$調整後転換価額 = 調整前転換価額 \times \frac{既発行株式数 + \dfrac{交付株式数 \times 1株当たりの払込金額}{時価}}{既発行株式数 + 交付株式数}$$

    ②新株発行等による転換価額調整式により転換価額の調整を行う場合およびその調整後の転換価額の適用時期については，次に定めるところによる。
        （イ）時価（本項第(9)号③に定義する。以下同じ。）を下回る払込金額をもって当社普通株式を引き受ける者を募集する場合。（以下略）
    （中略）

14. 本新株予約権と引換えに金銭の払込みを要しないこととする理由
    本新株予約権は，転換社債型新株予約権付社債に付されたものであり，本社債からの分離譲渡はできず，かつ本新株予約権の行使に際して当該本新株予約権に係る本社債が出資され，本社債と本新株予約権が相互に密接に関係することを考慮し，また，本新株予約権の価値と本社債の利率（年 0.0％）および払込金額等のその他の発行条件により当社が得られる経済的価値とを勘案して，本新株予約権と引換えに金銭の払込みを要しないこととした。

15. 担保提供制限
    (1) 当社は，本社債の未償還残高が存する限り，当社が国内で今後発行する他の転換社債型新株予約権付社債（本新株予約権付社債と同時に発行される第 7 回無担保転換社債型新株予約権付社債（転換社債型新株予約権付社債間限定同順位特約付）を含む。）のために担保提供する場合（当社の資産に担保権を設定する場合，当社の特定の資産につき担保権設定の予約をする場合および当社の特定の資産につき当社の特定の債務以外の債務の担保に供しない旨を約する場合をいう。以下同じ。）には，本新株予約権付社債のためにも担保付社債信託法に基づき，同順位の担保権を設定する。

Ⅴ　資金調達・計算

（中略）
16. 担保付社債への切換え
    (1) 当社は社債管理者と協議のうえ，いつでも本新株予約権付社債のために担保付社債信託法に基づき，社債管理者が適当と認める担保権を設定することができる。
    (2) 当社が第15項または前号により新株予約権付社債のために担保権を設定する場合は，当社は，ただちに登記その他必要な手続を完了し，かつ，その旨を担保付社債信託法第41条第4項の規定に準じて公告する。
17. 担保提供制限に係る特約の解除
    当社が第15項または第16項第(1)号により本新株予約権付社債のために担保権を設定した場合，以後，第15項および第20項第(2)号は適用されない。
18. 期限の利益喪失に関する特約
    当社は，次の各場合には本社債について期限の利益を喪失し，第23項に定めるところにより，その旨を公告するものとする。ただし，第15項または第16項第(1)号により当社が，本社債権保全のために，担保付社債信託法に基づき社債管理者が適当と認める担保権を設定したときは，本項第(2)号に該当しても期限の利益を喪失しない。
    (1) 当社が，第12項に違背したとき。
    (2) 当社が，第15項の規定に違背したとき。
    (3) 当社が，第13項第(7)号乃至第(11)号，第16項第(2)号，第19項，第20項，第21項，第22項または第23項の規定のいずれかに違背し，社債管理者の指定する期間内にその履行または補正をしないとき。
    (4) 当社が，本社債以外の社債について期限の利益を喪失し，または期限が到来してもその弁済をすることができないとき。
    (5) 当社が，社債を除く借入金債務について期限の利益を喪失したとき，もしくは当社以外の社債またはその他の借入金債務に対して当社が行った保証債務について履行義務が発生したにもかかわらず，その履行をすることができないとき。ただし，当該債務の合計額（邦貨換算後）が5億円を超えない場合は，この限りではない。
    (6) 当社が，破産手続開始，民事再生手続開始もしくは会社更生手続開始の申立てをし，または取締役会において解散（合併の場合を除く。）の議案を株主総会に提出する旨の決議を行ったとき。
    (7) 当社が，破産手続開始，民事再生手続開始もしくは会社更生手続開始の決定または特別清算開始の命令を受けたとき。
    (8) 当社が，その事業経営に不可欠な資産に対し差押もしくは競売（公売を含む。）の申立てを受け，または滞納処分を受ける等当社の信用を著しく毀損する事実が生じ，社債管理者が本社債の存続を不適当であると認めたとき。
19. 社債管理者に対する定期報告
    (1) 当社は，随時社債管理者にその事業の概況を報告し，また，毎事業年度の決算および剰余金の配当（会社法第454条第5項に定める中間配当を含む。）については取締役会決議後ただちに書面をもって社債管理者に通知する。当社が，会社法第441条第1項に定められた一定の日における臨時計算書類の作成を行う場合も同様とする。
    （中略）
20. 社債管理者に対する通知
    （中略）
    (3) 当社は，当社の業務執行を決定する機関が以下の事項の決定後ただちに書面により社債管理者へその旨を通知する。
        ①当社の事業経営に不可欠な資産を譲渡または貸与すること。
        ②当社の事業の全部または重要な一部の管理を他に委託すること。
        ③当社の事業の全部もしくは重要な部分を休止もしくは廃止すること。
        ④当社の事業経営に重大な影響を及ぼすような資本金または準備金の額の減少をすること。
        ⑤組織変更，合併もしくは会社分割をすることまたは株式交換もしくは株式移転により他の会社の完全子会社になること。
        ⑥解散を行うこと。
    (4) 当社は，次の各場合には，ただちに書面により社債管理者へその旨を通知する。
        ①当社が，支払停止となったとき，または手形交換所の取引停止処分を受けたとき。
        ②当社が，社債を除く借入金債務について期限が到来してもその弁済をすることができないとき。
        ③当社が，その事業経営に不可欠な資産に対し強制執行，仮差押えもしくは仮処分の執行または担保権の実行としての競売（公売を含む。）の申立て，または滞納処分を受けたとき。
        ④当社または第三者により，当社について破産手続開始，民事再生手続開始，会社更生手続開始もしくは特別清算開始の申立てがあったとき。
21. 社債管理者の請求による報告および調査権限
    (1) 当社は，社債管理者が本社債権保全のために必要と認め請求した場合には，当社および当社の連結子会社の事業，経理，帳簿書類等に関する報告書を提出しなければならない。また，社債管理者は，当社の費用でみずからもしくは人を派して当社および当社の連結子会社の事業，経理，帳簿書類等につき調査を行うことができる。

(2) 前号の場合で，社債管理者が当社および当社の連結子会社の調査を行うときは，当社は，社債権者の利益保護に必要かつ合理的な範囲内でこれに協力する。
（中略）
32. 募集方法　一般募集
（中略）
35. 引受会社の対価引受手数料は支払わず，これに代わるものとして一般募集における発行価格と引受会社より当社に払込まれる金額（本新株予約権付社債の払込金額）との差額の総額を引受会社の手取金とする。
（以下略）

(1) 新株予約権付社債の投資リターンと既存株主の利益

新株予約権付社債とは，新株予約権を付した社債（2条22号）のことであり，投資家の多様なニーズを会社がくみ取れるようにするために認められている資金調達手段である。その内容は，社債の発行条件および新株予約権の内容によって定められるものであるが，新株予約権付社債を取得する投資家の利益と既存株主の利益を調整するために，時として非常に複雑なものになることがある。

【Question ⑥】新株予約権付社債の投資リターン

(1) 【資料V-10】の新株予約権付社債を取得しようとする者は，当該新株予約権付社債を取得するためにいくらの金銭を支払う必要があるか（【資料V-10】中の払込金額（発行価額）と発行価格とは何が違うのだろうか）。また，当該新株予約権付社債を満期まで保有した場合には，いくらの償還を受けることができるだろうか。当該新株予約権付社債の利息はいくらだろうか。

(2) 【資料V-10】の新株予約権付社債を取得しようとする投資家は，どのような形で利益を得ようとしていると考えられるか。

【Discussion ⑦】新株予約権付社債権者と既存株主の利益の調整

(1) 【資料V-10】の新株予約権付社債の一部である新株予約権の発行に際しては，どのような払込みがなされているか。そのような払込みによって，既存株主の利益が害されることはあるだろうか。

(2) 【資料V-10】中の12.(4)「120％コールオプション条項」は何のために設けられていると考えられるか。

(3) 【資料V-10】中の13.(7)の「新株発行等による転換価額調整式」は何のために設けられていると考えられるか。

⇒参考文献：田中亘「オートバックスセブン事件」中東正文＝大杉謙一＝石綿学編『M&A判例の分析と展開Ⅱ』[2010] 60頁，藤田友敬「Law & Economics 会社法⑽⑾──株式会社の企業金融⑸⑹」法学教室268号108頁，269号124頁[2003]

(2) 社債権者の利益の保護

会社債権者の利益を保護するための規定は，会社法の中にもいくつか存在しているが（461条以下・789条等），それ以外の点については，会社債権者は基本的に会社との契約によって自らの利益を守ることが期待されていると考えられる。社債の場合には，社債の発行条件（発行契約）の中で，会社による担保・保証の提供に関する条項，会社の一定の行動を制約する条項，会社の財務状況が悪化した場合に一定の効果を発生させる条項等が置かれることがある（コベナンツ，財務制限条項などと呼ばれる）。また，社債権者の利益を確保するために，社債管理者の設置・役割に関する定めが置かれることもある。

次の資料は，2009年に日本国内で公募により発行された普通社債についての，社債権者の利益を保護するための方策の実施状況に関するグラフである。なお，この資料にいうFA債・社債事務取扱者設置債とは，社債管理者の設置が義務づけられていない場合（702条但書）に，

Ⅴ 資金調達・計算

社債の発行や元利金の支払等の事務のみを行う財務代理人（financial agent）・社債事務取扱者を設置して発行される社債のことである。また、電力債とは、電力会社が債務者となって発行する社債のこと、銀行社債とは、銀行が債務者となって発行する社債のことである。

【資料Ⅴ-11】 社債の担保およびコベナンツについて（日本証券業協会作成）

1．社債374銘柄の担保及びコベナンツの状況

担保の有無（374）
- 一般担保 48 13%
- 無担保 326 87%

コベナンツの有無（326）
- コベナンツ無し（注） 55 17%
- コベナンツ有り 271 83%

（注）うち劣後債 49銘柄

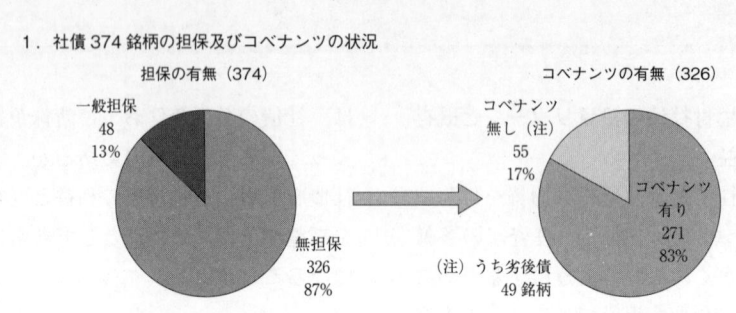

※ 1. 2009年1月1日から12月31日に発行された国内公募普通社債（電力債、銀行社債等を含む。）
2. 各社債の募集要項に基づき作成

2．社債管理者設置債76銘柄の担保及びコベナンツの状況

担保の有無（76）
- 無担保 33 43%
- 一般担保 43 57%

コベナンツの有無（33）
- コベナンツ無し（注） 11 33%
- コベナンツ有り 22 67%

（注）全て劣後債

【詳細（重複計上）】
- 担保提供制限 22
- 担附切換 21
- 純資産額維持 4
- 利益維持 4
- 子会社株式の維持 1
- 留保物件附切換 5
- 留保資産提供制限 4

計：61

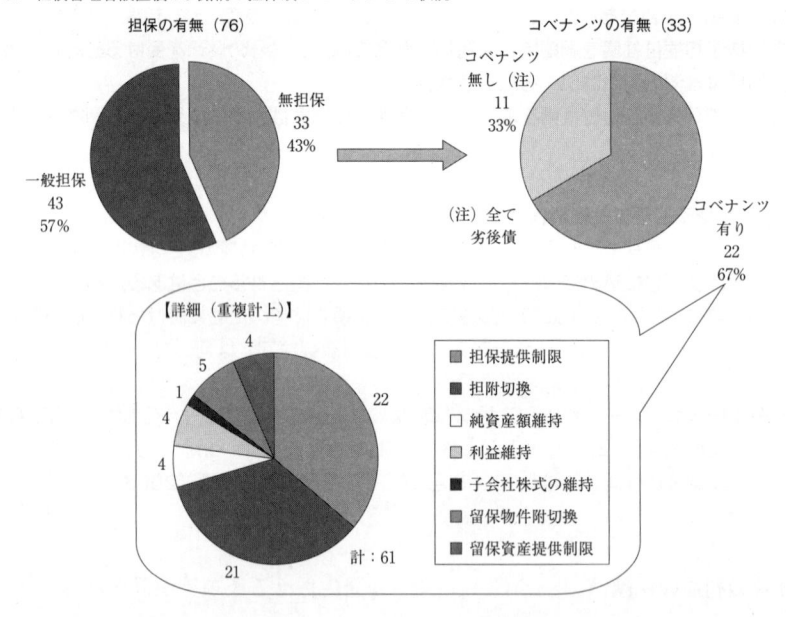

2 新株予約権付社債の発行

3. FA債・社債事務取扱者設置債 250 銘柄の担保及びコベナンツの状況

担保の有無（250）
- 一般担保 5　2%
- 無担保 245　98%

コベナンツの有無（245）
- コベナンツ無し（注）12　5%
- コベナンツ有り 233　95%
- （注）うち劣後債が6銘柄

【詳細（重複計上）】
- 担附切換 3
- 担保提供制限 233
- 計：236

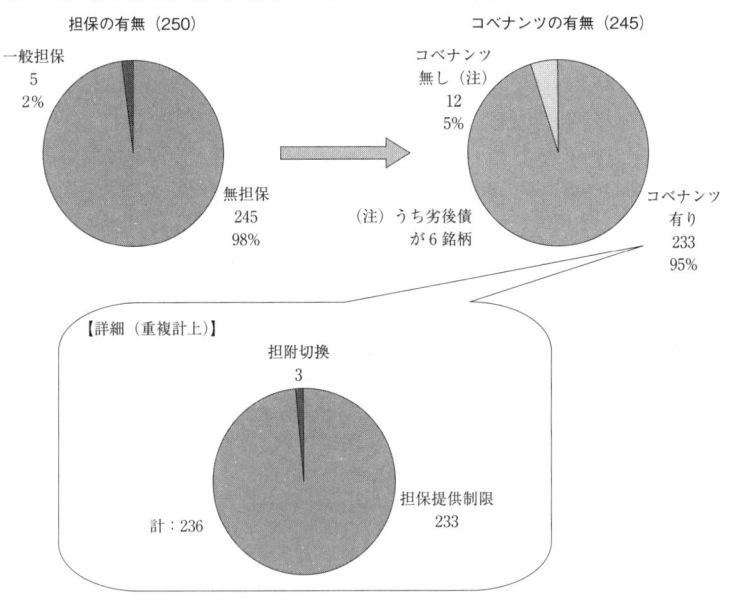

4. 不設置債 48 銘柄（全て銀行社債）の担保及びコベナンツの状況

担保の有無（48）
- 無担保 48　100%

コベナンツの有無（33）
- コベナンツ無し（注2）32　67%
- コベナンツ有り（注1）16　33%
- （注2）全て劣後債
- （注1）全て担保提供制限のみ

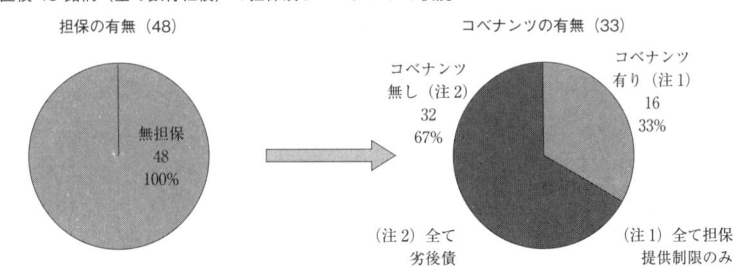

【参考】社債管理者等の設置状況

	銘柄数		発行総額（億円）	
社債管理者設置債	76	（20%）	34,182	（30%）
財務代理人設置債（FA債）	245	（66%）	59,544	（52%）
社債事務取扱者設置債	5	（1%）	1,400	（1%）
不設置債※	48	（13%）	18,805	（17%）
合計	374	（100%）	113,931	（100%）

※不設置債は，社債管理者・FA等不設置の社債で，全て銀行社債。

【Question ⑦】社債権者の利益を確保するための条項の内容

(1) 【資料Ⅴ-10】の新株予約権付社債のために担保物権や保証人は設定されているか。

(2) 【資料Ⅴ-10】の新株予約権付社債について，社債管理者は設置されているか。

(3) 【資料Ⅴ-11】の2．のグラフ中の「純資産額維持」，「利益維持」とはどのような契約条項であろうか。また，これらの条項は，【資料Ⅴ-10】の新株予約権付社債においても設けられているだろうか。

Ⅴ 資金調達・計算

【Discussion ⑧】担保提供制限条項・期限の利益喪失条項
　【資料Ⅴ-10】中の 15.「担保提供制限」，16.「担保付社債への切換え」，18.「期限の利益喪失に関する特約」といった条項はどのような機能を果たしていると考えられるか。
　　⇨参考文献：松岡久和「クロスデフォルト条項・ネガティブプレッジ条項の民事法的検討」ジュリスト1217 号 2 頁［2002］

【Discussion ⑨】社債のコベナンツの現状
　【資料Ⅴ-11】からは，日本国内で公募により発行されている社債に関し，担保の有無，コベナンツの有無，コベナンツがある場合のコベナンツの種類について，どのような傾向が読み取れるだろうか。このような状況は，社債権者の利益の確保という観点からは，どのように評価できるだろうか。
　　⇨参考文献：藤田友敬「Law & Economics 会社法(8)――株式会社の企業金融(3)」法学教室 266 号107 頁［2002］

3　株式会社の計算

(1) 計算書類の作成

　会社法は，株式会社に対して，各事業年度に係る計算書類として貸借対照表・損益計算書・株主資本等変動計算書・個別注記表の作成を義務づけており（435 条および会社計算 59 条 1 項），事業年度の末日において大会社であって金融商品取引法 24 条 1 項の規定により有価証券報告書の提出義務を負っている会社（おおむね上場会社に相当する）は，連結計算書類の作成も義務づけられている（444 条 3 項）。さらに，金融商品取引法に基づいて提出される有価証券報告書の内容には，会社法上の計算書類のほか，キャッシュ・フロー計算書もしくは連結キャッシュ・フロー計算書も含められている（企業内容等の開示に関する内閣府令 15 条 1 号イ，別表第 3 号様式参照）。

　次の資料は，トヨタ自動車株式会社の平成23 年度の定時株主総会の招集通知に際して株主に提供（437 条，会社計算 133 条 1 項 3 号イ）された貸借対照表，損益計算書，株主資本等変動計算書および個別注記表である。

3 株式会社の計算

【資料V-12】 トヨタ自動車株式会社平成23年度3月期計算書類

▶①貸借対照表

〔百万円未満切り捨て〕

科　目	当　期 (平成23年3月31日現在)	前期（ご参考） (平成22年3月31日現在)
(資産の部)	百万円	百万円
流動資産	3,142,738	4,834,106
現金及び預金	40,926	43,181
売掛金	596,450	1,108,417
有価証券	1,302,090	2,177,316
商品及び製品	56,182	120,817
仕掛品	72,062	72,720
原材料及び貯蔵品	100,037	59,653
未収還付法人税等	20,112	5,255
短期貸付金	298,794	383,137
繰延税金資産	369,359	318,318
その他	287,622	546,986
貸倒引当金	△900	△1,700
固定資産	6,450,425	5,516,670
有形固定資産	1,200,458	1,338,377
建物（純額）	380,605	412,666
構築物（純額）	43,237	46,802
機械及び装置（純額）	229,189	291,059
車両運搬具（純額）	18,328	18,948
工具, 器具及び備品（純額）	65,233	76,076
土地	379,990	399,664
建設仮勘定	83,873	93,159
投資その他の資産	5,249,966	4,178,292
投資有価証券	2,721,813	1,529,014
関係会社株式・出資金	1,889,205	1,911,791
長期貸付金	322,276	460,362
繰延税金資産	197,245	128,684
その他	141,025	170,239
貸倒引当金	△21,600	△21,800
資産合計	9,593,164	10,350,776

科　目	当　期 (平成23年3月31日現在)	前期（ご参考） (平成22年3月31日現在)
(負債の部)	百万円	百万円
流動負債	2,095,039	2,535,200
支払手形	674	894
買掛金	390,907	1,023,947
短期借入金	10,000	―
1年内返済予定の長期借入金	163,800	150,000
1年内償還予定の社債	―	50,000
未払金	308,458	297,681
未払費用	741,604	643,221
預り金	449,748	352,914
その他	29,845	25,540
固定負債	959,725	1,177,884
社債	530,000	530,000
長期借入金	145,147	363,185
退職給付引当金	269,541	270,635
その他	15,037	14,063
負債計	3,054,765	3,713,084
(純資産の部)		
株主資本	6,302,907	6,392,222
資本金	397,049	397,049
資本剰余金	418,103	418,103
資本準備金	416,970	416,970
その他資本剰余金	1,132	1,132
利益剰余金	6,767,422	6,856,777
利益準備金	99,454	99,454
その他利益剰余金	6,667,968	6,756,323
海外投資等損失準備金	―	12
特別償却準備金	1,194	1,791
固定資産圧縮積立金	8,956	8,462
別途積立金	6,340,926	6,340,926
繰越利益剰余金	316,890	405,130
自己株式	△1,279,668	△1,278,708
評価・換算差額等	224,485	236,319
その他有価証券評価差額金	224,485	236,319
繰延ヘッジ損益	―	186
新株予約権	11,006	9,149
純資産計	6,538,399	6,637,692
負債及び純資産合計	9,593,164	10,350,776

▶②損益計算書

〔百万円未満切り捨て〕

科　目	当　期 (平成22年4月1日から 平成23年3月31日まで)	前期（ご参考） (平成21年4月1日から 平成22年3月31日まで)
	百万円	百万円
売上高	8,242,830	8,597,872
売上原価	7,601,036	7,866,781
売上総利益	641,794	731,090
販売費及び一般管理費	1,122,733	1,059,151
営業損失（△）	△480,938	△328,061
営業外収益	523,316	394,745
受取利息	31,262	40,326
受取配当金	331,293	242,562
その他	160,760	111,856
営業外費用	89,390	143,805
支払利息	15,138	14,839
その他	74,251	128,966
経常損失（△）	△47,012	△77,120
税引前当期純損失（△）	△47,012	△77,120
法人税, 住民税及び事業税	16,500	△3,600
法人税等調整額	△116,227	△99,708
当期純利益	52,764	26,188

Ⅴ 資金調達・計算

▶③株主資本等変動計算書

当期（平成22年4月1日から平成23年3月31日まで）

〔百万円未満切り捨て〕

	株主資本												評価・換算差額等				
	資本金	資本剰余金			利益剰余金							自己株式	株主資本合計	その他有価証券評価差額金	繰延ヘッジ損益	評価・換算差額等合計	株式予約権	純資産合計
		資本準備金	その他資本剰余金	資本剰余金合計	利益準備金	その他利益剰余金					利益剰余金合計							
						海外投資等損失準備金	特別償却準備金	固定資産圧縮積立金	別途積立金	繰越利益剰余金								
	百万円	百万円	百万円	百万円	百万円	百万円	百万円	百万円	百万円	百万円	百万円	百万円	百万円	百万円	百万円	百万円	百万円	百万円
前期末残高	397,049	416,970	1,132	418,103	99,454	12	1,791	8,462	6,340,926	405,130	6,855,777	△1,278,708	6,392,222	236,133	186	238,319	9,149	6,637,692
当期変動額																		
海外投資等損失準備金の取崩						△12				12								
特別償却準備金の積立							186			△188								
特別償却準備金の取崩							△786			786								
固定資産圧縮積立金の積立								516		△516								
固定資産圧縮積立金の取崩								△21		21								
剰余金の配当										△141,119	△141,119		△141,119					△141,119
当期純利益										52,764	52,764		52,764					52,764
自己株式の取得												△960	△960					△960
株主資本以外の項目の当期変動額（純額）														△11,648	△186	△11,834	1,857	△9,977
当期変動額合計	−	−	−	−	−	△12	△597	494	−	△88,239	△88,355	△960	△89,315	△11,648	△186	△11,834	1,857	△99,292
当期末残高	397,048	416,970	1,132	418,103	99,454	−	1,194	8,956	6,340,926	316,890	6,767,422	△1,279,668	6,302,907	224,485	−	224,485	11,006	6,538,399

前期ご参考（平成21年4月1日から平成22年3月31日まで）

	株主資本												評価・換算差額等				
	資本金	資本剰余金			利益剰余金							自己株式	株主資本合計	その他有価証券評価差額金	繰延ヘッジ損益	評価・換算差額等合計	株式予約権	純資産合計
		資本準備金	その他資本剰余金	資本剰余金合計	利益準備金	その他利益剰余金					利益剰余金合計							
						海外投資等損失準備金	特別償却準備金	固定資産圧縮積立金	別途積立金	繰越利益剰余金								
	百万円	百万円	百万円	百万円	百万円	百万円	百万円	百万円	百万円	百万円	百万円	百万円	百万円	百万円	百万円	百万円	百万円	百万円
前期末残高	397,049	416,970	1,287	418,258	99,454	25	2,573	8,451	6,340,926	550,634	7,002,065	△1,279,189	6,538,184	106,158	517	106,676	7,055	6,651,917
当期変動額																		
海外投資等損失準備金の取崩						△12				12								
特別償却準備金の積立							379			△379								
特別償却準備金の取崩							△1,160			1,160								
固定資産圧縮積立金の積立								30		△30								
固定資産圧縮積立金の取崩								△19		19								
剰余金の配当										△172,476	△172,476		△172,476					△172,476
当期純利益										26,188	26,188		26,168					26,188
自己株式の取得												△165	△165					△165
自己株式の処分			△155	△155								646	491					491
株主資本以外の項目の当期変動額（純額）														129,974	△331	129,643	2,093	131,736
当期変動額合計	−	−	△155	△155	−	△12	△781	11	−	△145,504	△146,287	481	△145,961	129,974	△331	129,643	2,093	△14,224
当期末残高	397,049	416,970	1,132	418,103	99,454	12	1,791	8,462	6,340,926	406,130	6,855,777	△1,278,708	6,392,222	236,133	186	236,319	9,149	6,637,692

▶④個別注記表
〔重要な会計方針〕
1. 資産の評価基準及び評価方法
    (1) 有価証券の評価基準及び評価方法
        子会社株式及び関連会社株式………移動平均法による原価法
        その他有価証券
            時価のあるもの………………期末日の市場価格等に基づく時価法（評価差額は全部純資産直入法により処理し，売却原価は移動平均法により算定）
            時価のないもの………………移動平均法による原価法
    (2) たな卸資産の評価基準及び評価方法
        評価基準……………………………原価法（貸借対照表価額は収益性の低下に基づく簿価切下げの方法により算定）
        評価方法……………………………一部を除き総平均法
        （会計処理の変更）
        当事業年度より，「棚卸資産の評価に関する会計基準」（企業会計基準第9号　平成20年9月26日）を適用し，原材料および貯蔵品の一部の評価方法を後入先出法から総平均法に変更しています。
        これにより，営業損失，経営損失および税引前当期純損失は，それぞれ22,274百万円減少しています。
2. 有形固定資産の減価償却の方法……………定率法
3. 引当金の計上基準
    (1) 貸倒引当金
        売上債権等の貸倒れによる損失に備えるため，過去の貸倒実績に基づく繰入率ほか，債権の回収の難易などを検討して計上しています。
    (2) 退職給付引当金
        従業員（既に退職した者を含む）の退職給付に備えるために，期末における退職給付債務および年金資産の見込額に基づき，期末において発生していると認められる額を計上しています。
4. その他計算書類の作成のための基本となる重要な事項
    (1) 消費税等の会計処理………………税抜方式
    (2) 連結納税制度を適用しています。

〔貸借対照表〕
1. 担保に供している資産及び担保に係る債務

担保に供している資産		担保に係る債務	
内　容	期末帳簿価額	内　容	期末残高
	百万円		百万円
投資有価証券	9,216	輸入貨物に係わる税金延納保証金	9,000
投資有価証券	15	宅地建物取引業法に基づく営業保証金	15
計	9,232	計	9,015

2. 有形固定資産の減価償却累計額　　　　　　　　　　　　　　　　3,757,635百万円
3. 保証債務
    トヨタファイナンシャルサービス（株）の銀行借入に対する債務保証　380,546百万円
4. 輸出手形割引高　　　　　　　　　　　　　　　　　　　　　　　　4,629百万円
5. 関係会社に対する金銭債権又は金銭債務
    短期金銭債務　　　　　　　　　　　　　　　　　　　　　　　　734,283百万円
    長期金銭債務　　　　　　　　　　　　　　　　　　　　　　　　278,598百万円
    短期金銭債務　　　　　　　　　　　　　　　　　　　　　　　　743,385百万円
6. 退職給付信託は企業年金制度に係る退職給付に充当するものとして設定しており，退職一時金制度に係る引当金を相殺表示している部分はありません。

〔損益計算書〕
関係会社との取引高
    売上高　　　　　　　　　　　　　　　　　　　　　　　　　　　5,081,877百万円
    仕入高　　　　　　　　　　　　　　　　　　　　　　　　　　　4,028,649百万円
    営業取引以外の取引高　　　　　　　　　　　　　　　　　　　　　401,445百万円

〔株主資本等変動計算書〕
1. 当事業年度の末日における自己株式の種類及び数
    普通株式　　　　　　　　　　　　　　　　　　　　　　　　　　312,298,805株
2. 剰余金の配当に関する事項
    (1) 配当金支払額

決　　　　議	株式の種類	配当金の総額	1株当たり配当金	基　準　日	効力発生日
平成22年6月24日 定時株主総会	普通株式	78,399百万円	25円	平成22年3月31日	平成22年6月25日
平成22年11月5日 取締役会	普通株式	62,719百万円	20円	平成22年9月30日	平成22年11月26日

    (2) 基準日が当事業年度に属する配当のうち，配当の効力発生日が翌事業年度となるもの
        平成23年6月17日開催予定の第107回定時株主総会の議案として，普通株式の配当に関する事項を次のとおり提

V　資金調達・計算

　　案しています。
　　　配当金の総額　　　　　　　　　　　　　　　　　　　　　　　94,070 百万円
　　　1株当たり配当額　　　　　　　　　　　　　　　　　　　　　　　　30 円
　　　基準日　　　　　　　　　　　　　　　　　　　　　　　　平成 23 年 3 月 31 日
　　　効力発生日　　　　　　　　　　　　　　　　　　　　　　平成 23 年 6 月 20 日
　　なお，配当原資については，利益剰余金とすることを予定しています。
　3．当事業年度の末日における新株予約権（権利行使期間の初日が到来していないものを除く）の目的となる株式の種類
　　　及び数
　　　　普通株式　　　　　　　　　　　　　　　　　　　　　　　　　11,521,100 株
〔税効果会計〕
繰延税金資産の発生の主な原因は，有価証券の評価損，未払費用，退職給付引当金等であり，評価性引当額を控除しています。繰延税金負債の発生の主な原因は，その他有価証券評価差額金です。
〔リースにより使用する固定資産〕
貸借対照表に計上した固定資産のほか，工具，器具及び備品等の一部については，所有権移転外ファイナンス・リース契約により使用しています。
〔関連当事者との取引〕

種　類	会社等の名称	議決権等の所有割合	関連当事者との関係	取引の内容	取引金額	科　目	期末残高
子会社	米国トヨタ自動車販売（株）	所有 間接 100.00%	当社製品の販売 役員の兼任	主に自動車の販売（注1）	百万円 1,160,356 （注2）	売掛金	百万円 69,220 （注2）
子会社	トヨタ車体（株）	所有 直接 56.61% 間接 0.05%	トヨタ車体（株）社製品の購入	資金の預り（注3）	109,872 （注3）	預り金	106,327
子会社	ダイハツ工業（株）	所有 直接 51.53% 間接 0.14%	ダイハツ工業（株）社製品の購入	資金の預り（注3）	109,159 （注3）	預り金	95,619
子会社	トヨタファイナンシャルサービス（株）	所有 直接 100.00%	当社からの資金貸付役員の兼任	債務保証（注4）	380,546 （注4）	―	―

（注1）価格その他の取引条件は，交渉の上で決定しています。
（注2）取引金額および売掛金には消費税等が含まれていません。
（注3）資金の預りについては，市場金利に基づき利率を決定しています。なお，取引金額については，期中平均残高を記載しています。
（注4）トヨタファイナンシャルサービス（株）の銀行借入に対する債務保証を行ったものです。なお，取引金額については，期末残高を記載しています。

〔1株当たり情報〕　　　　　　　　　　　　　　　　　　　　　　〔単位未満四捨五入〕
　1株当たり純資産額　　　　　　　　　　　　　　　　　　　　　2,081 円 64 銭
　1株当たり当期純利益　　　　　　　　　　　　　　　　　　　　　 16 円 83 銭

【Work & Practice ①】

　東京証券取引所上場企業の定時株主総会招集通知に添付されている計算書類は，同取引所のサイト（http://www.tse.or.jp/）の上場会社情報のページから入手することができる。また，キャッシュ・フロー計算書等の金融商品取引法上の開示書類は，金融庁が運用しているサイトである EDINET（http://info.edinet-fsa.go.jp/）から入手することができる。好きな上場企業の書類を実際に閲覧してみよう。

【Discussion ⑩】

　貸借対照表，損益計算書，株主資本等変動計算書・キャッシュ・フロー計算書は，一言でいうとすると，どのような情報を開示するためのものであるということができるか。
　　⇒参考文献：國貞克則『決算書がスラスラわかる財務3表一体理解法』〔朝日新聞出版，2007〕

（2）剰余金の分配

　株式会社が株主に対して行う剰余金の分配の方法としては，主に剰余金の配当と株主との合意による自己株式の取得とがある。

　次の2つの資料は，2000年度（2000年4月～2001年3月）から2010年度にかけての上場企業の純利益の額，配当額および自己株式取得額の推移を示すグラフと，上場企業における平成20年度の純損益と平成21年度の配当額の増減の関係を示す表である。

3 株式会社の計算

【資料V-13】 東証一部上場企業の株主還元総額と純利益の推移

年　度	00	01	02	03	04	05	06	07	08	09	10
還元総額	3.8	4.1	5.7	6.1	7.0	8.4	9.5	11.7	9.6	6.0	7.3
配当総額	2.9	2.8	2.9	3.4	4.3	5.4	6.4	7.3	6.3	5.4	6.1
自己株式取得金額	0.9	1.3	2.8	2.6	2.7	2.9	3.0	4.4	3.3	0.7	1.2
純利益	8.2	−5.5	2.6	12.9	17.3	24.5	24.0	24.0	−3.9	10.8	16.4
配当性向(加重平均)	35%	—	113%	27%	25%	22%	27%	30%	—	50%	37%
還元性向(加重平均)	46%	—	221%	47%	40%	34%	40%	49%	—	56%	45%

注）各年度末（3月末）の東証一部上場企業で集計。11年5月31日時点で取得できるデータで集計。
　　配当総額は繰上方式で，優先株配当，特別・記念配当を含む（決算期変更は12ヶ月換算）。
　　自己株式取得額は，一般取得（普通株式の取得から公的資金の返済と相対取引を除く）。
　　金庫株解禁（01年9月）以前は取得決議日，金庫株解禁以降は取得開始日を基準とし，各社の会計年度で集計。
　　還元性向，配当性向は赤字企業も含む加重平均値。

出所：開示資料等を基に野村證券IBビジネス開発部作成

【資料V-14】 前年度の純損益と配当額の増減の関係

		配当			計
		増配	据え置き	減配	
純損益	増益・黒字化・損失の減少	19.0%	30.1%	8.5%	57.6%
	減益・赤字転落・損失の拡大	3.2%	17.3%	18.4%	38.9%
計		22.2%	47.4%	26.9%	96.5%

（無回答：3.5%）

（母集団は上場企業のうち時価総額上位1200社の中から1129社に対して送付したアンケートに回答した658社である）

出所：平成22年度生命保険協会調査「株式価値向上に向けた取り組みについて」図表42

【Question ⑧】
　剰余金の配当と自己株式の取得には，その効果・手続について，どのような違いがあるか。

【Discussion ⑪】
　【資料V-13】および【資料V-14】からは，企業は，業績が変動した場合に，配当や自己株式の取得の有無・額をどのように調整していると考えられるか。
　⇨参考文献：藤田友敬「Law & Economics 会社法⑿——株式会社の企業金融⑺」法学教室270号62頁［2003］

V 資金調達・計算

4 財務リストラクチャリング

　株式会社の経営が悪化し，債務を返済しきれなくなった場合であっても，事業自体には価値があり，再建が試みられる場合がある。その際には，会社の負債・資本構成を変更し，債務負担を軽減し，自己資本を強化すること（財務リストラクチャリング）がしばしば行われる。

　次の2つの資料は架空の上場企業による財務リストラクチャリングに関するプレスリリースである。この例では，この財務リストラクチャリングの代表的な手法である，いわゆる100％減資とデット・エクイティ・スワップとが行われている。

【資料Ⅴ-15】　100％減資

Visual Materials

2010年10月1日

各　位

　　　　　　　　　　　　　　　会社名　ヴィジュアル・マテリアルズ株式会社
　　　　　　　　　　　　　　　代表者名　代表取締役社長　久保田　亘
　　　　　　　　　　　　　　　　　　　　（コード番号××××東証第二部）
　　　　　　　　　　　　　　　問合せ先　常務執行役員広報・IR本部長　田中安彦

定款の一部変更および全部取得条項付種類株式の取得に関するお知らせ

　当社は，2010年10月1日開催の取締役会において，「定款一部変更の件（全部取得条項付種類株式およびB種種類株式に関する条文の追加）」および「全部取得条項付種類株式の取得の件」について，2010年10月28日開催予定の第15期定時株主総会（以下「本株主総会」といいます。）に付議することを決議いたしましたので，下記のとおりお知らせいたします。

Ⅰ．定款一部変更の件（全部取得条項付種類株式およびB種種類株式に関する条文の追加）
　1．提案の理由
　　(1) 全部取得条項付種類株式を利用した発行済株式の全部の無償取得および消却の実施
　　　（ⅰ）当社は，2010年6月30日時点における自己資本（株主資本と評価・換算差額等の合計）が200億円の債務超過状態にあり，当社の取引先金融機関等に対して総額200億円の債権放棄や債務の株式化等による金融支援を依頼しております。
　　　（ⅱ）当社は，このような金融支援について取引先金融機関等と合意に至るためには，当社作成の事業再生計画（案）において，2010年6月期の定時株主総会において，現に発行している当社の普通株式を全部取得条項付種類株式に変更する定款の一部変更を行うとともに，当該変更後の全部取得条項付種類株式（現在の普通株式）の発行済株式の全部を無償で取得し，消却することが必須と判断いたしました。
　　　（ⅲ）具体的には以下のとおり進めるものとします。
　　　　　① 当社定款を変更して，当社の発行する普通株式に全部取得条項（会社法第108条第1項7号に掲げられた事項についての定款の定めをいいます。以下同じとします。）を付加する旨の定款変更を行います。
　　　　　　なお，全部取得条項が付加された後の当社普通株式を以下「全部取得条項付種類株式」といいます。
　　　　　② 会社法第171条ならびに1による変更後の定款に基づき，株主総会の決議によって，当社が株主様から全部取得条項付種類株式の全てを無償で取得し，消却するものとします。
　　　　　③ 全部取得条項付種類株式の無償取得と同時に，第三者割当てによりB種種類株式を発行し，資本増強を図ります。
　　　　（中略）

Ⅱ．全部取得条項付種類株式の取得の件
　1．全部取得条項付種類株式の全部を取得することを必要とする理由
　　　前述のとおり，当社は当社の取引先金融機関等と金融支援についての合意を得るべく協議中でありますが，

かかる合意を得る為には全部取得条項付種類株式を用いて発行済株式の全部を当社が無償で取得し，これを消却することが必須であると考えております。
2．全部取得条項付種類株式の取得の内容
(1) 全部取得条項付種類株式の取得と引換えに交付する取得対価およびその割当てに関する事項
　　当社は，2010年6月30日時点における自己資本（株主資本と評価・換算差額等の合計）が200億円の債務超過状態にあるため，取得対価は0円（無償）とさせていただきます。
　　従いまして，取得日（下記(2)において定めます）において取得日の前日の最終の当社株主名簿に記載又は記録された普通株主様より普通株式を無償で取得させていただくことになります。株主の皆様には多大なご負担とご迷惑をお掛けしますことを深くお詫び申し上げます。
(2) 取得日および消却日 2010年12月10日とします。
(3) その他全部取得条項付種類株式の取得は，本株主総会において「定款一部変更」が承認可決されること，ならびに本種類株主総会において「全部取得条項の付加等に係る定款一部変更」が承認可決されること，さらには取得日までに法的整理手続（破産，民事再生，会社更生）の申立て（当社又は当社債権者による）が為されないことを条件としてその効力が生じるものとします。
　　なお，その他の必要事項につきましては，取締役会にご一任願いたいと存じます。
（以下略）

【資料V-16】　デット・エクイティ・スワップ

Visual Materials

2010年10月1日

各　位

会　社　名　　ヴィジュアル・マテリアルズ株式会社
代表者名　　代表取締役社長　　久保田　亘
（コード番号××××東証第二部）
問合せ先　　常務執行役員広報・IR本部長　田中安彦

第三者割当てにより発行されるB種種類株式の募集に関するお知らせ

当社は，2010年10月1日開催の取締役会において，以下のとおり，「第三者割当てによる募集株式の発行の件」について2010年10月28日開催予定の第15期定時株主総会（以下「本株主総会」といいます。）に付議することを決議しましたので，お知らせいたします。
本件は，本株主総会および普通株主様による種類株主総会（以下「本種類株主総会」といいます。）において，全部取得条項付種類株式を利用した発行済株式の無償取得（いわゆる100％減資）に関する議案が原案どおり承認可決され，取得日において全部取得条項付種類株式の取得がなされることを条件として，その効力が生じるものとします。
（中略）
1．募集の概要

(1)	発行期日	2010年12月10日
(2)	発行新株式数	B種種類株式 12,500株
(3)	発行価額	40,000円（総額：500,000,000円）
(4)	調達資金の額	本増資は，自己資本の増強による財務基盤の強化を目的としたものであり，バランスシートの改善を目的としてデット・エクイティ・スワップ（債務の株式化）の手法を採用するため，資金の調達はなく，本増資における現物出資財産の債権総額である500,000,000円の当社有利子負債が減少することになります。
(5)	募集又は割当方法（割当先）	第三者割当によるものとし，リーガルクエスト株式会社から当社に対する現物出資（デット・エクイティ・スワップ）の方法によります。（リーガルクエスト株式会社に12,500株割当てます）

2．募集の目的および理由
①当社は，本日開示いたしました「定款の一部変更および全部取得条項付種類株式の取得に関するお知らせ」に記載しましたとおり，本株主総会において，現に発行している当社の普通株式を全部取得条項付種類株式に変更する定款の一部変更を行うとともに，当該変更後の全部取得条項付種類株式（現在の普通株式）の発行済株

式の全部を無償で取得し，消却することを予定しています。
②これを受けて，当社は，全部取得条項付種類株式（現在の普通株式）の無償取得と同時に第三者割当てによるＢ種種類株式を発行し，リーガルクエスト株式会社に対するデット・エクイティ・スワップ（債務の株式化）により資本増強の協力を要請していくものであります。
（中略）

5．発行条件等の合理性
(1) 発行価額の算定根拠
　当社は，2010年6月30日時点における自己資本（株主資本と評価・換算差額等の合計）が200億円の債務超過状態にあり，この状況に照らし，本件株式の発行価額（払込金額）は，特に有利な金額に該当しないと考えておりますが，念のため本株主総会での決議事項として付議するものです。
(2) 発行数量および株式の希薄化の規模が合理的であると判断した根拠
　本増資は，本株主総会において，株主様のご理解を得て，全部取得条項付種類株式を用いて，発行済株式の全部を無償で取得することを条件として，第三者割当てによりＢ種種類株式を発行し，資本増強するものでありますので，本増資によって株式の希薄化は生じません。

6．割当先の選定理由等
(1) 割当先の概要

(1) 名　　称	リーガルクエスト株式会社
（中　略）	
(7) 上場会社と割当先との間の関係	当社の親会社はリーガルクエスト株式会社であります。（中略）また，リーガルクエスト株式会社は，当社に対して融資を行っております。以上により，リーガルクエスト株式会社は，多数株主としての権利行使を通じて，当社の経営判断に影響を及ぼし得る立場にありますが，当社の事業展開にあたっては，当社独自の意思決定に基づき，自ら経営責任を持ち事業経営を行っております。

（以下略）

　次の資料は，【資料Ⅴ-15】および【資料Ⅴ-16】で行われた100％減資とデット・エクイティ・スワップによるヴィジュアル・マテリアルズ株式会社の株主構成と貸借対照表の変化に関するイメージ図である。

【資料Ⅴ-17】　ヴィジュアル・マテリアルズ株式会社の株主構成と貸借対照表の変化
▶①株主構成の変化

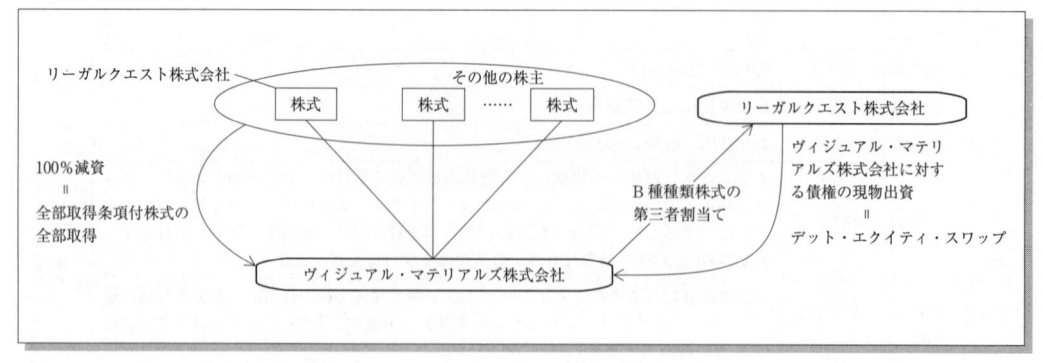

4 財務リストラクチャリング

▶②貸借対照表の変化

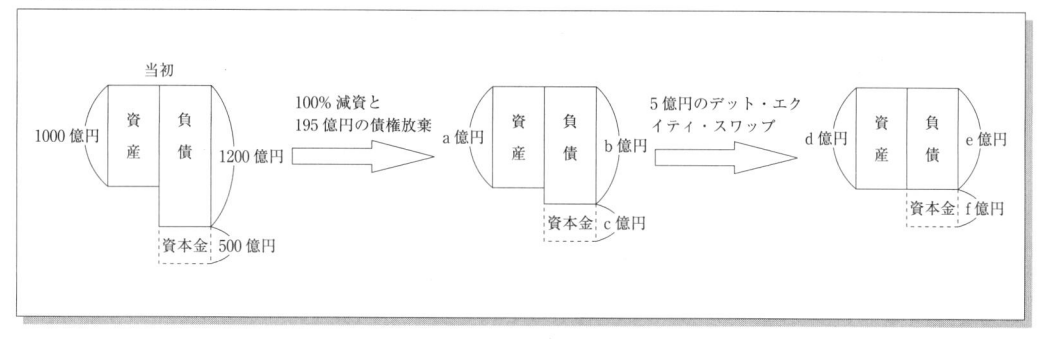

```
       当初
        資  負
1000億円 産  債 1200億円       100%減資と          資  負              5億円のデット・エク        資  負
                        195億円の債権放棄  a億円 産  債            イティ・スワップ    d億円 産  債 e億円
        資本金 500億円                              資本金 c億円                                資本金 f億円
```

【Question ⑨】100%減資とデット・エクイティ・スワップの貸借対照表への影響

【資料Ⅴ-17】②のイメージ図中の a〜f に入るべき数字を答えなさい。

【Question ⑩】100%減資の意義と手続

(1) 【資料Ⅴ-15】では,「100%減資」に際して資本金の減少(447条)は行われているだろうか。
(2) 【資料Ⅴ-15】のプレスリリースの表題は,「定款の一部変更および全部取得条項付種類株式の取得に関するお知らせ」となっている。この手続は,どのような効果を目的としているのであろうか。また,この目的は,定款の一部変更と全部取得条項付種類株式の取得ではなく,ヴィジュアル・マテリアルズ株式会社の資本金を 0 円に減少させることによっても実現できるだろうか。
(3) 【資料Ⅴ-15】で採られている手続が「100%減資」と称されることがあるのは,なぜだろうか。
(4) 【資料Ⅴ-15】および【資料Ⅴ-16】で採られている手続に加えて,資本金の減少が行われた場合には,どのような目的があったと考えられるか。

【Discussion ⑫】100%減資の目的と株主の保護

(1) 経営が悪化した企業の再建に際して,「100%減資」が行われるのはなぜだろうか。
(2) 【資料Ⅴ-15】の事案で行われた 100%減資に対して,ヴィジュアル・マテリアルズ株式会社の株主が不満を持つことはあるだろうか。不満を持った株主は,どのような手続で争うことができるだろうか。また,これらの株主は保護されるべきであろうか。

⇨参考文献：久保田安彦「100%減資」法学教室 356 号 2 頁［2010］
　　　　　　田中亘「事業再生から見た会社法の現代化（2・完）」NBL823 号 22 頁［2005］

【Question ⑪】デット・エクイティ・スワップの意義と手続

(1) 【資料Ⅴ-15】では,金融支援策として,デット・エクイティ・スワップ（債務の株式化）の他に債権放棄が挙げられている。これらの違いは何か。
(2) 【資料Ⅴ-16】では,ヴィジュアル・マテリアルズ株式会社がリーガルクエスト株式会社に対して行う第三者割当てによる募集株式の発行に際して,リーガルクエスト株式会社がヴィジュアル・マテリアルズ株式会社に対して有する金銭債権を現物出資することにより,デット・エクイティ・スワップが行われている。この現物出資について,検査役による調査は必要か。

【Discussion ⑬】デット・エクイティ・スワップと利害関係者の保護

デット・エクイティ・スワップの実施に際しては,どのような主体の利益の保護を考える必要性があるか。【資料Ⅴ-16】の事案のように,100%減資がなされることを条件として行われる場合はどうだろうか。

⇨参考文献：藤田友敬「新会社法におけるデット・エクイティ・スワップ」新堂幸司＝山下友信『会社法と商事法務』［商事法務, 2008］117 頁

VI M&A

1 総論

　M&A（Mergers & Acquisitions）は，直訳すれば企業の合併・買収であるが，企業（の事業や資産）を取得したり，企業の支配権を取得したりすることの総称として用いられることが多い。わが国でそうであるように，世界各国でも，1990年代末からM&Aブームが生まれた（【資料Ⅵ-1】）。それは世界的には，技術革新の進展した成長産業，とりわけIT関連産業における戦略的なM&Aを中心とするものであり，その点は日本も変わらない。しかし，日本のM&Aブームは，同時に，成熟産業における統合・再建型のM&Aブームが並行して進展した点に特徴があるといわれる。

【Question ①】
　日本法上，株式会社のM&Aの方法としてはどのようなものがあるか。

【Discussion ①】
　各種のM&Aの法的効果および手続規制の異同について整理してみよう。また，会社分割と事業譲渡・譲受けのように，似たような法的効果を得られるにもかかわらず，手続規制が異なる場合，さらには，株式交換と三角合併（合併の対価として消滅会社の株主に存続会社の親会社の株式を交付する場合）のように，同じ法的効果を得られるにもかかわらず，手続規制が異なる場合もあるが，これらの規制の非対称に合理性が認められるかどうか考えてみよう。

【資料Ⅵ-1】　主要5か国におけるM&A取引額の推移

(10億USドル)

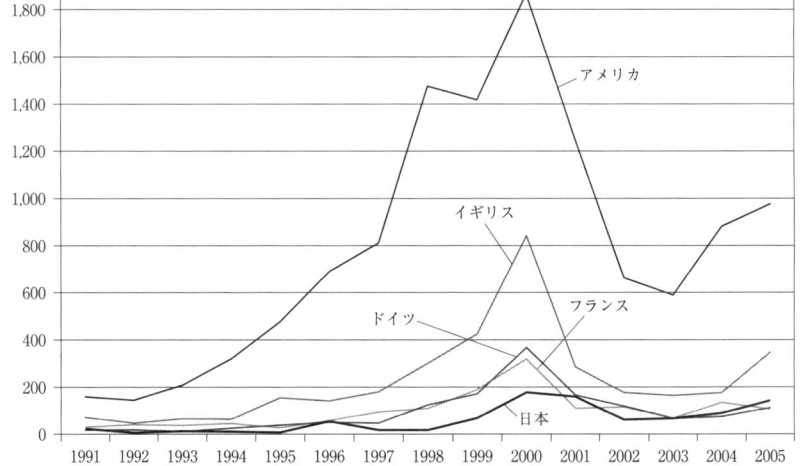

[グラフ：1991年から2005年までの主要5か国（アメリカ，イギリス，ドイツ，フランス，日本）のM&A取引額の推移]

（注）上場企業および非上場企業による全てのタイプのM&Aが含まれる。また，国内企業間のM&Aだけでなく，海外企業による国内企業のM&A，国内企業による海外企業のM&Aも含まれる。

出所：G. Jackson and H. Miyajima, "Varieties of Capitalism, Varieties of Markets: Mergers and Acquisitions in Japan, Germany, France, the UK and USA", RIETI Discussion Paper Series (2007).
《http://www.rieti.go.jp/jp/publications/dp/07e054.pdf》 原資料は，Thomson Banker One 'Deals' database.

Ⅵ　M&A

【Discussion ②】
　日本のM&Aブームにはどのような背景事情があるのか考えてみよう。
　　⇨参考文献：宮島英昭「日本のM&Aの国際的特徴と経済的機能は何か」同編『日本のM&A』［東洋経済新報社，2007］331頁，中東正文「要望の顕現──組織再編」中東正文＝松井秀征編『会社法の選択』［商事法務，2010］257頁

【Discussion ③】
　海外企業と日本企業とが，日本の会社法上の株式交換制度を利用したM&Aを行うことは可能であろうか。
　　⇨参考文献：藤田友敬「国際会社法の諸問題（上）（下）」商事法務1673号17頁，1674号20頁［2003］

2　合　併

(1)　合併の意義と合併契約締結までの流れ

　合併は，2つ以上の会社（当事会社）が合一して1つの会社になることであり，当事会社が合併契約を締結して行われる。合併契約は経営陣が会社を代表して締結するから，当然そこには両当事会社の経営陣の合意があるのであって，友好的買収の1つの方法であるといえる。下記【資料Ⅵ-2】は，新光証券株式会社とみずほ証券株式会社の合併（以下「本件合併」という）に係る合併契約である。

　合併契約が締結されるまでの流れとしては，まず当事会社が守秘義務を結んで，財務状態その他に関する情報を交換しながら，合併の方法，合併後の役員人事，合併条件の大綱，今後のスケジュールなどを決めて，基本合意書と呼ばれる書面（合併覚書と呼ばれることもある。【資料Ⅵ-3】）を作成する。報道機関等に対する公表は，この基本合意書の作成の時点で行われることが多い。その後，基本合意書に基づいて，各当事会社が監査法人，M&Aコンサルティング会社，弁護士事務所などに依頼して，相手会社の事業リスクや財務状態の調査，事前情報との照合など（デュー・ディリジェンス）を行ったうえ，改めて合併条件などを交渉することによって，合併契約の締結に至るのが一般的である。

【資料Ⅵ-2】　合併契約

合併契約書（写）

　新光証券株式会社（以下「甲」という。）及びみずほ証券株式会社（以下「乙」という。）は，甲と乙との合併（以下「本合併」という。）に関し，次の通り，合併契約（以下「本契約」という。）を締結する。

第1条　（当事会社及び合併の方法）
　1．甲及び乙は，甲を吸収合併存続会社，乙を吸収合併消滅会社として合併する。
　2．本合併に係る吸収合併存続会社及び吸収合併消滅会社の商号及び住所は，次の通りである。
　　（1）吸収合併存続会社
　　　　商　号　　新光証券株式会社
　　　　住　所　　東京都中央区八重洲二丁目4番1号
　　（2）吸収合併消滅会社
　　　　商　号　　みずほ証券株式会社
　　　　住　所　　東京都千代田区大手町一丁目5番1号
　3．本合併がその効力を生ずる日（以下「効力発生日」という。）以降の甲の商号は，「みずほ証券株式会社（英文名：Mizuho Securities Co., Ltd.）」とし，その本店は，「東京都千代田区大手町一丁目5番1号」に置くものとする。

(3)　合併契約の記載事項
　　（⇒125頁）

(2)　合併の方法
　　（⇒124頁）

第2条　（本合併に際して交付する株式の数及びその割当てに関する事項）　　　　　　　　　　　　　　　　　⎫
　1.　甲は，本合併に際して，効力発生日前日の乙の最終の株主名簿に記載又は記録された　　　　　　　　　｜
　　　株主が所有する乙の普通株式の合計数に122を乗じた数の普通株式を新たに発行し，乙　　　　　　　　｜
　　　の株主に対して，その所有する乙の普通株式1株につき，甲の普通株式122株の割合を　　　　　　　　⎬　(5)　合併対価の相
　　　もって，割当交付する。　　　　　　　　　　　　　　　　　　　　　　　　　　　　　　　　　　　｜　　　当性
　2.　前項の場合において，同項所定の株主に対して交付しなければならない甲の普通株式　　　　　　　　　｜　　　（⇒126頁）
　　　の数に1株に満たない端数があるときは，甲は，会社法（平成17年法律第86号。以下　　　　　　　　　｜
　　　同じ。）第234条の規定に従って，その端数を処理するものとする。　　　　　　　　　　　　　　　　⎭
第3条　（本合併に際して増加すべき資本金及び準備金）
　　　本合併に際して増加すべき甲の資本金及び準備金は，次の通りとする。但し，甲及び乙
　　は，効力発生日前日における甲及び乙の財産状態を考慮して協議し，合意の上，これを変
　　更することができる。
　（1）　資　本　金：0円
　（2）　資本準備金：株主払込資本変動額（会社計算規則（平成18年法務省令第13号。そ
　　　　　　　　　　の後の改正を含む。）第58条第1項第1号ロに定義される。但し，株
　　　　　　　　　　主払込資本変動額が零未満である場合には0円とする。）
　（3）　利益準備金：0円
第4条　（効力発生日）　　　　　　　　　　　　　　　　　　　　　　　　　　　　　　　　　⎫
　　　効力発生日は，平成21年5月7日とする。但し，合併手続進行上の必要性その他の事　　　　｜
　　由により，甲乙協議し合意の上，効力発生日を変更することができる。　　　　　　　　　　⎬　(6)　合併契約の内
第5条　（合併承認総会）　　　　　　　　　　　　　　　　　　　　　　　　　　　　　　　　｜　　　容の変更，合併契
　　　甲は平成21年4月3日に，乙は平成21年4月3日に，それぞれ株主総会（以下「合併　　　　｜　　　約の解除
　　承認総会」という。）を開催し，本契約の承認及び本合併に必要な事項に関する承認を求　　　｜　　　（⇒127頁）
　　めるものとする。但し，合併手続進行上の必要性その他の事由により，甲乙協議し合意の　　　｜
　　上，合併承認総会の開催日を変更することができる。　　　　　　　　　　　　　　　　　　⎭
第6条　（定款の変更）（注1）　　　　　　　　　　　　　　　　　　　　　　　　　　　　　　⎫
　1.　甲は，甲の合併承認総会において，甲の定款を別紙1「定款変更案1」の通り変更す　　　　｜
　　　る旨の議案を上程し，その承認を求めるものとする。なお，その効力は，当該承認決議　　　｜
　　　時から生じるものとする。　　　　　　　　　　　　　　　　　　　　　　　　　　　　　｜
　2.　甲は，甲の合併承認総会において，本合併の効力が生じることを停止条件として，甲　　　　｜
　　　の定款を別紙2「定款変更案2」の通り変更する旨の議案を上程し，その承認を求める　　　｜　(4)　合併に伴う定
　　　ものとする。　　　　　　　　　　　　　　　　　　　　　　　　　　　　　　　　　　　⎬　　　款変更
　3.　前二項にかかわらず，別紙1及び別紙2記載の各定款変更案は，甲乙協議し合意の上，　　　｜　　　（⇒125頁）
　　　これを変更することができる。また，甲は，予め乙の書面による承諾を得た上で，合併　　　｜
　　　承認総会において，別紙1及び別紙2に記載される定款変更以外の定款変更議案を上程　　　　｜
　　　することができるものとする。　　　　　　　　　　　　　　　　　　　　　　　　　　　⎭
第7条　（本合併に際して就任する取締役及び監査役）（注2）
　1.　甲及び乙は，本合併に際して新たに甲の取締役及び監査役に就任すべき者（以下「本
　　　就任役員」という。）は，以下の通りとする。但し，本就任役員の就任の時期は，効力
　　　発生日とする。
　　　　　　取締役：横尾　敬介
　　　　　　　　　　深堀　哲也
　　　　　　　　　　川村　融
　　　　　　　　　　安倍　秀雄
　　　　　　　　　　遠藤　寛
　　　　　　監査役：岡田　安生
　　　　　　　　　　角谷　正彦
　　　　　　　　　　井上　直美
　2.　甲は，甲の合併承認総会において，本合併の効力が生じることを停止条件として，前
　　　項の本就任役員を甲の取締役及び監査役に選任する旨の議案を上程し，その承認を求め
　　　るものとする。
第8条　（会社財産の引継）　　　　　　　　　　　　　　　　　　　　　　　　　　　　　　　⎫
　　　乙は，平成21年3月31日現在の貸借対照表その他同日現在の計算書類を基礎とし，こ　　　｜　(7)　合併の効果
　　れに効力発生日に至るまでの増減を加除した一切の資産，負債及び権利義務を効力発生日　　　⎬　　　（⇒128頁）
　　において甲に引き継ぐものとし，甲は，これを承継するものとする。　　　　　　　　　　　⎭
第9条　（善管注意義務）
　　　甲及び乙は，本契約締結後効力発生日に至るまで，善良な管理者としての注意をもって，
　　それぞれ業務執行及び財産の管理を行うものとし，各々の財産及び権利義務に重大な影響
　　を及ぼすおそれのある行為を行う場合には，予め甲乙間で協議し合意の上，これを行うも
　　のとする。
第10条　（甲の株式の上場維持）

甲及び乙は，相互に協力の上，甲の株式の東京証券取引所市場第一部，大阪証券取引所市場第一部，及び，名古屋証券取引所市場第一部における上場を維持するために必要な措置を講じるものとする。但し，かかる措置を講じることが甲又は乙の取締役又は監査役の善管注意義務に違反することとなる場合にはこの限りではない。

第11条　（従業員の処遇）
　　　甲は，効力発生日における乙の従業員全員（出向者を含む。）を，甲の従業員として引き継ぐものとし，従業員に関する取扱いについては，甲乙間で協議し合意の上，これを決定するものとする。なお，乙の従業員の勤続年数については，乙における勤続年数を甲における勤続年数に通算する。

第12条　（執行役員の処遇）
　　　甲は，原則として，効力発生日における乙の執行役員全員を，甲の執行役員として引き継ぐものとし，執行役員に関する具体的な取扱いについては，甲乙間で協議し合意の上，これを決定するものとする。

第13条　（効力発生日前の剰余金の配当の限度額）
1. 甲は，平成21年3月31日の甲の最終の株主名簿に記載又は記録された株主　又は登録質権者に対して，法令に基づく分配可能額の範囲内で，甲の平成21年3月31日を末日とする事業年度に係る定時株主総会（以下「本定時株主総会」という。）の承認を得て，普通株式1株あたり3円，総額24億円を上限として，剰余金の配当を行うことができる。
2. 乙は，効力発生日までに，剰余金の配当を行わないものとする。

第14条　（役員の退職慰労金）
1. 乙は，本契約締結現在の乙の取締役又は監査役のうち，第7条第1項に基づき本合併に際して甲の取締役又は監査役に就任することが甲及び乙間で合意されなかった者に対して，乙の合併承認総会における決議に基づき，乙の退職慰労金の算定基準に従って退職慰労金を支払うことができる。
2. 第7条第1項の規定にかかわらず，本契約締結現在の乙の取締役又は監査役のうち，本合併に際して甲の取締役又は監査役に就任する者が将来退任する場合の退職慰労金は，当該取締役又は監査役の乙におけるそれぞれの在任期間を甲における在任期間に通算して算出するものとする。
3. 甲は，本契約締結現在の甲の取締役又は監査役のうち，本合併の効力発生日の前日までに辞任する者に対して，甲の合併承認総会における決議に基づき，甲の退職慰労金の算定基準に従って退職慰労金を支払うことができる。（注3）

第15条　（本定時株主総会における議決権の付与）
　　　甲は，第2条第1項に従って本合併に際して乙の株主に対して割当交付される甲の株式について，会社法第124条第4項の規定に基づき，その割当交付により株式を取得した者の全部を，本定時株主総会において議決権を行使することができる者と定めるものとする。

第16条　（合併条件の変更及び本契約の解除）
1. 本契約締結後効力発生日に至るまでの間に，本合併に関して，甲又は乙の取締役又は監査役が善管注意義務に違反するおそれがあると合理的に判断する場合その他本契約に従った本合併の実行の支障となりうる重大な事象が発生又は判明した場合（本契約締結時に既に判明していた事象について，本契約締結後に重大であることが判明した場合を含む。）には，甲及び乙は，速やかに誠実に協議し合意の上，本契約を変更又は解除することができるものとする。
2. 前項に規定される場合のほか，本契約締結後効力発生日に至るまでの間に，天災地変その他の事由により，甲又は乙の資産状態，経営状態について重大な変動が発生又は判明した場合（本契約締結時に既に判明していた変動について，本契約締結後に重大であることが判明した場合を含む。），甲及び乙は，速やかに誠実に協議し合意の上，本契約を変更又は解除することができるものとする。

（6）合併契約の内容の変更，合併契約の解除
　　（⇒127頁）

第17条　（本契約の効力）
　　　本契約は，第5条に定める甲若しくは乙の合併承認総会において本契約につき承認が得られない場合，第16条に従い本契約が解除された場合，又は，法令上本合併に関して要求される関係官庁の承認が得られない場合には，その効力を失う。

第18条　（協議事項）
　　　本契約に定めるもののほか，本合併に関し必要な事項は，本契約の趣旨に従い，甲乙協議の上，これを定めるものとする。

本契約の締結を証するため，本契約を2通作成し，甲乙記名捺印の上，各1通を保有する。
本契約の締結を証するため，本契約を2通作成し，甲乙記名捺印の上，各1通を保有する。
平成21年3月4日

　　　　　　　　　　　　　　　　　　　甲：東京都中央区八重洲二丁目4番1号
　　　　　　　　　　　　　　　　　　　　　新光証券株式会社
　　　　　　　　　　　　　　　　　　　　　取締役社長　草間　高志　㊞

　　　　　　　　　　　　　　乙：東京都千代田区大手町一丁目5番1号
　　　　　　　　　　　　　　　みずほ証券株式会社
　　　　　　　　　　　　　　　取締役社長　横尾　敬介　㊞

(注1) 本契約第6条（定款の変更）に定める甲の定款を「定款変更案1」および「定款変更案2」のとおり変更する旨の議案につきましては，それぞれ甲の臨時株主総会参考書類第2号議案および第3号議案をご参照ください。
(注2) 本契約第7条（本合併に際して就任する取締役及び監査役）に定める本合併の効力発生を停止条件として，本合併に際して新たに就任すべき甲の取締役および監査役を選任する旨の議案につきましては，それぞれ甲の臨時株主総会参考書類第4号議案および第5号議案をご参照ください。
(注3) 本契約第14条（役員の退職慰労金）第3項の定めに基づき本合併の効力発生日の前日までに辞任する甲の取締役に対して退職慰労金を贈呈する旨の議案につきましては，甲の臨時株主総会参考書類第6号議案をご参照ください。

出所：2009年3月19日付新光証券株式会社・株主総会参考書類（資料版商事法務302号286頁以下［2009］）

【資料Ⅵ-3】　合併基本合意書（合併覚書）

《合併基本合意書の概要》

1. 合併方式

　・新光証券を吸収合併存続会社とし，みずほ証券を吸収合併消滅会社とする合併

2. 合併後の状況

　(1) 商　号　　　みずほ証券株式会社
　　　　　　　　　英文名：Mizuho Securities Co., Ltd.

　(2) 本　店　　　千代田区大手町1丁目5番1号（現みずほ証券の本店所在地）

　(3) 上　場　　　東証一部／大証一部／名証一部　への上場を維持

　(4) 代表者　　　代表取締役会長　草間　高志（現新光証券株式会社 取締役社長）
　　　　　　　　　代表取締役社長　横尾　敬介（現みずほ証券株式会社 取締役社長）

3. 合併効力発生日

　・平成21年5月7日を目途とし，新合併契約書の締結時までに協議の上決定

4. 合併比率

　・新合併契約書の締結時までに協議の上決定

5. 新合併契約に関する手続き

　・今後の状況を踏まえ別途協議する

出所：2008年4月28日株式会社みずほフィナンシャルグループ・新光証券株式会社・みずほ証券株式会社「新光証券・みずほ証券の合併に関するお知らせ」(http://www.mizuho-fg.co.jp/release/pdf/20080428_2release_jp.pdf)

Ⅵ　M&A

【Discussion ④】
　合併の場合に限らず，M&A の場面では，基本合意書の中などで，他の者と一定期間 M&A 交渉をしないことなど，両当事会社が M&A 取引の実現に向けた一定の措置を約する条項（取引保護条項）が置かれることも少なくない。こうした取引保護条項の法的効力については，どのように解すべきであろうか。
　　⇨参考判例・文献：最決平成 16 年 8 月 30 日民集 58 巻 6 号 1763 頁，中東正文編『UFJ vs. 住友信託 vs. 三菱東京 M&A のリーガルリスク』[日本評論社，2005]，石綿学＝石田雅彦＝内田修平「取引保護条項の法的枠組みの検討（上）（下）」金融・商事判例 1304 号 2 頁，1305 号 2 頁 [2008]

(2)　合併の方法

　合併には，吸収合併と新設合併がある。吸収合併は，当事会社の一方が存続し，他方が解散するものであり，新設合併は，当事会社の全部が解散すると同時に，新会社が設立されるものである。実務上は，従業員の士気に対する配慮などから，対等合併であることが強調される場合であっても，法的には吸収合併の方法がとられることが多い。

【Question ②】
　本件もそうであるように，新設合併ではなく，吸収合併の方法がとられることが多いのはなぜであろうか。

　非上場会社と上場会社が，上場会社を存続会社とする吸収合併を行う場合には，その合併によって合併後の上場会社の財政状態や株主構成などに大きな変更が生じて，上場継続の適格性が失われるような事態も生じうる。また，新規上場に係る審査手続を避けることを主たる目的として，非上場会社が上場会社との吸収合併を企図する場合（いわゆる裏口上場）もみられる。そこで，証券取引所（金融商品取引法上の金融商品取引所）は，そうした不適当な合併等を上場廃止事由として掲げたうえで（東京証券取引所・有価証券上場規程 601 条 1 項 9 号など参照），上場会社が「実質的な存続会社」にあたらないと判断される場合には，新規上場審査基準に準じる基準に適合するときに限って，上場の継続を認めている。この「実質的な存続会社」に関する判断は，当事会社の経営成績および財政状態，役員構成および経営管理組織，株主構成，商号または名称，その他当該行為により上場会社に大きな影響を及ぼすと認められる事項を総合的に勘案して行われる。

　本件合併では，東京証券取引所などによって，新光証券は「実質的な存続会社」にあたらないとされ，平成 25 年 3 月末までに新規上場審査に準じる審査を経るものとされている（【資料Ⅵ-4】）。営業収益でみるとむしろ事業規模はみずほ証券の方が大きいことなどがその理由であると考えられる。

【資料Ⅵ-4】　証券取引所による実質的存続性の審査

```
                                              平成 21 年 5 月 1 日
                                              株式会社　東京証券取引所
                                                       上　場　部

合併等による実質的存続性の喪失に係る猶予期間入りについて

　下記の通り，合併等による実質的存続性の喪失に係る猶予期間に入ることとなりましたので，お知らせします。
                              記
  1．銘　　柄　新光証券株式会社　株式
              （コード：8606，市場区分：市場第一部）
        ※　同社は，平成 21 年 5 月 7 日（木）付でみずほ証券株式会社に商号変更する予定です。
```

2. 猶予期間　平成 21 年 5 月 7 日（木）（合併効力発生日）から平成 25 年 3 月 31 日（日）まで
3. 理　　由　新光証券株式会社が平成 21 年 5 月 7 日（木）付でみずほ証券株式会社（非上場）を吸収合併する件について，新光証券株式会社が有価証券上場規程第 601 条第 1 項第 9 号 a に定める「上場会社が実質的な存続会社ではないと当取引所が認めた場合」に該当するため
※　当該審査結果は，平成 19 年 1 月 10 日に公表しています。

以　上

出所：東京証券取引所ウェブサイト（http://www.tse.or.jp/listing/yuyo/b7gje6000001268p-att/8606.pdf）

(3) 合併契約の記載事項

株式会社が合併をするには，当事会社間で，法定事項を定めた合併契約（749 条・751 条・753 条・755 条）を締結したうえで（748 条），原則として各当事会社の株主総会の承認を受けなければならない（783 条 1 項・795 条 1 項・804 条 1 項）。

実務上，合併契約には，法定の事項以外にも，合併効力発生日前の剰余金の配当の限度額（本件合併契約 13 条，下記【Question ③】(3)の解答参照），吸収合併における存続会社の定款変更の内容（下記(4)参照）などが定められることが少なくない。

【Question ③】

(1) 本件合併契約に法定記載事項（749 条 1 項）が記載されているかどうか確認しなさい
(2) 吸収合併契約については，783 条 1 項・795 条 1 項により，各当事会社の株主総会の決議による承認が要求されるが，合併に際して就任する取締役・監査役に関する事項（本件合併契約 7 条）および役員の退職慰労金に関する事項（本件合併契約 14 条）は，その合併承認決議の対象であろうか
(3) 合併契約では，効力発生日前の剰余金の配当の限度額が定められることも多いが（本件合併契約 13 条），それはなぜであろうか
(4) 本件合併承認総会の決議要件はどのようなものであろうか。

(4) 合併に伴う定款変更

新設合併の場合には，新設会社の定款が不可欠である。したがって，新設会社の定款は合併契約の法定記載事項とされ（753 条 1 項），合併承認決議の対象となる。

他方，吸収合併の場合でも，存続会社における従来の発行可能株式総数だと，合併対価として消滅会社の株主に交付する株式数に不足する場合などでは，存続会社の定款を変更しなければならない。また，従業員の士気に対する配慮などから，存続会社の商号を変更するための定款変更が行われる場合もある。たとえば Visual 社を消滅会社，Materials 社を存続会社とする吸収合併を行うに際して，Materials 社の商号を Visual Materials 社に変更するといった具合である。こうした吸収合併における存続会社の定款変更は，合併契約の承認とは別個のものであるが，合併契約に予定される定款変更の内容を記載したうえで，合併契約の承認総会と同じ株主総会で決議されるのが通例である。

なお，本件合併に際しては，存続会社である新光証券の定款について，発行可能株式総数を増加するほか，商号を「みずほ証券株式会社」に，本店所在地を旧みずほ証券の本店所在地とするといった変更が加えられている（【資料Ⅵ-5】）。

VI M&A

【資料VI-5】 合併に伴う定款変更議案

(下線は変更部分を示します。)

現行定款	変更案
（商号） 第1条　本会社は新光証券株式会社と称し，英文では Shinko Securities Co., Ltd. と表示する。 第2条　（条文省略） （本店の所在地） 第3条　本会社は本店を東京都中央区に置く。 ：	（商号） 第1条　本会社はみずほ証券株式会社と称し，英文では Mizuho Securities Co., Ltd. と表示する。 第2条　（現行どおり） （本店の所在地） 第3条　本会社は本店を東京都千代田区に置く。 ：
（発行可能株式総数） 第6条　本会社の発行可能株式総数は16億株とする。	（発行可能株式総数） 第6条　本会社の発行可能株式総数は30億株とする。

出所：2009年3月19日付新光証券株式会社・株主総会参考書類（資料版商事法務302号286頁以下［2009］）

(5) 合併対価の相当性

　会社法上，事前開示書面の記載事項として，合併契約の内容などと並んで，合併対価の相当性に関する事項が規定されている（782条・794条，会社法則182条1項1号・191条1号）。合併対価の公正を手続的に保障するためのものである。この合併対価の相当性に関する事項として，具体的に何を記載するかは各当事会社の判断に委ねられているが，上場会社の場合には，証券会社，監査法人，M&Aコンサルティング会社などの専門家が作成した合併対価（合併比率）算定書を参考にしながら，各当事会社の協議によって合併対価を決定した旨が記載されるのが通例である（【資料VI-6】）。

【資料IV-6】 合併対価の相当性に関する事項

3. 会社法施行規則第191条に定める事項の内容の概要
　(1) 合併対価の相当性に関する事項
　　　当社は，みずほ証券との間において，平成21年5月7日を効力発生日とする本合併について締結した合併契約における合併対価の相当性に関し，以下のとおり判断いたしました。
　　① 合併比率
　　　合併効力発生日前日におけるみずほ証券の最終の株主名簿に記載または記録された株主さまに対して，その所有するみずほ証券の普通株式1株につき当社の普通株式122株の割合をもって，割当交付いたします。
　　② 合併比率の算定根拠等
　　　当社およびみずほ証券は，本合併に用いられる合併比率の算定にあたって公正性を期すため，当社はGCAサヴィアン株式会社（以下「GCA」という。）を，みずほ証券は株式会社KPMG FAS（以下「KPMG FAS」という。）を今回の合併比率算定のための第三者評価機関として任命し，合併比率算定書を受領いたしました。GCAは，みずほ証券が未上場会社であることを勘案し，当社とみずほ証券の各々について相対比較が可能である類似会社比較法を採用しました。これに加えて，GCAは，多面的な評価を行うため，収益および修正簿価純資産等を直接比較する等の分析も実施し，類似会社比較法による算定結果を検証しております。

採用手法	合併比率のレンジ
類似会社比較法	97～135

　　　類似会社比較法に基づく算定に際しては，合併当事会社それぞれの財務，税務および法務のデュー・ディリジェンスの結果等を分析したうえで，各社の修正簿価純資産に類似会社の株価倍率を乗じる方法を採用しており，また，株価倍率については，平成21年2月27日を基準日として，直近約1か月および3か月の期間における株価倍率の分析を行っております。類似会社比較法に基づく算定に際しては，合併当事会社それぞれの財務，税務および法務のデュー・ディリジェンスの結果等を分析したうえで，各社の修

正簿価純資産に類似会社の株価倍率を乗じる方法を採用しており，また，株価倍率については，平成21年2月27日を基準日として，直近約1か月および3か月の期間における株価倍率の分析を行っております。GCAは，合併比率の算定に関する報告書を提出するに際して，両社から提供を受けた情報および一般に公開された情報等が全て正確かつ完全であること等を前提としており，かつ，個別の資産および負債について独自の評価，鑑定または査定を行っておりません。GCAの算定は，平成21年2月27日現在までの情報と経済条件を反映したものであります。KPMG FASは，比準方式を主たる評価手法として採用し，両社の収益力および財務状態を考慮して，合併比率の基礎となる1株当たり価値の指標値を分析しました。KPMG FASは，これら分析結果を，本合併の取引実態に照らして総合的に勘案し，合併比率を算定しております。

採用方式	合併比率のレンジ
比準方式	110〜145

　比準方式については，みずほ証券については類似会社比準方式を，当社については市場株価方式と類似会社比準方式を採用しております。
　なお，市場株価方式および類似会社比準方式においては，平成21年2月27日を算定基準日とし，算定基準日までの直近1か月から3か月までの終値平均株価を用いております。
　KPMG FASは，合併比率の算定に関する報告書を提出するに際して，両社から受けたデュー・ディリジェンスの結果やその他情報および一般に公開された情報等が全て正確かつ完全であること等を前提としており，かつ個別の資産および負債について独自の評価，鑑定または査定を行っておりません。KPMG FASの算定は，平成21年2月27日現在までの情報と経済条件を反映したものであります。
　当社はGCAによる合併比率の算定結果を参考に，みずほ証券はKPMG FASによる合併比率の算定結果を参考に，それぞれ両社の財務の状況，資産の状況等の要因を総合的に勘案し，両社で合併比率について慎重に協議を重ねた結果，最終的に上記合併比率が妥当であるとの判断に至り合意いたしました。
　なお，当社は，GCAから，上記の合併比率が当社の株主さまにとって財務的な観点から見て公正妥当である旨の意見書（平成21年3月4日付）の提出を受けております。
③　算定機関との関係
　算定機関であるGCAおよびKPMG FASは，当社およびみずほ証券の関連当事者には該当いたしません。

出所：2009年3月19日付新光証券株式会社・株主総会参考書類（資料版商事法務302号286頁以下［2009］）

(6) 合併契約の内容の変更，合併契約の解除
　合併の効力は，合併契約に記載された効力発生日に生じて，当該日に，存続会社が消滅会社の権利義務を承継するとともに，消滅会社の株主・新株予約権者は存続会社の株主・新株予約権者等になる。ただし，合併契約に記載された効力発生日までに，株主総会決議，債権者異議の手続などが終了していなければ，効力発生日を先送りせざるを得ない。また，効力発生日までに必要な手続を終了できるとしても，合併契約締結後の事情変更により，当事会社が効力発生日を変更したいと望むこともありうる。
　合併契約締結後の事情変更が重大であれば，効力発生日だけでなく，合併対価などを変更したり，あるいは合併契約を解除する事態まで生じうる。実際，本件合併についても，いったん合併契約が締結され，それを承認する株主総会決議も成立したにもかかわらず，その後，合併の効力発生日が2度延期されたのを経て，結局，合併契約は解除されるに至った。そのうえで，改めて本件合併契約が締結されて，株主総会決議による承認手続がなされている（【資料Ⅵ-7】）。これに伴い，合併対価も，当初の合併契約では，みずほ証券の普通株式1株につき，新光証券の普通株式343株であったのに対し，最終的な本件合併契約では，みずほ証券の普通株式1株につき，新光証券の普通株式122株に変更された。こうした効力発生日の変更と，その後における合併契約の解除・再締結には，いわゆるサブプライム・ローン問題により，特にみずほ証券が少なくない損失を抱えたという事情が大きく影響しているといわれる。

VI M&A

【資料VI-7】 本件合併に係る合併契約の解除・再締結の背景事情

> (4) 合併当事会社における最終事業年度の末日後に生じた重要な財産の処分，重大な債務の負担その他の会社財産の状況に重要な影響を与える事象
> ① 合併延期の経過および合併契約書の締結について
> 　当社とみずほ証券は，平成20年1月1日を効力発生日とする平成19年3月29日付合併契約書について，その後の金融市場の混乱とこれに伴う経営環境の大幅な変化等から，平成19年12月20日付合意により，合併の効力発生日を平成20年5月7日へと延期しましたが，金融・資本市場の混乱に収束の兆しが見えないことから，平成20年3月21日付合意により，合併の効力発生日を平成21年の可能な限り早い時期を目処として再度延期いたしました。
> 　一方，合併契約につきましては，両社の株主総会の承認決議から相当の期間を経過していることから一旦解除し，合併比率等の見直し協議を行ったうえで新たな合併契約書を締結し，再度両社の株主総会において株主の皆さまのご承認をいただくべきとの判断から，平成20年4月28日開催の両社取締役会決定に基づき，合併を行うことについての基本方針および基本事項を確認したうえで，合併の効力発生日を平成21年5月7日の予定とする「合併基本合意書」を締結いたしました。両社は，この合併基本合意に従い，合併比率等の見直し協議を行い，平成21年3月4日開催の両社取締役会における決議を経て，同日付で合併契約書を締結いたしました。

＊なお，上記の記載は，会社法施行規則191条5号イ所定の事項（吸収合併存続会社の事前開示事項としての後発事象）として記載されたものである。本来的には同号イの事項に当たらないようにみえるが，他に適当な記載箇所がないことから，同号イの事項として記載されたものと考えられる。

出所：2009年3月19日付新光証券株式会社・株主総会参考書類（資料版商事法務302号286頁以下［2009］）

【Question ④】

本件における効力発生日の変更と，その後における合併契約の解除・再締結の背景には，みずほコーポレート銀行が新光証券の筆頭株主であるとともに，みずほ証券の親会社であるために，より慎重な手続が要求されたという事情もあったものと推測されるが，そうした推測はどのような考え方に基づくものであろうか。

(7) 合併の効果

合併では，効力発生日における消滅会社の権利義務のすべてを存続会社または新設会社が包括的に承継する。これは，会社法で認められた合併の効力であるから（750条1項・752条1項・754条1項・756条1項），本来は合併契約に規定する必要はないが，本件のように，合併契約に確認的な規定が置かれることも少なくない。

合併の効力として権利義務の包括承継がなされると，合併当事会社の一方の財務状態によっては，他方の当事会社の債権者の債権回収リスクが高まることになる。そこで，そうした債権者の利益を保護するために会社法が用意しているのが，債権者異議手続である。より具体的に，各当事会社は，合併に関する一定の事項とともに，債権者は一定の期間に異議を述べることができる旨を公告し，かつ，知れている債権者には各別に催告しなければならない（789条・799条・810条）。本件合併についても，以下のような公告がなされている（【資料VI-8】）。なお，この公告は，株式買取請求の対象となる株式の株主に対して，会社が合併をする旨を周知するための公告（785条4項・797条4項・806条4項）を兼ねるものである。

【資料Ⅵ-8】 合併公告

> 合併公告
>
> 株主及び債権者各位
>
> 左記会社は合併して甲（甲は平成二十一年五月七日以降，商号をみずほ証券株式会社に，住所を東京都千代田区大手町一丁目五番二号に変更いたします。）は乙の権利義務一切を承継して存続し，乙は解散することにいたしましたので公告します。
>
> この合併の効力発生日は平成二十一年五月七日であり，甲及び乙の株主総会の承認決議はそれぞれ平成二十一年四月三日に予定しております。
>
> この合併に対し異議のある債権者は，本公告掲載の翌日から一箇月以内にお申し出下さい。
>
> また，会社法第七百九十七条第一項の規定に基づき，この合併に反対で，株式買取請求をされる株主は，右効力発生日の二十日前の日から効力発生日の前日までの間にその旨及び株式買取請求に係る株式の数をお申し出下さい。
>
> なお，最終の貸借対照表の開示状況は次のとおりです。
> （甲）金融商品取引法による有価証券報告書提出済。
> （乙）http://www.mizuho-sc.com/
>
> 平成二十一年四月一日
>
> 東京都中央区八重洲二丁目四番一号
> （甲）新光証券株式会社
> 代表取締役 草間 高志
>
> 東京都千代田区大手町一丁目五番一号
> （乙）みずほ証券株式会社
> 代表取締役 横尾 敬介

出所：みずほ証券株式会社（新光証券株式会社から商号変更）ウェブサイト（http://www.mizuho-sc.com/announcement/pdf/koukoku_20090401.pdf）

3　少数株主の締出し

(1) 少数株主の締出しの目的

会社法の下では，現金を対価とした合併・株式交換などの組織再編を行うことによって，少数株主を会社から締め出すことができる。また，株式の内容を全部取得条項付種類株式に変更したうえで，その全部取得を行う場合にも，取得対価の定め方によってはやはり少数株主の締出しが可能である。

少数株主の締出しは，長期的視野に立った柔軟な経営の実現，株主総会に関する手続の省略による意思決定の迅速化，株主管理コストの削減といった目的で行われる。また，上場会社を非上場会社化することで，金融商品取引法に基づく有価証券報告書の提出義務など，上場に伴うコスト負担を削減するために，少数株主の締出しが行われることもある。というのも，非上場会社になっても前5事業年度のすべての末日における株主数が300名未満にならなければ有価証券報告書などの提出義務を免れることはできないし（金商24条1項ただし書，金商施行令3条の6第1項），非上場化すれば株式の価値も低下するので，非上場化にあたって少数株主に会社から相応の対価で離脱する機会を与えなければ，取締役等が少数株主から損害賠償請求を受けるおそれがあり，それを防ぐ意味でも，少数株主の締出しが必要になるからである。近時は，上場会社の経営者が──投資会社などからの資金提供を受けながら──当該上場会社から少数株主を締め出して株式全部を取得するケース（MBO），親会社が上場子会社の少数株主を締め出して完全子会社化するケースも少なくない（【資料Ⅵ-9】，【資料Ⅵ-10】）。

Ⅵ　M&A

【資料Ⅵ-9】　上場企業数の推移

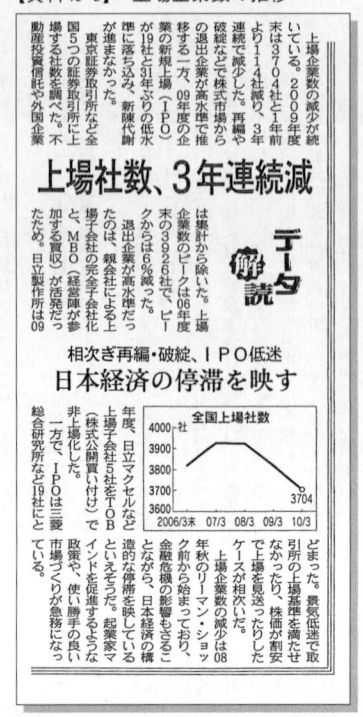

上場社数、3年連続減

相次ぎ再編・破綻、IPO低迷
日本経済の停滞を映す

出所：日本経済新聞2010年4月27日付朝刊

【資料Ⅵ-10】　MBOの件数と金額の推移

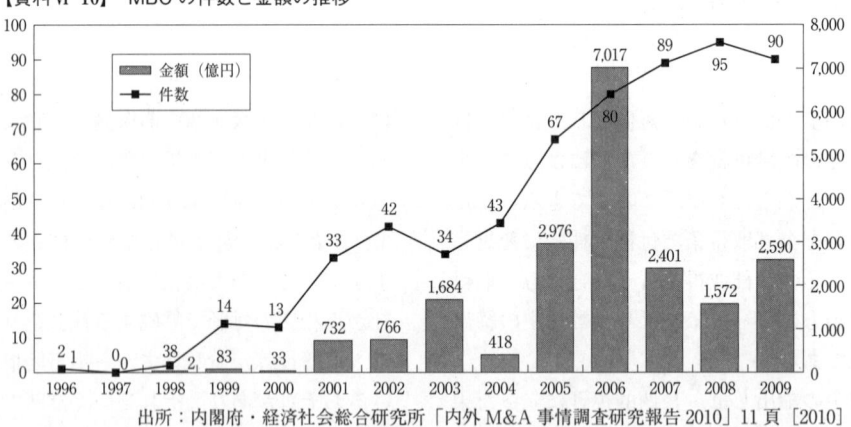

出所：内閣府・経済社会総合研究所「内外M&A事情調査研究報告2010」11頁［2010］

(2)　少数株主の締出しの手続

　少数株主の締出しは，総会特別決議を成立させることのできる支配株主が存在する会社で行われるのが通例である。既述のように，締出しには，全部取得条項付種類株式や組織再編（現金交付合併など）が用いられるところ，いずれの場合にも特別決議の手続が要求されるからである。支配株主が存在しない会社であれば，まず第一段階として，公開買付けなどを通じて，ある者が支配株式を取得した後に，第二段階として，残りの少数株主の締出しが実行されることになる（二段階買収）。

　(a)　実際の事例——新生銀行によるシンキの完全子会社化　　以下では，実際の事例として，

シンキ株式会社（上場会社）が少数株主の締出しを行って，新生銀行（上場会社）の完全子会社となったケースを参考に，少数株主の締出しの手続を概観してみよう。

株式会社新生銀行は，自社が発行済株式総数の67.6％を保有する子会社で，東証一部上場企業として消費者金融業を営んでいるシンキ株式会社について，完全子会社化を計画した。日本の消費者金融業界は，市場規模の縮小および事業収益性の低下が見込まれるところ，さらなる効率化と良質な貸付資産の拡大を図るためには，完全子会社化を実現することなどによって，新生銀行グループ内でコンシューマー・ローン事業の業務統合を進める必要があると判断された結果である。

新生銀行によるシンキの完全子会社化は，二段階の手順で行われた。まず第一段階として，新生銀行は，完全子会社であるGEコンシューマー・ファイナンス株式会社と共同で，2009年2月4日に公開買付届出書（【資料Ⅵ-11】）を金融庁長官（内閣総理大臣から受任，実際の窓口は財務局）に提出したうえで，シンキの株式――シンキは1種類の株式しか発行していない――を対象とする株式公開買付けを実施し，シンキ株式の96.88％を所有するに至った。なお，この公開買付けに対し，シンキは意見表明報告書（【資料Ⅵ-14】）のなかで賛同の意を表明している。次いで，第二段階として，シンキは，新生銀行以外の株主を締め出すことにより，新生銀行の完全子会社となった。この第二段階における少数株主の締出しには，全部取得条項付種類株式が利用されている。

【Question ⑤】

(1) 新生銀行が本件株式公開買付けを実施したのはなぜであろうか。
(2) 第二段階として，会社が別会社の完全子会社化となるために，金銭を対価とした少数株主の締出しをするときには，株式交換を金銭を対価として行うという方法もある。しかし，本件もそうであるように，実務上は全部取得条項付種類株式による方法が用いられるのが通例であるが，それはなぜであろうか。

(b) 株式公開買付け（第一段階の取引）

上場会社の支配株式を取得する場合には，公開買付け（Tender-offer bid, Takeover bid, TOB）の方法が用いられることが少なくない。市場で大量の株式を取得する場合には，最終的な株式取得価格の予測が付きにくいといった難点があるからである。もし予算一杯まで株式を買ったが，結局，支配権を取得できるだけの株式数は買えなかったために，買った株式を売却して撤退し，あとには売却損だけが残るということになれば，目も当てられない。

他方，公開買付けの方法では，一定期間に（金商27条の2第2項，金商令8条1項，20営業日以上60営業日以内），一定価格で，一定数の株式を買い付ける旨を公告（公開買付開始公告）することによって（金商27条の3），対象会社の株主に対して，直接に（市場外で），株式の買付け等の申込みまたは売付け等の申込みの勧誘が行われる（金商27条の2第6項）。応募のあった株式の全部を買い付けることもできるが，必ずしもその必要はなく，あらかじめ公開買付開始公告で定めた買付予定数の限度で買い付けることもできるし，応募のあった株式数が買付予定数に達しなければ全部を買い付けないとすることも許される（金商27条の13第4項参照）。ただし，例外的に，公開買付け後における買付者の株券等所有割合が3分の2以上になるような公開買付けを行うときは，全株式の買付義務が課される（金商27条の13第4項，金商令14条の2の2）。

公開買付けについては，不当な応募圧力がかからないよう，金商法上，情報開示および投資家（対象会社の株主）の平等取扱いを確保するための規定が置かれている。このうち，情報開示は，公開買付開始公告のほか，さらに詳しい情報が記載された公開買付届出書（金商27条の3第2項，開示府令12条第2号様式。【資料Ⅵ-11】），

Ⅵ　M＆A

公開買付説明書（金商27条の9），対象会社の意見表明報告書（金商27条の10。【資料Ⅵ-14】）などによって行われる。

【Discussion ⑤】

市場での支配株式の取得には難点があるようにみえるが，それにもかかわらず，過去のわが国では，とくに敵対的買収は，むしろ市場における株式買集めによって行われることが多かった。それはなぜであろうか。

【資料Ⅵ-11】　新生銀行の公開買付届出書の主な記載事項

＊発行者以外の者による株券等の公開買付けの場合（自己株式の公開買付け以外の場合），公開買付届出書に記載すべき事項は，「発行者以外の者による株券等の公開買付けの開示に関する内閣府令」の第二号様式で定められており（同府令12条，下記【資料Ⅵ-13】参照），①公開買付要項，②公開買付者の状況，③公開買付者及びその特別関係者による株券等の所有状況・取引状況，④公開買付者と対象者との取引，⑤対象者の状況，に大別される。以下は，新生銀行が提出した公開買付届出書の記載事項のうち①公開買付要項の一部を抜粋したものである。

第1【公開買付要領】

1【対象者名】
シンキ株式会社

2【買付け等をする株券等の種類】
普通株式

3【買付け等の目的】
（略）

4【買付け等の期間，買付け等の価格及び買付予定の株券等の数】
(1)【買付け等の期間】
　①【届出当初の期間】

買付け等の期間	平成21年2月4日（水曜日）から平成21年3月18日（水曜日）まで（30営業日）
公告日	平成21年2月4日（水曜日）
公告掲載新聞名	電子公告を行い，その旨を日本経済新聞に掲載します。 （電子公告アドレス http://info.edinet-fsa.go.jp/）

　②【対象者の請求に基づく延長の可能性の有無】
　　該当事項はありません。
　③【期間延長の確認連絡先】
　　該当事項はありません。

(2)【買付け等の価格】

株券	
新株予約権	
新株予約権付社債	
株券等信託受益証券（　　）	
株券等預託証券（　　）	
算定の基礎	公開買付者らは，本公開買付価格を決定するに当たり，財務アドバイザーである日興シティグループ証券に対し，対象者の株式価値の算定を依頼し，日興シティグループ証券より株式価値算定書を取得しています。同社は，市場株価法，類似公開買付事例におけるプレミアム分析法及び類似公開企業乗数比較法の各手法を用いて対象者の株式価値算定を行いました。株式価値算定書における各手法における対象者株式価値の算定結果は以下のとおりです。なお，消費者金融業界の劇的な環境変化のため，公開買付者らにおいて，対象者の将来の収益見通しを正確に予測することが著しく困難であることから，対象者の株価分析においては，キャッシュフロー割引モデル（Discounted Cash Flow

3　少数株主の締出し

	Model）や配当割引モデル（Dividend Discount Model）による分析は行っておりません。 (1)　市場株価法では，平成21年1月28日を基準日として，対象者の株価終値の1ヶ月平均，3ヶ月平均及び6ヶ月平均を基に，1株あたりの株式価値の範囲を60円から76円までと算定しています。 (2)　類似公開買付事例におけるプレミアム分析法では，平成19年9月以降に公表された公開買付事例のうち，親会社による上場子会社株式に対する公開買付事例を抽出し，公開買付前一定期間の株価終値の平均値に対するプレミアムの状況を分析しました。1ヶ月平均，3ヶ月平均及び6ヶ月平均に対するプレミアムは，それぞれ約42％，約38％及び約25％となりました。かかるプレミアムのレンジを対象者の該当期間の株価終値の平均値に適用し，一株あたりの株式価値の範囲を75円から108円までと算定しています。 (3)　類似公開企業乗数比較法では，対象者と類似する事業を手掛ける上場企業の市場株価や収益性等を示す財務指標との比較を通じて，対象者の株式価値を評価し，1株あたりの株式価値の範囲を，平成20年9月期実績に基づく株価純資産倍率（PBR）で44円から53円まで，平成20年9月期実績に基づく企業価値／営業債権乗数で87円から196円まで，平成22年3月期予想に基づく株価収益率（PER）で87円から106円までと算定しています。 　公開買付者らは，これらの算定結果を基に，各評価方法により得られた算定結果の比較検討を行い，本公開買付価格の検討を進めました。また，公開買付者らは，対象者と本公開買付価格に関する協議を行い，対象者による本公開買付けへの賛同の可否，本公開買付けの見通し等を総合的に勘案した上で，最終的に本公開買付価格を一株当たり100円と決定しました。 　なお，一株当たり100円という公開買付価格は，平成21年2月2日までの東京証券取引所市場第一部における対象者の普通株式の終値の過去6ヶ月間における単純平均75円に対して33.3％のプレミアムを，同3ヶ月間の単純平均60円に対して66.7％のプレミアムを，同1ヶ月間の単純平均62円に対して61.3％のプレミアムを加えた金額です。また，平成21年2月2日の東京証券取引所市場第一部における終値64円に対して56.3％のプレミアムを加えた金額です。
算定の基礎	公開買付者らは，事業環境が大きく変化している日本の消費者金融市場に適切に対応するため，対象者の経営上の課題や将来の事業戦略等について，これまで検討を行ってきました。対象者の財務状況と事業環境に鑑み，公開買付者らは，対象者がGECFと事業提携することが，対象者ひいては新生グループの利益の最大化に資することとなり，以って長期的視点にたった対象者の企業価値の維持が実現可能となるものと判断し，本公開買付けを実施することとし，以下の経緯により本公開買付価格の決定をいたしました。 (1)　第三者算定人からの株式価値算定書の取得について 　公開買付者らは，対象者の株式価値の算定を開始するため，平成20年12月に財務アドバイザーである日興シティグループ証券に対し，対象者の株式価値の算定を依頼しました。公開買付者らは，本公開買付価格を決定するにあたり，参考情報とすべく，日興シティグループ証券より対象者の株式価値に関する株式価値算定書を平成21年1月29日付けで取得しております。 (2)　株式価値算定書の概要 　日興シティグループ証券は，市場株価法，類似公開買付事例におけるプレミアム分析法及び類似公開企業乗数比較法の各手法を用いて対象者の株式価値算定を行いました。その結果は下記のとおりです。 　市場株価法：60円〜76円 　類似公開買付事例におけるプレミアム分析法：75円〜108円 　類似公開企業乗数比較法 　①　株価純資産倍率（PBR）ベース：44円〜53円 　②　企業価値／営業債権乗数ベース：87円〜196円 　③　株価収益率（PER）ベース：87円〜106円 (3)　本公開買付価格の決定経緯について 　公開買付者らは，本公開買付価格を決定するにあたり，日興シティグループ証券の算定結果を基に，各評価方法により得られた算定結果の比較検討を行い，本公開買付価格の検討を進めました。また，公開買付者らは，対象者と本公開買付価格に関する協議を行い，対象者による本公開買付けへの賛同の可否，本公開買付けの見通し等を総合的に勘案した上で，平成21年2月3日に最終的に本公開買付価格を一株当たり100円と決定しました。 (4)　本公開買付価格の評価の公正性を担保するための措置及び利益相反を回避するた

Ⅵ M&A

めの措置等本公開買付けの公正性を担保するための措置

公開買付者である新生銀行は、本書提出日現在、対象者の普通株式に係る議決権の過半数を保有し、対象者を連結子会社としていることから、本公開買付価格の評価の公正性を担保するための措置及び利益相反を回避するための措置等本公開買付けの公正性を担保するための措置として、以下に述べる措置を採っております。

公開買付者らは、本公開買付けに至る意思決定過程における恣意性を排除するため、日興シティグループ証券に対して財務アドバイザーとしての助言を依頼し、また、アンダーソン・毛利・友常法律事務所を法務アドバイザーとして選任し、同事務所による法的助言を得ながら慎重に議論・検討を重ねてまいりました。

公開買付者らは、前記のとおり、本公開買付価格を決定するに当たり、公開買付者ら及び対象者から独立した第三者算定機関である日興シティグループ証券に対し、対象者の株式価値の算定を依頼し、日興シティグループ証券より株式価値算定書を取得しています。

他方、対象者は、本公開買付けにおいて、自らの親会社である新生銀行が公開買付者であること、また、自らの取締役に新生銀行の出身者が含まれることに鑑み、本公開買付けに関する意見表明に係る意思決定過程における利益相反を回避し、恣意的な判断がなされないようにするとともに、本公開買付けに係る買付条件及び手続きの公正性を担保するという観点から、厳格なプロセスを経て意見表明の内容を決定することが望ましいと判断しました。

このため、対象者は、まず、公開買付者らとは別に、公開買付者ら及び対象者から独立した第三者機関であり、かつ対象者の関連当事者にも該当しない新日本に対象者の株式価値の算定を依頼し、新日本より株式価値算定報告書を取得のうえ、公開買付者らから提示された本公開買付価格の公正性を判断するための基礎資料とすることとしました。なお、新日本は、市場株価法、ディスカウンテッド・キャッシュフロー法（DCF法）及び類似上場会社法の各手法を用いて対象者の株式価値算定を行ったうえで、各算定手法による算定結果を総合評価し、1株あたりの株式価値を78.57円と算定しています。

また、対象者は、本公開買付けに至る手続並びに本公開買付けの買付条件及び取引形態の決定プロセスにおいて利益相反や一般株主を害する不公正が生じることを回避するべく、自らの取締役会の諮問機関として、稲葉威雄氏（弁護士）を委員長、並びに竹原相光氏（公認会計士）及び大塚和成氏（弁護士）を委員とする本独立委員会を設置し、本独立委員会に対して本公開買付けに関する諮問を行いました。

さらに、対象者は、本公開買付けに対する意見表明に関する意思決定過程、意思決定方法その他の留意点について日比谷パーク法律事務所に助言を依頼しました。日比谷パーク法律事務所は、対象者との複数回の会議等において本公開買付けに関連する情報を取得し、法的助言を行うとともに、対象者の取締役会に対し、本公開買付けに対する意見表明に関する意思決定過程及び意思決定方法が適法である旨の意見書を提出いたしました。

その上で、対象者の取締役会は、その決議の成立のための定足数にも配慮しつつ、本独立委員会の指摘を踏まえて、社外取締役を残し、新生銀行出身の取締役2名が自主的に審議及び議決に加わらないこととして、新生銀行出身取締役のみでは取締役会の意思決定が不可能な状態を作出した上で、新日本より取得した株式価値算定報告書を精査するとともに、本独立委員会から提出された意見を最大限尊重して慎重な審議及び検討を行い、出席取締役全員一致の下で、本公開買付けについて、賛同の意見を表明するとともに、対象者の株主が本公開買付けに応募することを勧める旨の意見表明を行うことを決議いたしました。

この他、公開買付者らは、法に定められた公開買付期間の最短期間が20営業日であるところ、本公開買付けにおける公開買付期間を30営業日と設定しております。このように公開買付期間を比較的長期間に設定することにより、対象者の株主の皆様に対して本公開買付けに対する応募につき適切な判断機会を確保しつつ、公開買付者ら以外の者にも対抗的な買付け等を行う機会を確保し、これをもって本公開買付価格の適正性を担保することを企図しております。なお、公開買付者らは、対象者との間で、対象者が、公開買付者らの対抗者と接触することを一切禁止するような合意を行っておりません。

(3) 【買付予定の株券等の数】

買付予定数	買付予定数の下限	買付予定数の上限
48,708,050（株）	――（株）	

(注1) 本公開買付けでは、公開買付者らは、法第27条の13第4項各号に掲げるいずれの条件も付しておらず、

3　少数株主の締出し

応募株券等の全部の買付けを行います。そのため、買付予定の株券等の数（以下「買付予定数」といいます。）として、本公開買付けにおいて買付け等を行う株券等の最大数である48,708,050株を記載しております。なお、当該最大数は、対象者が平成20年11月14日に提出した第55期第2四半期報告書に記載された平成20年11月14日現在の発行済普通株式総数151,138,278株から、対象者が保有する自己株式数（平成20年9月30日現在で132株）及び公開買付者らが本書提出日現在所有する株式数（102,430,096株）を控除した株式数です。

（注2）本公開買付けを通じて、対象者が保有する自己株式（平成20年9月30日現在132株）を取得する予定はありません。

（注3）単元未満株式についても、本公開買付けの対象としております。但し、後記「7　応募及び契約の解除の方法」の「(1)応募の方法」において記載されているとおり、応募に際しては買付け等の対象となる単元未満株式が、公開買付代理人又は復代理人（後記「7　応募及び契約の解除の方法」の「(1)応募の方法」において記載されるものをいいます。）に開設された応募株主等（以下に定義します。）名義の口座に記載又は記録されている必要があります。詳細については、後記「7　応募及び契約の解除の方法」の「(1)応募の方法」をご覧下さい。なお、会社法に従って、株主による単元未満株式買取請求権が行使された場合には、対象者は、法令に従って公開買付期間中に自己の株式を買い取ることがあります。

（注4）本公開買付けにおいて買付け等を行う応募株券等のうち、(1)33,594,400株に満つるまでの数の応募株券等については、原則として、新生銀行及びGECFが50：50の比率で買付け等を行い（但し、かかる割合で配分した結果生じる1株未満の端数については、新生銀行が買付け等を行うものとします。）、(2)33,594,400株を超える分の応募株券等については、その全部を新生銀行が買付け等を行うものとします。買付予定数（48,708,050株）の内、各公開買付者の内訳は、以下のとおりです。

　　公開買付者　　　　買付予定数
　　新生銀行　　　　　31,910,850株
　　GECF　　　　　　 16,797,200株

5【買付け等を行った後における株券等所有割合】
　（略）

6【株券等の取得に関する許可等】
　（略）

7【応募及び契約の解除の方法】
　（略）

8【買付け等に要する資金】
　（略）

9【買付け等の対価とする有価証券の発行者の状況】
　（略）

10【決済の方法】
　（略）

11【その他買付け等の条件及び方法】
　（略）

出所：EDINET　株式会社新生銀行・公開買付届出書（2009年2月4日提出）

【資料Ⅵ-12】　発行者以外の者による株券等の公開買付けの開示に関する内閣府令・第2号様式・記載上の注意
＊「発行者以外の者による株券等の公開買付けの開示に関する内閣府令」の第2号様式は、公開買付届出書の記載事項を定めているだけでなく、一定の事項については「記載上の注意」をもって記載すべき内容をさらに詳細に定めている。以下は、その一部の抜粋である。

発行者以外の者による株券等の公開買付けの開示に関する内閣府令・第二号様式・記載上の注意
　(6)　買付け等の期間、買付け等の価格及び買付予定の株券等の数
　　e　「算定の基礎」欄には、買付価格の算定根拠を具体的に記載し、買付価格が時価と異なる場合や当該

Ⅵ　M＆A

> 買付者が最近行った取引の価格と異なる場合には，その差額の内容も記載すること。株券等の種類に応じた公開買付価格の価額の差について，換算の考え方等の内容を具体的に記載すること。
> f 「算定の経緯」欄には，算定の際に第三者の意見を聴取した場合に，当該第三者の名称，意見の概要及び当該意見を踏まえて買付価格を決定するに至った経緯を具体的に記載すること。公開買付者が対象者の役員，対象者の役員の依頼に基づき当該公開買付けを行う者であって対象者の役員と利益を共通にする者又は対象者を子会社（会社法第2条第3号に規定する子会社をいう。以下同じ。）とする会社その他の法人である場合であって，買付価格の公正性を担保するためのその他の措置を講じているときは，その具体的内容も記載すること。

【Question ⑥】
　【資料Ⅵ-12】のfでは，「公開買付者が対象者の役員，対象者の役員の依頼に基づき当該公開買付けを行う者であって対象者の役員と利益を共通にする者又は対象者を子会社……とする会社その他の法人である場合」について，「買付価格の公正性を担保するためのその他の措置を講じている」ことを前提とした規定ぶりがなされている。これはなぜであろうか。

【Work & Practice ①】
　【資料Ⅵ-11】の公開買付届出書において，新生銀行は「買付価格の公正性を担保するためのその他の措置」として具体的にどのような措置を講じていたと開示しているのか確認してみよう。

【Work & Practice ②】
　公開買付届出書，公開買付開始公告，対象会社の意見表明報告書は，いずれもEDINET（Electronic Disclosure for Investors' NETwork，金融商品取引法に基づく有価証券報告書等の開示書類に関する電子開示システム。http://www.edinet-fsa.go.jp/）で閲覧することができる。任意の友好的買収または敵対的買収のケースを選んで，調べてみよう。

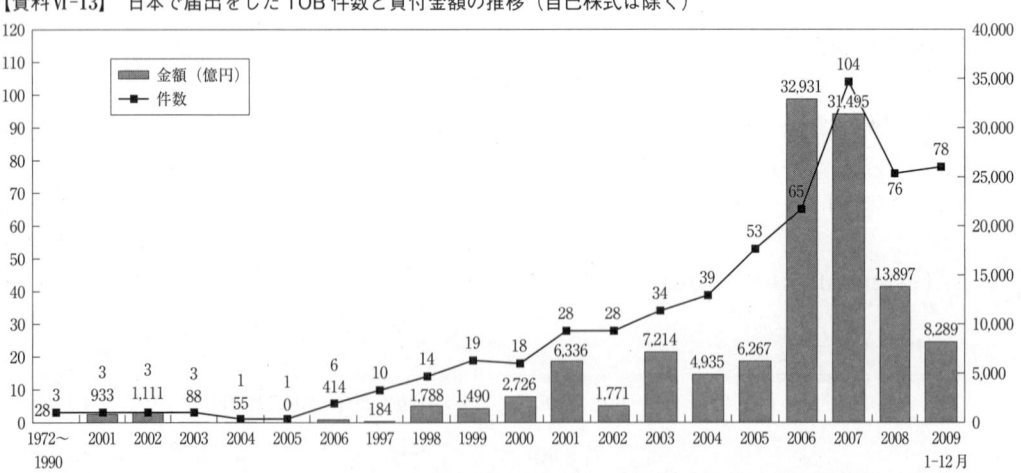

【資料Ⅵ-13】　日本で届出をしたTOB件数と買付金額の推移（自己株式は除く）

出所：内閣府・経済社会総合研究所「内外M&A事情調査研究報告2010」11頁［2010］

3　少数株主の締出し

【資料Ⅵ-14】　意見表明報告書

1　【公開買付者の氏名又は名称及び住所又は所在地】
　　名称／1　　　　株式会社新生銀行
　　所在地　　　　　東京都千代田区内幸町二丁目1番8号
　　名称／2　　　　GEコンシューマー・ファイナンス株式会社
　　所在地　　　　　東京都港区赤坂五丁目2番20号

2　【公開買付者が買付け等を行う株券等の種類】
　　普通株式

3　【当該公開買付けに関する意見の内容，根拠及び理由】
　(1)　本公開買付けに関する意見の内容
　　　当社は，平成21年2月3日開催の取締役会において，株式会社新生銀行（以下「新生銀行」といいます。）及びGEコンシューマー・ファイナンス株式会社（以下「GECF」といいます。また，新生銀行とGECFの両社を「公開買付者ら」といいます。）による当社普通株式を対象とする公開買付け（以下「本公開買付け」といいます。）について，賛同の意見を表明するとともに，当社の株主の皆様が本公開買付けに応募されることを勧める旨を決議いたしました。

　(2)　本公開買付けの概要
　　　（略）

　(3)　本公開買付けの背景
　　　（略）

　(4)　本公開買付けに賛同するに至った意思決定の過程
　　　（略）

　(5)　本公開買付けに関する意見の理由
　　　（略）

　(6)　今後の見通し
　　　（略）

　(7)　上場廃止となる見込み及びその事由
　　　（略）

　(8)　公正性担保と利益相反回避のための措置
　　　上記のとおり，本公開買付けにおきましては，親会社である新生銀行が公開買付者であること，取締役に新生銀行の出身者が含まれることに鑑み，当社取締役会は，本公開買付けに関する意見表明に係る意思決定過程における利益相反を回避し，恣意的な判断がなされないようにするとともに，買付条件及び手続きの公正性を担保するという観点から，厳格なプロセスを経て当該意見を決定することが望ましいと判断しました。
　　　このため，当社は，まず，公開買付者らとは別に，公開買付者ら及び当社とは独立した第三者機関であり，かつ関連当事者に該当しない新日本に当社の株式価値の算定を依頼し，新日本より株式価値算定報告書を取得のうえ，公開買付者らから提示された公開買付価格の公正性を判断するための基礎資料とすることとしました。なお，新日本は，市場株価法，ディスカウンテッド・キャッシュフロー法（DCF法）及び類似上場会社法の各手法を用いて当社の株式価値算定を行ったうえで，各算定手法による算定結果を総合評価し，1株あたりの株式価値を78.57円と算定しています。
　　　また，当社は，本公開買付けに至る手続並びに本公開買付けの買付条件及び取引形態の決定プロセスにおいて利益相反や一般株主を害する不公正が生じることを回避するべく，取締役会の諮問機関として社外の専門家からなる独立委員会を設置し，本独立委員会に対して本公開買付けに関する諮問を行いました。
　　　さらに，当社は，本公開買付けに対する意見表明に関する意思決定過程，意思決定方法その他の留意点について日比谷パーク法律事務所に助言を依頼しました。日比谷パーク法律事務所は，当社との複数回の会議等において本公開買付けに関連する情報を取得し，法的助言を行うとともに，当社の取締役会に対し，本公開買付けに対する意見表明に関する意思決定過程，意思決定方法が適法である旨の意見書を提出いたしました。
　　　そのうえで，当社取締役会は，決議の成立のための定足数にも配慮しつつ，本独立委員会の指摘を踏まえて，社外取締役を残し，新生銀行出身の取締役2名が自主的に審議及び決議に加わらないこととして，新生銀行出身取締役のみで取締役会の意思決定が不可能な状態を作出したうえで，本独立委員会から提出された意見を最大限尊重して検討を行い，本公開買付けに対する意見の内容を出席取締役全員一致で決議いたしました。

Ⅵ M&A

4【役員が所有する株券等の数及当該株券等に係る議決権の数】
（略）

5【公開買付者又はその特別関係者による利益供与の内容】
（略）

6【会社の支配に関する基本方針に係る対応方針】
（略）

7【公開買付者に対する質問】
（略）

8【公開買付期間の延長請求】
（略）

出所：EDINET　シンキ株式会社・意見表明報告書（2009年2月4日提出）

【Question ⑦】

新生銀行による公開買付けに対し，シンキが対象者として賛同の意を表明するに際しては，とくに慎重な判断過程が踏まれているようにみえるが，それはどのような事情によるものと考えられるか。

(c) **全部取得条項付種類株式の全部取得（第二段階の取引）** 既述のように，本件における第二段階の取引として，シンキは，新生銀行以外の株主を締め出すことにより，新生銀行の完全子会社となった。この第二段階における少数株主の締出しには，全部取得条項付種類株式が利用されており，その通例的な手続は，より具体的に，本件のように，締出しを行おうとする会社が1種類の株式（一般に普通株式と呼ばれる）のみを発行しているのであれば，以下のとおりである。①まずは定款を変更して，普通株式以外の何らかの種類株式について定めて，種類株式発行会社（2条13号）となる（【資料Ⅵ-15】）。②普通株式の内容を全部取得条項付種類株式に変更するため，定款を変更して，普通株式の内容として全部取得条項を定める（108条2項7号。【資料Ⅵ-16】）。③その後，株主総会決議で，全部取得条項付種類株式の全部を会社が強制的に取得する旨，およびその取得対価などを定める（171条。【資料Ⅵ-17】）。上記①②③は，いずれも株主総会特別決議に基づいて行われる。本件がそうであるように，同一の株主総会で行うこともでき，実務上は，それが一般的である。

【資料Ⅵ-15】種類株式発行に係る定款変更議案

（下線は変更部分を示します）

本臨時株主総会第1号議案による変更後の定款	追　加　変　更　案
（発行可能株式総数）	（発行可能株式総数）
第5条　当会社の発行可能株式総数は，60,455万株とする。	第5条　当会社の発行可能株式総数は，60,455万株とし，このうち普通株式の発行可能種類株式総数は60,454万株，A種種類株式の発行可能種類株式総数は1万株とする。
	（A種種類株式）
（新設）	第5条の2　当会社は，残余財産を分配するときは，A種種類株式を有する株主またはA種種類株式の登録株式質権者に対し，普通株式を有する株主または普通株式の登録株式質

3 少数株主の締出し

	権者に先立ち，A種種類株式1株につき1円を支払う。上記の残余財産の分配後，残余する財産があるときは，普通株式を有する株主または普通株式の登録株式質権者およびA種種類株式を有する株主またはA種種類株式の登録株式質権者に対し，同順位にて残余財産の分配を行う。
（単元株式数）	（単元株式数）
第6条　当会社の単元株式数は，100株とする。	第6条　当会社の<u>普通株式の</u>単元株式数は，100株とし，<u>A種種類株式の単元株式数は，1株とする</u>。
	<u>（種類株主総会）</u>
（新設）	<u>第15条の2　第12条，第13条および第15条の規定は，種類株主総会にこれを準用する。</u>
	<u>2　第14条第1項の規定は，会社法第324条第1項の規定による種類株主総会の決議にこれを準用する。</u>
	<u>3　第14条第2項の規定は，会社法第324条第2項の規定による種類株主総会の決議にこれを準用する。</u>

出所：2009年5月20日付シンキ株式会社・株主総会参考書類（資料版商事法務305号353頁以下［2009］）

【Question ⑧】

(1) 本件で，全部取得条項付種類株式を利用して，少数株主の締出しを行うにあたり，なぜシンキはA種種類株式の内容を定款で定めたのであろうか。

(2) 普通株式と比べて，A種種類株式の発行可能種類株式総数がごく少数とされているのはなぜであろうか。また，普通株式の単元株式数が100株とされているのに対し，A種種類株式の単元株式数が1株とされているのはなぜであろうか。

(3) A種種類株式の内容が，ほとんど普通株式と同様のものとされているのはなぜであろうか。

【資料Ⅵ-16】　全部取得条項の付加に係る定款変更議案

（下線は変更部分を示します）

本臨時総会第1号議案および第2号議案による変更後の定款	追　加　変　更　案
（新設）	<u>（全部取得条項）</u> <u>第5条の3　当会社が発行する普通株式は，当会社が株主総会の決議によってその全部を取得できるものとする。当該取得を行う場合には，当会社は，普通株式の取得と引換えに，新たに発行するA種種類株式を普通株式1株につき0.00000005株の割合をもって交付する。</u>
（新設）	<u>（附則）</u> <u>第4条　第5条の3の規定は，平成21年7月10日の到来により効力を生じ，当該効力の発生と同時に，本条（附則第4条）を削るものとする。</u>

出所：2009年3月19日付新光証券株式会社・株主総会参考書類（資料版商事法務302号286頁以下［2009］）

Ⅵ　M&A

【資料Ⅵ-17】　全部取得条項付種類株式の取得に係る株主総会議案

第4号議案　全部取得条項付種類株式の取得の件
1. 全部取得条項付種類株式の全部を取得することを必要とする理由
　　第2号議案「1. 変更の理由」において説明申しあげておりますとおり，当社は，本定款一部変更等により本完全支配化手続を実施いたしたいと存じております。
　　本議案は，本定款一部変更等の一連の手続のうち，会社法第171条ならびに第1号議案ないし第3号議案による変更後の定款に基づき，株主総会の決議によって，当社が本件株主様から全部取得条項付種類株式の全てを取得し，当該取得と引換えに，以下のとおり，取得対価として，第2号議案に係る変更後の定款により新たに発行することが可能となる当社A種種類株式を交付する手続を実施するものであります。
　　本議案が承認された場合，新生銀行および新生フィナンシャル以外の本件株主様に対して当社が交付する取得対価である当社A種種類株式の数は，新生銀行および新生フィナンシャルによる当社の完全支配化が達成されるよう，1株未満の端数となります。このように交付される当社A種種類株式の数が1株未満の端数となる本件株主様に関しましては，会社法第234条の定めに従い，以下のとおりの1株未満の端数処理がなされ，最終的には現金が交付されることになります。
　　即ち，当社では，本議案が承認された場合は，上記のように本件株主様に交付することになる1株未満の端数の合計数（会社法第234条第1項により，その合計数に1株に満たない端数がある場合には，当該端数は切り捨てられます。）に相当する数の当社A種種類株式を，会社法第234条第2項の定めるところに従い，裁判所の許可を得た上で，新生銀行に対して売却することを予定しておりますが，かかる売却により得られた代金を，上記のように交付される当社A種種類株式の数が1株未満の端数となる本件株主様に対して，その有する端数に応じて交付することを予定しております。
　　なお，上記の1株未満の端数処理により本件株主様に交付される金銭の額については，特段の事情がない限り，本公開買付けにおける当社普通株式に係る買付価格（1株当たり100円）を基準として算定される予定ですが，その算定の時点が異なることから当該算定時点における当社の事業，業績，財務状態，資産若しくは経営又はこれらの見込み等，又は本完全支配化手続に関連する裁判所の判断等によっては，当該金銭の額が本公開買付けにおける当社普通株式に係る買付価格と異なり，これを上回る，同等である又は下回ることがあり得ます。また，計算上の端数調整が必要な場合などにおいても，実際に本件株主様に交付される金銭の額が，本公開買付けにおける当社普通株式に係る買付価格と異なることがあり得ます。

2. 全部取得条項付種類株式の取得の内容
(1) 全部取得条項付種類株式の取得と引換えに交付する取得対価およびその割当てに関する事項
　　全部取得条項付種類株式の取得と引換えに，取得日（下記(2)において定めます。）において，取得日の前日の最終の当社の株主名簿に記載又は記録された普通株式の株主様（但し，当社を除きます。）に対して，その所有する全部取得条項付種類株式1株につき，新たに発行する当社A種種類株式を0.00000006株の割合をもって交付いたします。
(2) 取得日
　　平成21年7月10日といたします。
(3) その他
　　本議案に係る全部取得条項付種類株式の取得の効力発生は，第1号議案，第2号議案および第3号議案について原案どおりご承認が得られること，普通株式の株主による種類株主総会において第3号議案の追加変更案と同内容の定款変更案の議案について原案どおりご承認が得られること，ならびに第3号議案に係る定款変更の効力が発生することを条件といたします。なお，その他の必要事項につきましては，取締役会にご一任願いたいと存じます。

以　上

出所：2009年3月19日付新光証券株式会社・株主総会参考書類（資料版商事法務302号286頁以下［2009］）

【Question ⑨】
　　全部取得条項付種類株式1株あたりの取得対価が，0.00000006株というきわめて僅少な数のA種種類株式とされたのはなぜであろうか。

4 敵対的買収

(1) 近時の動向

敵対的買収とは，ターゲット企業の経営陣の同意なく，ターゲット企業の買収（支配権の取得）を行うことをいう。近年では，2000年に村上ファンドが昭栄に敵対的買収を仕掛けたのをはじめ，2005年にはライブドアがニッポン放送に，2006年には王子製紙が北越製紙に，2008年にスティール・パートナーズがブルドックソースにそれぞれ敵対的な公開買付けを行うなど，相次いで敵対的買収が試みられて社会的な注目を集めた（【資料Ⅵ-18】）。こうした敵対的買収の脅威の高まりに伴い，各企業で買収防衛策の導入が急速に進んだが（【資料Ⅵ-19】），近時は，防衛策の新規導入も落ち着く一方，いったん導入した防衛策を廃止する企業も徐々に増えつつある（【資料Ⅵ-20】）。

【資料Ⅵ-18】 敵対的買収の事例

出所：日本経済新聞2006年7月24日朝刊

【資料Ⅵ-18】の新聞報道の後，2006年8月2日，王子製紙は北越製紙の株式について，公開買付けを実施した。しかし，この公開買付け期間中に，北越製紙が，同年7月21日開催の取締役会決議に基づいて三菱商事に対する第三者割当増資を実施し，三菱商事が北越製紙の発行済株式の約24%を保有するに至ったことなどから，王子製紙による支配株式の取得は困難な情勢となった。王子製紙は，応募株式数が買付予定株式数に満たない場合は応募株式の全部の買付けを行わないという条件を付していたところ，結局，買付予定株式数をはるかに下回る応募しかなく，公開買付けは不成立に終わった。

なお，【資料Ⅵ-18】では，日本国内で日本企業による敵対的買収の成功例はないとされているが，その後，2007年に株式会社ケン・エンタープライズが，東証二部上場の株式会社ソリッドグループホールディングス（現株式会社カーチスホールディングス）の取締役会が反対するなか，同社の株式について公開買付けを実施して，発行済株式の支配株式（発行済株式の約49%）を取得したように，敵対的買収の成功例も現れている。ただし，同事例は，ソリッドグループホールディングスの発行済株式の約48%を取得していたリーマン・ブラザーズ証券が公開買付けに応じたために買収が成功したという特殊なケースではある。

【資料Ⅵ-19】 買収防衛策の導入状況（累計）

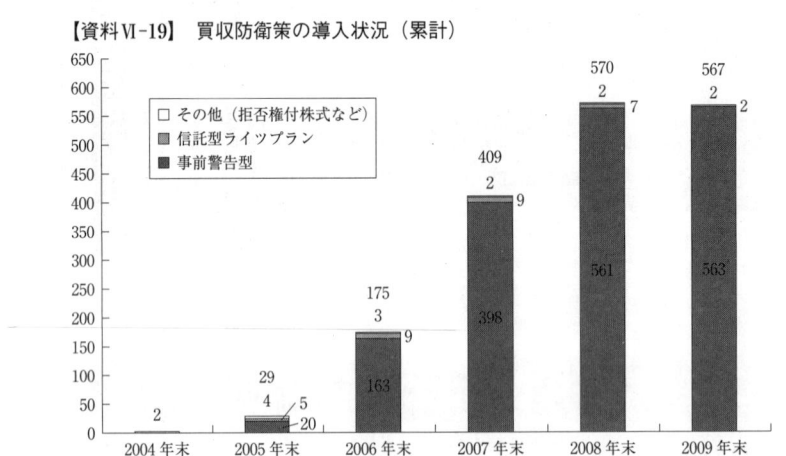

出所：内閣府・経済社会総合研究所「内外M&A事情調査研究報告2010」12頁［2010］

【資料Ⅵ-20】 買収防衛策の廃止件数

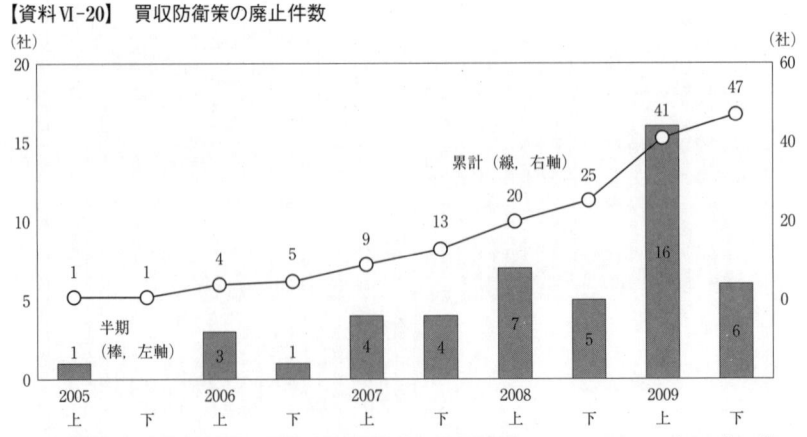

出所：藤島裕三「導入一巡した買収防衛策の今後」大和総研 Consulting Report（2010年3月19日），原資料は『MARR』

4 敵対的買収

【Discussion ⑥】

2009年の株主総会シーズンに防衛策の継続議案を株主総会に諮った企業として30社強が確認されている。それらの企業では，株主意思の確認手続を設定する，定款変更決議を経て再導入するなど，株主の関与の度合いを増やす例が目立つ一方，いったん防衛策を導入しながら，その後に廃止する企業も徐々に増えつつある。これらの動向の背景にはどのような事情があるのか考えてみよう。

【資料Ⅵ-21】事前警告型防衛策の分類

分類		2005年	2006年	2007年	2008年	2009年
導入手続	取締役会決定型	17	76	57	30	22
	株主総会承認型	3	87	341	531	541
	（うち定款変更あり）	(0)	(18)	(92)	(204)	(225)
	合計	20	163	398	561	563
発動手続	取締役会決定型	20	148	331	395	344
	（委員会設置型）	(12)	(118)	(299)	(372)	(326)
	株主意思確認型	—	8	18	42	50
	（委員会設置型）	(0)	(1)	(3)	(14)	(22)
	折衷型	—	7	49	124	169
	（委員会設置型）	(0)	(5)	(42)	(117)	(162)
	合計	20	163	398	561	563

出所：内閣府・経済社会総合研究所「内外M&A事情調査研究報告2010」13頁［2010］

【Discussion ⑦】

ブルドックソース事件最高裁決定（最決平成19年8月7日民集61巻5号2215頁）は，ある株主による経営支配権取得により会社の企業価値が毀損される場合には，相当性を欠かない限りにおいて，株主を差別的に取り扱う買収防衛策の発動も例外的に許容されるとしたうえで，会社の企業価値が毀損されるか否かは株主総会が判断すべきものである，と判示した。それでは，そうした判断を株主総会の決定に委ねることには合理性があるだろうか。また，同決定の下では，株主総会の承認を得ることなく，防衛策を発動することは常に許されないのだろうか。

⇨参考文献：田中亘「ブルドックソース事件の法的検討（上）（下）」商事法務1809号4頁，1810号15頁［2007］

(2) 買収防衛策導入企業の特徴

敵対的買収にはいくつかの効用がみとめられる。第一に，実際に敵対的買収が成功すると，当該会社の経営陣が交替し，会社経営の効率化が実現される可能性がある。第二に，敵対的買収には，実際にターゲットになった企業だけでなく，すべての上場企業について経営の効率化を導くことも期待される。敵対的買収の脅威があれば，すべての上場企業の経営者はそれを避けるために，効率的な経営をして株価を高めようとすると考えられるからである。

買収防衛策は，こうした敵対的買収の効用を弱めるが，反面で，一定の濫用的な買収の阻止を可能とする。どちらの側面を重視すべきかは難しい問題であるが，その1つのヒントを得るためには，わが国における買収防衛策導入企業にどのような特徴がみられるのかの実証分析を参照することが有益であろう。

【資料Ⅵ-22】は，そうした実証分析の1つであり，東京・大阪・JASDAQなど国内の証券取引所のいずれかに上場している企業約3800社のうち，2005年度または2006年度に買収防衛策を導入した企業と非導入企業とを比較することで，上場企業が買収防衛策を導入する確率

が，企業業績や「持合比率」といった一定の「説明変数」とどの程度の相関を有しているかを推計したものである。なお，企業業績に関する説明変数としては，「ROA」，「トービンのQ」（【資料Ⅰ-18】参照）のほか，「PBR」（株価を1株当たり純資産の額で除することで計算され，仮にPBRが1未満であれば，企業が保有する純資産の額よりも株式時価総額の方が安いことになる）が挙げられている。また，説明変数の数値には，防衛策導入直前の決算期の数値（例えば2005年度導入企業であれば2004年決算期の数値）が用いられている。

【資料Ⅵ-22】買収防衛策導入企業の特徴

買収防衛策導入企業の特徴に関する推計結果（2005年度導入）

説明変数	(1)			(2)			(3)		
	係数	限界効果	Z値	係数	限界効果	Z値	係数	限界効果	Z値
ROA	0.0475	0.0010	0.08						
トービンのQ				-0.0184	-0.0004	-0.36			
PBR							-0.0188	-0.0004	-0.63
流動性資産比率	1.1647	0.0243***	2.47	1.2128	0.0254**	2.49	1.2613	0.0262***	2.57
社齢	-0.0002	0.0000	-0.07	-0.0004	0.0000	-0.14	-0.0006	0.0000	-0.20
経営者テニュア	-0.0196	-0.0004*	-1.69	-0.0198	-0.0004*	-1.71	-0.0198	-0.0004*	-1.72
社外取締役割合	0.3073	0.0064	0.68	0.3178	0.0066	0.70	0.3375	0.0070	0.74
役員持株比率	-1.3526	-0.0282	-1.60	-1.2885	-0.0269	-1.53	-1.2701	-0.0264	-1.50
持合比率	-0.0817	-0.0017	-0.10	-0.1097	-0.0023	-0.13	-0.1693	-0.0035	-0.19
時価総額の対数値	0.0851	0.0018*	1.65	0.0887	0.0019*	1.69	0.0923	0.0019*	1.76
支配会社持株比率	-1.3814	-0.0288***	-2.74	-1.3568	-0.0284***	-2.70	-1.3536	-0.0281***	-2.70
機関投資家比率	0.2958	0.0062	0.54	0.2989	0.0063	0.55	0.2836	0.0059	0.52
少数株主比率	0.2109	0.0044	0.34	0.2361	0.0049	0.38	0.2371	0.0049	0.38
負債比率	0.1374	0.0029	0.38	0.1345	0.0028	0.38	0.2001	0.0042	0.54
定数項	-3.2434	***	-5.14	-3.2601	***	-5.14	-3.3179	***	-5.17

買収防衛策導入企業の特徴に関する推計結果（2006年度導入）

説明変数	(1)			(2)			(3)		
	係数	限界効果	Z値	係数	限界効果	Z値	係数	限界効果	Z値
ROA	0.3260	0.0143	0.49						
トービンのQ				-0.0535	-0.0023	-0.88			
PBR							-0.0165	-0.0007	-0.52
流動性資産比率	-0.3179	-0.0140	-0.87	-0.2645	-0.0115	-0.71	-0.2926	-0.0128	-0.79
社齢	0.0037	0.0002*	1.66	0.0034	0.0001	1.51	0.0036	0.0002	1.58
経営者テニュア	-0.0034	-0.0002	-0.52	-0.0038	-0.0002	-0.57	-0.0036	-0.0002	-0.54
社外取締役割合	0.2867	0.0126	0.85	0.2922	0.0127	0.87	0.2772	0.0121	0.83
役員持株比率	-3.2521	-0.1430***	-3.84	-3.1475	-0.1373***	-3.75	-3.1711	-0.1386***	-3.77
持合比率	1.7420	0.0766***	2.92	1.7106	0.0746***	2.86	1.7187	0.0751***	2.87
時価総額の対数値	0.0922	0.0041*	1.90	0.1167	0.0051**	2.37	0.1108	0.0048**	2.16
支配会社持株比率	-1.9019	-0.0837***	-4.89	-1.8831	-0.0821***	-4.83	-1.8857	-0.0824***	-4.84
機関投資家比率	1.2196	0.0536***	3.56	1.2826	0.0559***	3.78	1.2654	0.0553***	3.74
少数株主比率	0.3422	0.0151	0.78	0.3420	0.0149	0.78	0.3222	0.0145	0.76
負債比率	-0.8931	-0.0393***	-1.24	-0.9355	-0.0408***	-1.35	-0.8871	-0.0388***	-1.33
同一産業導入割合	4.9801	0.2190	-3.19	5.4426	0.2373	-3.40	5.3515	0.2338	-3.16
定数項	-2.0345	***	-5.74	-2.0428	***	-5.82	-2.0773	***	-5.74

(注) 1) 被説明変数を買収防衛策導入企業を1，被導入企業を0とするプロビットモデルを推定している。
 2) ***，**，*はそれぞれ1％，5％，10％の水準で有意であることを示す。
 3) 説明変数のうち，「経営者テニュア」は経営者の在職期間，「社外取締役割合」は社外取締役／取締役の員数×100，「持合比率」は株式相互保有が可能な上場会社による株式保有比率の合計（ニッセイ基礎研究所出），「支配会社持株比率」は発行済株式の15％超を保有する法人の株式保有比率の合計，「機関投資家持株比率」は外国人株式保有比率＋信託勘定株式保有比率＋生保特別勘定株式保有比率，「小数株主持株比率」は50単元未満を保有する株主の株式保有比率の合計，を意味する。

出所：滝澤美帆＝鶴光太郎＝細野薫「どのような企業が買収防衛策を導入するのか」金融経済研究第30号[2010]より一部抜粋

上記の推計結果で注目して欲しいのは「限界効果」の数値である。ここで限界効果とは，すべての説明変数が平均値をとっているとした場合に，ある説明変数が1単位上昇すると，それによって企業が買収防衛策を導入する確率がどれだけ変化するかを示すものである。例えば，ある説明変数の限界効果が0.1000（−0.0500）であれば，当該説明変数が1単位上昇すると防衛策導入の確率が10％上昇（5％低下）することを意味するから，限界効果の絶対値が大きい説明変数ほど，企業の買収防衛策導入と大きな相関を有していることになる。また，「1％の水準で有意」とは，統計学上の一定の仮定のもとでは，これらの数値が偶然に観察される確率が1％未満であることを意味する。

　同研究の推計結果からは，①企業業績の良し悪しと買収防衛策導入の確率には有意な関係がないこと，②役員持株比率が低い企業，持合比率が高い企業ほど買収防衛策を導入する傾向にあること，③支配会社持株比率が低い企業，機関投資家比率の高い企業ほど買収防衛策を導入する傾向にあること，④流動性資産比率が高い企業，負債比率が低い企業ほど買収防衛策を導入する傾向にあること，が読み取れる。

【Discussion ⑧】

(1) 企業業績が悪い企業ほど，経営者交替による業績改善効果も大きく買収されやすいので，経営者の自己保身のために買収防衛策を導入する傾向にある，あるいは逆に，経営業績が良い企業ほど，敵対的買収による企業価値の毀損を恐れて防衛策を導入する傾向にある，といわれることがある。そうした主張は，【資料Ⅵ-22】の推計結果と整合的であろうか。

(2) 既述のように，【資料Ⅵ-22】の推計結果によると，支配会社持株比率が低い企業，機関投資家比率の高い企業ほど買収防衛策を導入する傾向にあり，また，流動性資産比率が高かったり，負債比率が低い企業ほど買収防衛策を導入する傾向にあるといえる。これらは，どのような理由によるものと考えられるか。
　　⇒参考文献：胥鵬「どの企業が敵対的買収のターゲットになるのか」宮島英昭編著『日本のM&A』197頁［東洋経済新報社，2007］

(3) 持合比率が高ければ，その分，敵対的買収の脅威も小さく，したがって防衛策を導入する必要も小さいようにもみえるが，既述のように，【資料Ⅵ-22】の推計結果によると，持合比率が高い企業ほど買収防衛策を導入する傾向にあるとされる。そうだとすれば，その理由としてどのようなものが考えられるか。
　　⇒参考文献：胥鵬＝田中亘「買収防衛策イン・ザ・シャドー・オブ株式持合い──事例研究」商事法務1885号4頁［2009］

解　答

Ⅰ　総　論

【Discussion ④】（5頁）
　株式会社であっても一定の要件を満たせば（327条1項参照）取締役会を設置しないことは可能であるが、株主総会は法定権限の委譲は認められず（295条3項）、たとえ株主が1名であっても毎年1度開催しなくてはならない（296条1項）。また、【資料Ⅰ-7】に掲げられている理由のほか大会社については328条2項も参照。江頭4頁注6参照。

Ⅱ　設　立

【Question ①】（21頁）
　発起設立と募集設立の差異は、①払込金融機関保管証明制度の有無（発起：無、募集：有〔64条1項〕）、②設立手続の調査報告の要否（発起：例外的場合に限定〔46条2項〕、募集：要〔93条3項〕）、③発起人の価額填補責任（発起：過失責任〔52条2項2号〕、募集：無過失責任〔103条1項〕）④株式引受条件（募集：契約自由、発起：平等〔58条3項〕）、⑤創立総会の要否（発起：任意〔65条2項〕、募集：有〔65条1項〕）にある。
　この差異の原因は、募集設立において設立過程に当初から関与できない発起人以外の株式引受人の利益保護（発起人以外の株式引受人の投資へのコミットメント付与）に求められる（Legal Quest 30頁、42-43頁）。

【Question ②】（22頁）
　27条1号（【資料Ⅱ-2】4条）、同条2号（【資料Ⅱ-2】1条）、同条3号（【資料Ⅱ-2】3条）、同条4号（【資料Ⅱ-3】64条）、同条5号（【資料Ⅱ-3】66条）、37条・98条・113条（【資料Ⅱ-2】6条）。

【Work & Practice ①】（23頁）
　定款記載事項のうち設立時に特有のものは、設立時定款に記載してさえあれば、後に定款変更により削除されるため、上場会社の定款には存在しない。

【Question ③】（25頁）
　払込金保管証明書によって銀行は、成立後の会社に対して、契約等を理由に会社への返還を拒絶することができなくなる（64条2項）。募集設立においては公衆の払込金を保護する必要がある（江頭80頁注3、95頁。Legal Quest 44頁）と説明されている。発起人等の一部の内部株主が、実質的な出捐をすることなく有利な条件で株式となることで他の株主を害することを防止する趣旨であろう。

【Question ④ & Discussion ①】（30頁）
　発起人の濫用の危険があり（江頭69頁）、発起人が事実上有利な条件で設立時株式を引き受け、他の株主との平等を害する恐れが高い。また、設立時の会社財産の実際の価値より高く資本金額が計上されることから債権者を害する恐れがあるとの考えもある。

Ⅲ　株　式

【Question ①】（33頁）
　123条のほか、信託銀行のウェブを参照。

【Question ②】（35頁）
　460条・459条。また、Legal Quest 262-263頁参照。

【Question ③】（35頁）
　落合177-178頁参照。

【Question ④】（36頁）
　平成13年改正前商法242条、Legal Quest 78頁参照。

【Question ⑤】（38頁）
　江頭208頁参照。

【Question ⑥】（39頁）
　龍田217頁。株式の譲渡に株券の交付が必要であるが（128条本文）、壁では交付ができないからである。

【Question ⑦】（39頁）
　216条。江頭168-170頁参照。

【Question ⑧】（40頁）
　江頭195-196頁参照。

【Question ⑨】（41頁）
　Legal Quest 19頁、近藤光男＝吉原和志＝黒沼悦郎『金融商品取引法入門』〔商事法務、2009〕3-9頁。

【Question ⑩】（43頁）
　Legal Quest 90-91頁、江頭223-225頁参照。

解　答

【Question ⑪】(48頁)
江頭234頁参照。

【Question ⑫】(48頁)
江頭14-15頁参照。

【Question ⑬】(48頁)
最決平成16年8月30日民集58巻6号1763頁,東京地判平成18年2月13日判時1928号3頁参照。

【Question ⑭】(51頁)
江頭273頁参照。

【Question ⑮】(52頁)
江頭272頁参照。

【Question ⑯】(52頁)
Legal Quest 118-121頁,江頭365-376頁参照

Ⅳ　機　関

【Question ①】(57頁)
(1)　取締役による招集(招集通知の差出人が「株式会社○○代表取締役××」とされていることからわかる)。
(3)　議決権を行使できる株主の数が1000人以上の会社(298条2項)。
(4)　事業報告：438条3項。連結計算書類ならびに会計監査人および監査役会の連結計算書類監査結果報告：444条7項。計算書類：439条。
(5)　原則としてできない(309条5項。【資料Ⅳ-1】の会社が取締役会設置会社であることは,439条・436条3項により,計算書類を取締役会の承認によって確定させていることからわかる)。
(6)　株主提案権(303条〜305条)を行使する。
(7)　①313条2項。②株式を信託保有しており,複数の委託者から異なる議決権行使の指図を受けた場合など(【資料Ⅳ-6】の【Question ⑤】参照)。
(8)　①298条1項5号・会社則63条5号。②委任状だけでは,それが真正なもの(株主本人が作成したもの)かどうかはわからないため。③議決権行使書面や免許証等(『株主総会白書2010年度版』商事法務1916号78頁〔2010〕参照)。

【Question ②】(58頁)
(1)　株主総会参考書類は,株主が書面または電磁的方法により議決権を行使できるものとする場合に交付すべき書類であるところ,そこに議案が記載されていなければ,株主総会に出席しない株主は書面または電磁的方法で賛否を表明しえないためである。
(2)　「取締役10名選任の件」が議題(ただし,「10名」の部分が議題を限定する意味を持つかについては争いがある),「Aを取締役にする」が議案(候補者の数だけ議案が存在する。東京地判平成19年12月6日判タ1258号69頁参照)。
(3)　選任理由：会社則73条1項2号。候補者の略歴等：同74条1項2号。注の記載：注1は同74条2項3号,注2は同条4項1号,注3は同項2号・7号。

【Question ③】(60頁)
(1)　書面投票を採用する会社では,大部分の株主は書面により議決権行使をするので,総会議場で提案したのでは,提案が可決する見込みがないため。
(2)　会社則93条1項3号。同条1項柱書かっこ書により,概要を記載すれば足りる。
(3)　会社則93条1項2号。

【Question ④】(60頁)
298条1項5号・会社則63条3号ニ・66条1項2号により,会社はあらかじめ議決権行使書面にその旨を記載しておけば,賛否の表示がない場合に賛否いずれかの議決権行使があったものとして取り扱うことが認められている。この規定が,議案ごとに異なる取扱いをすることをも許すものかどうかは解釈問題であるが,大阪地判平成13年2月28日金判1114号21頁は,そうした取扱いを適法とし,学説も一般にこれを支持している(江頭324頁注15)。

【Question ⑤】(62頁)
313条により,議決権の不統一行使をする。

【Question ⑥】(67頁)
(1)　会社(取締役会)提案(第1〜4号議案)はすべて可決され,株主提案(第5号議案)は,否決された(ただし,資料の記載だけからは明らかでないが,会社提案(第2号議案)の候補者7〜10は,実は株主提案(第5号議案)の候補者7〜10と重複しており,これらについてはすべて可決された。この4名についてだけ,賛成率が目立って高いのはそのため)。
(2)　開示府令19条2項9号の2ニにより,当日出席株主の議決権については,その理由を開示したうえで集計に加えないことができる。

【Question ⑦】(69頁)
(1)　利益供与の禁止：120条・970条(罰則)。利益要求罪：970条3項(4項も参照)。
(2)　847条により,会社に代わって,利益の供与を受けた者(120条3項)および利益供与に関与した取締役等の者(120条4項)の責任を追及することができる。

解 答

【Question ⑧】（77頁）

（1）業種や年度の影響を取り除くため。例えば，2003年度から2007年度前半期にかけては，日本経済全体が景気上昇期にあり，大半の会社が業績を向上させたと見られる。したがって，もしも社外取締役を導入・増加した会社のROAやTobin's Qをそのまま用いれば，実際には社外取締役の導入・増加が企業業績に特に影響を与えていなくても，社外取締役を導入・増加した後で業績が顕著に上昇するように見えてしまうだろう。

（2）「証明」したとはいえない。まず，業績が向上したといってもそれは調査対象会社の平均値がそうである，というだけであり，社外取締役を導入・増加させた会社すべてがそうなるというわけではない。さらに，社外取締役の導入・増加後，業績が向上したとしても，それは社外取締役導入・増加の効果としてそうなったのではないかもしれない。例えば，経営改革の意欲のある会社は社外取締役を導入・増加させるとともに他の改革も行う傾向があり，後者の改革が功を奏したために，業績が向上した可能性は否定できない。つまり，このような実証結果は，「社外取締役は業績にとってプラスである」という仮説と「整合的」であるが，仮説を「証明」したことにはならない。一般に，実証研究は仮説を直接証明することはできない。しかし，仮説と整合的な実証研究が数多く積み重なっていけば，そのような仮説が正しいものである可能性が高い，と判断することはできるであろう。

【Question ⑨】（78頁）

（1）総額（その上限）を株主総会で定めればお手盛りを防止できるという理由から，適法と解されている（最判昭60年3月26日判時1159号150頁）。

（2）使用人としての給与の体系が明確に確立されている場合には，別に使用人として給与を受けることを予定しつつ，株主総会では取締役の報酬等のみを決議することも適法と解されている（前掲最判昭和60年3月26日。反対する学説もある）。

【Question ⑩】（79頁）

（1）支給基準に従って決定することを前提にして，具体的な金額，時期，方法を取締役会（監査役の場合は，監査役の協議。(3)参照）に一任するものであれば適法と解するのが判例である（最判昭和39年12月11日民集18巻10号2143頁。反対する学説もある）。

（2）会社則82条2項参照。実務上は，同項ただし書の「適切な措置」として，支給基準を本店に備え置き，株主が請求してきたら閲覧させる措置をとっている会社が多い。

（3）支給基準に従って退職慰労金の額が機械的に算出される（裁量の余地がない）場合を除き，387条2項の趣旨に反して許されないと解されている（江頭496頁注3）。

【Question ⑪】（80頁）

（1）募集新株予約権の公正な評価額（ブラック・ショールズ・モデルや二項モデル等，一般に妥当と認められたオプション評価の理論に基づき算定される）が株主総会で定めた報酬等の額の範囲内であれば，金銭の払込みを要しないとしても「特に有利」（238条3項2号）ではなく，株主総会の承認は必要ない（江頭423頁）。

（2）行使条件（(3)の解答参照）の他，行使価額が異なる。株式型報酬オプションの場合，行使価額1円で行使できるため，これを付与された者は，あたかも株式そのものを報酬として与えられたに近い経済状態となることから，「株式型」と呼ばれる。

（3）行使条件として，退任（「取締役の地位を喪失した」）日の後一定期間内のみ行使できるとされていることからわかる。

【Question ⑫】（81頁）

事業報告では，「当該事業年度に係る」報酬等を開示するものとされている（会社則121条3号）。賞与は，支払自体は翌事業年度（【資料Ⅳ-23】の会社でいう134期）にされるものであっても，当該事業年度（133期）の業績を踏まえて決定されるものであるから，当該事業年度に「係る」報酬等として，事業報告による開示の対象になる（相澤哲編著『立案担当者による新会社法関係法務省令の解説（別冊商事法務300号）』［2006］48頁）。一般に，ある事業年度に「係る」報酬等の額として開示されるのは，当該事業年度に役員が提供した役務に対応する額であり，それは，当該事業年度に会社が役員に対して実際に支払った額とは必ずしも一致しない（落合誠一編『会社法コンメンタール(8)』［商事法務，2009］187-190頁〔田中亘〕参照）。

【Question ⑬】（83頁）

（1）385条，民事保全法23条2項。監査役は単独で権限を行使できる（独任性の原則）。

（2）大阪高判平成18年6月9日判時1979号115頁［上告棄却・不受理・最決平成20年2月12日］参照。

【Question ⑭】（85頁）

業務停止命令の効力が生じると，中央青山は「公認会計士法の規定により，……計算書類について監査をすることができない者」（337条3項1号）となり，会計監査人の地位を失う（欠格事由に該当すると会計監査人はその地位を失い，後に資格を回復しても当然には会計監査人に復帰しないことにつき，太田洋「監査法人へ

解　答

の業務停止命令に伴う実務上の対応」商事法務 1768 号 35 頁 [2006] 参照)。会計監査人設置会社で会計監査人が欠けた場合，遅滞なく後任が選任されないときは，一時会計監査人を選任する必要がある（346 条 4 項)。一時会計監査人は，346 条 4 項により，監査役（監査役会設置会社では監査役会〔同条 6 項〕，委員会設置会社では監査委員会〔同条 7 項〕) が選任する。

【Question ⑮】（86 頁）

(1) 423 条 1 項による（違法に支払われた配当額が会社の損害と解される。大阪地判平成 20 年 4 月 18 日判時 2007 号 104 頁参照)。

(2) ①462 条 1 項 6 号イ（同項 1 号イ，会社計算 160 条 3 号により「総会議案提案取締役」に当たる)，②462 条 1 項柱書き・会社計算 159 条 8 号ハ（「当該行為に関する職務を行った業務執行者」に当たる)。なお，いずれの場合も，423 条 1 項の責任も生じ，請求権競合の関係に立つと解される。

(3) 429 条 2 項 1 号ロ・2 号～4 号参照。

【Question ⑯】（87 頁）

(1) 348 条 3 項 4 号・4 項，会社則 98 条（取締役会設置会社でない大会社)，362 条 4 項 6 号 5 項，会社則 100 条（委員会設置会社を除く，取締役会設置会社である大会社)，416 条 1 項 1 号ホ，会社則 112 条 2 項（委員会設置会社。大会社かどうかは問わない)。

(2) ①851 条 1 項 1 号により，訴訟を追行できる。②851 条のような明文の規定がなく，株主が子会社の役員等の責任を追及することを認める規定はないため，訴えは却下されると解される（東京地判平成 19 年 9 月 27 日判時 1992 号 134 頁)。立法論としては，一定の場合に，親会社の株主が子会社役員等の責任を追及する訴訟（いわゆる多重代表訴訟）を認めるべきだとする見解もある。

V　資金調達・計算

【Question ①】（92 頁）

わが国の上場企業が株式の発行により資金調達を行う場合，1970 年代初頭までは株主割当ての方法がよく用いられていたが，株主割当てによる株式の発行の件数は次第に減少し，近年ではほとんど用いられなくなっている。1970 年代後半から 1990 年までの間に最も用いられていた手法は公募であったが，これも 1990 年代初頭に激減している。2000 年代においては，従前はそれほど多く用いられてこなかった手法である，第三者割当ての件数が最も多くなっている。公募による発行の件数も，回復してはいるが，以前ほど多くはない。もっとも，調達金額の点では，公募による発行の額が第三者割当てによる発行の額を上回ることもしばしばある。

【Question ②】（93 頁）

(1) 証券取引所と上場企業との間の上場契約に基づく。

(2) 201 条 3 項 4 項により通知・公告が義務づけられている募集事項（199 条 2 項）とは，募集株式の数，募集株式の払込金額またはその算定方法（現物出資の場合にはその旨ならびに対象財産の内容および価額)，払込期日・期間，増加する資本金・資本準備金に関する事項のみである（同 1 項各号)。これに対して，東証の規定では，割当てを受ける者の払込みに要する財産の存在について確認した内容，払込金額の算定根拠，払込金額が割当てを受ける者に特に有利でないことに係る適法性に関する監査役または監査委員会の意見，当該資金調達方法を選択した理由，調達する資金の使途，発行条件の合理性，割当先の選定理由等の開示が要求されており，開示される情報の内容が格段に充実している。

【Question ③】（98 頁）

各自で確認すること。

【Question ④】（98 頁）

「指針」は，直接は，日本証券業協会が会員である証券会社に対して，第三者割当てによる募集株式の発行等を行う株式会社に対して要請すべき事項を定めているものである。もっとも，第三者割当増資には必ず証券会社が関与するわけではないため（【資料Ⅴ-4】の事案でも証券会社の関与はない)，証券会社によりこのような要請がなされるとは限らない（「指針」の上位規定である日本証券業協会「第三者割当増資等の取扱いに関する規則」5 条は，証券会社に対し，第三者割当増資等に係る株券の買受けを行う場合に「指針」に基づく要請を行うことを義務付けている。なお，「買受け」とは，「第三者割当増資等に際して，当該第三者割当増資等に係る株券等を第三者に取得させることを目的とせずに，その全部又は一部を取得すること」（同 2 条 3 項）と定義されている)。それにもかかわらず【資料Ⅴ-4】の事案でも「指針」が参照されているのは，証券業者の業界団体である日本証券業協会が作成した「指針」に少なくとも最低限の基準としての合理性があると考えられたことにより，一種の慣習的な規範（いわゆるソフト・ロー）として受け入れられているからである。

【Question ⑤】（100 頁）

【資料Ⅴ-4】の「（企業行動規範上の手続き)」を参照。

【Question ⑥】（105 頁）

(1) 新株予約権を取得しようとする者は，社債 100 円につき 102.5 円の「発行価格」を引受会社に

対して払込み，そのうち100円が社債の「払込金額」（676条9号参照）として社債の発行会社に払い込まれることになり，残りの2.5円は引受会社が手数料として取得することになる（【資料V-10】35を参照）。そして，満期においては，社債100円につき100円が償還されることになる（【資料V-10】9参照）ため，社債の利息はない（0％）ことになる（【資料V-10】6参照）。

(2) 上記のように，新株予約権付社債を発行時に取得して満期まで保有しても利益を受けられない（むしろマイナスとなる）ため，投資家は新株予約権の行使（すなわち株式への転換）によって利益を得ようとしているものと考えられる。

【Question ⑦】（107頁）

(1) 設定されていない（【資料V-10】10を参照）。
(2) 設置されている（【資料V-10】11を参照）。この新株予約権付社債は一般に募集されることとされており（【資料V-10】32を参照），社債管理者の設置義務が免除される場合（702条但書）には該当しないと考えられる。社債管理者については，このほか，社債管理者が発行会社についての情報を取得するための規定が設けられている（【資料V-10】19-21を参照）。
(3) 純資産額維持条項は，社債の発行会社にその純資産額を社債発行時の一定水準以上に維持することを求める条項である。また，利益維持条項は，社債の発行会社に一定の利益水準の確保を義務づける条項である。いずれも，社債の発行会社が社債を償還するための資力を十分保有している状態を確保するためのものであるが，【資料V-10】の新株予約権付社債については設けられていない。

【Discussion ⑩】（112頁）

貸借対照表は，右側（負債の部・純資産の部）に株式会社がどのようにして資金を調達したのかということを示しており，左側（資産の部）に調達された資金がどのようにして投資されているかということを示している。

損益計算書は，株式会社の利益・損失がどのようにして発生しているかということを，商品・サービスの売上げ，本業としての経営活動，本業以外の日常的な経営活動，本業とは直接関係のない臨時の事象，法人税といった段階ごとの収益と費用に分けて示している。

株主資本等変動計算書は，会社法の下では必要な手続さえ踏めば，剰余金の配当を一事業年度の間にいつでも・何回でも行うことができるようになったことから，一事業年度における純資産の部の変動を示すために作成が要求されるようになったものである。

キャッシュ・フロー計算書は，収益・費用という会計上の概念ではなく，実際の現金の出入りを，会社の営業活動，投資活動，財務活動ごとに示すものである。

【Question ⑧】（113頁）

剰余金の配当は，株式の数に応じて平等になされるが（454条3項），自己株式の取得は一部の株主のみを相手として行われることになる。

そのため，特定の株主のみから合意により自己株式を取得しようとする場合については，投資回収機会の不平等が生じることを防ぐために，株主総会の特別決議が必要とされ（309条2項2号），また他の株主に自らを売主に追加することを請求する権利が与えられている（160条3項）。他方，剰余金の配当と，上記の場合以外の株主との合意による自己株式の取得については，株主総会の普通決議（一定の条件を満たした場合には取締役会決議）によって行うことができるものとされている（156条1項・454条1項・459条・460条）。

【Question ⑨】（117頁）

a：1000，b：1005，c：500，d：1000，e：1000，f：券面額説によった場合には505となるが，評価額説によった場合には500＋現物出資される債権の時価となる。森本滋＝弥永真生編『会社法コンメンタール(11)』［商事法務，2010］16頁〔神田秀樹〕と【Discussion ⑬】の参考文献を参照。

【Question ⑩】（117頁）

(1) 行われていない。
(2) 既発行の普通株式を全部取得条項付種類株式に変更し，これを無償で全部取得することを目的としている。資本金の減少をしても，会社による株式の取得もしくは株式の消却の効果は生じないため，この効果を実現することはできない。
(3) 昭和25年商法改正前は，株式には額面金額があり，株式数と資本金額の間には発行済株式数×額面金額＝資本金額という関係があるとされていた。この式を前提とすると，発行済株式数を一度0にすると資本金額も0円になるため，既発行の株式をすべて消却する場合には資本金額を100％減少させる必要があったのである。現在では，株式数と資本金額の間には上記のような関係は全く存在しないため，「100％減資」という用語はミスリーディングなものとなっている。
(4) 資本金の額の機能は株主への剰余金の分配を制限する点にあることから，資本金の減少には【資料V-15】および【資料V-16】の手続が採られた後に株主の地位にある者に対する剰余金の分配を行いやすくする目的があると考えられる。

解　答

【Question ⑪】（117頁）

（1）債権放棄に応じた債権者は放棄した債権の代わりに何も取得できないが，デット・エクイティ・スワップに応じた債権者は，債権の代わりに株式を取得することになり，会社が再建された場合には株主として利益を享受できることになる。

（2）募集株式の発行等に際して現物出資が行われる場合には原則として検査役による現物出資財産の価額の調査が必要であるが，デット・エクイティ・スワップとして，株式会社に対する弁済期が到来している金銭債権を，当該債権に係る負債の帳簿価額（券面額）以下の価額で評価して現物出資する場合には，検査役の調査は不要である（207条9項5号）。

Ⅵ　M＆A

【Question ①】（119頁）

日本法上，株式会社のM＆Aの方法としては，以下のものが挙げられる。第1に，別会社の事業や資産を直接的に取得するための方法として，合併のほか，会社分割と事業譲受けがある。第2に，別会社から株式・新株予約権の第三者割当発行を受けたり，別会社の支配株式を譲り受ける，あるいは別会社の株式について公開買付けを行えば，当該別会社を支配できるだけの株式（支配株式）を取得することができる。ただ，これらの方法では別会社の全株式を取得することは難しいのに対し，株式交換・株式移転によれば，それも比較的容易である。また，まずは100％子会社を設立したうえで，その100％子会社を存続会社，別会社を消滅会社とする吸収合併をさせることにして，さらに，その合併の対価として当該別会社の株主に自社（親会社）の株式を交付させることにすれば（三角合併），別会社との間で株式交換をしたのと同一の状態を作り出すことができる。

【Question ②】（124頁）

一般に吸収合併の方法がとられる理由の1つは，その方が株式上場を継続するうえで便宜だからである。例えば本件合併でも，当事会社である新光証券は上場会社，みずほ証券は非上場会社であったが，もし新設合併の方法がとられた場合には，合併後の会社の上場資格はいったん失われ，再上場の手続が要求されることになる。そこで，それを避ける目的もあって，吸収合併の方法によったうえで，上場会社である新光証券が存続会社とされたものと考えられる。

また，本件合併の場合には，新設合併だと，新光証券とみずほ証券が有していた第一種金融商品取引業者（証券会社）の登録資格（金商28条1項・29条）などが失われ，新設会社が改めて登録を申請しなければならないといった理由もあるであろう。このほか，吸収合併の場合の方が新設合併の場合よりも，登記に係る登録免許税額が安いこと（吸収合併だと合併による資本金増加額の1000分の1.5，新設合併だと新設会社の資本金の1000分の1.5）なども，吸収合併の方法がとられる理由として挙げられる。

【Question ③】（125頁）

（1）本件のような株式会社が存続する吸収合併契約の場合，その法定記載事項は，①当事会社の商号・住所（749条1項1号），②合併対価の種類・総額等（同項2号），③合併対価の割当てに関する事項（同項3号），④資本金・準備金の額に関する事項（同項2号イ，合併対価として株式が交付される場合），⑤新株予約権の承継に関する事項（同項4号・5号），⑥合併の効力発生日（同項6号）である。本件合併契約では，これらの事項はそれぞれ，①第1条，②③第2条，④第3条，⑥第4条で定められている。他方，本件合併契約に⑤の事項に関する定めはないが，それは消滅会社である，みずほ証券が新株予約権を発行していなかったためである。

（2）783条1項・795条1項が要求する合併承認決議の対象とされているのは合併契約の法定記載事項であって，役員の選任，退職慰労金支給，定款変更のような法定記載事項以外の事項に関する株主総会決議は，合併承認決議とは観念的には別の決議である——総会決議要件も必ずしも同一ではない——と解されている（江頭782頁注1）。本件合併契約についても，そうした解釈を前提とした取扱いがなされている（本件合併契約（注1）～（注3）参照）。

（3）株主総会で合併契約が承認された後，合併の効力発生日までに予想外に多額の剰余金配当が行われると，当事会社の財産状態に大きな変動が生じて，合併対価の算定根拠の妥当性も損なわれる危険があるからである。もっとも，そのことは剰余金配当が行われる場合に限ったことではなく，当事会社が財産状態に大きな変動が生じるような行為をする場合に共通することであるため，合併契約では，そうした行為をする場合には両当事会社の協議を経るべき旨も定められることが少なくない（本件合併契約9条参照）。

（4）吸収合併か新設合併かを問わず，株主総会における合併承認総会の決議要件は原則として特別決議であるが（309条2項12号），ただ，①公開会社である消滅会社の株主が合併対価として譲渡制限株式等（783条，会社則186条）の交付を受ける場合，当該消滅会社の株主総会では特殊の決議による承認が必要であり（309条3項2号3号），②消滅会社の株主が合併対価として持分等（783条2項，会社則185条）の交付を受ける場合，当該消滅会社では総株主の同意が必要である（783条2項・804条2項）。本件合併

は①②の場合に該当しないので（本件合併契約2条参照），合併承認総会の決議要件は特別決議ということになる。

【Question ④】（128頁）
みずほコーポレート銀行が新光証券の筆頭株主であるとともに，みずほ証券の親会社であって，新光証券の合併承認決議の特別利害関係人（831条1項3号）に該当するために，新光証券の株主にとって合併対価が著しく不公正であるとされると，合併承認決議が取り消され，合併自体も無効とされる危険があることから，より慎重な手続が要求されたのではないかと推測される。

【Question ⑤】（131頁）
(1) 本件では，すでに新生銀行はシンキ株式の66.7％を保有しており，締出しのための総会特別決議を単独で成立させることができるので，本件株式公開買付けを行う必要はないようにもみえる。ただ，多くの株式を本件公開買付けで取得すれば，それらの株式については取得対価を公開買付価格で確定することができる。これに対し，66.7％保有の状況で締出しのための総会決議を成立させると，株式買取請求権または価格決定申立権を行使する株主の数も多くなり，ひいては，最終的な取得対価がどれくらいになるのかの予測がつきにくい（最終的な取得対価が予想外に高額になりかねない）。そこで，そうしたリスクを回避するために，本件公開買付けが行われたものと考えられる。

(2) 全部取得条項付種類株式を利用する方が税制上有利だからである。すなわち，金銭を対価とする株式交換については税制上の優遇措置がなく（優遇措置を受けられる「適格株式交換」に該当しない），完全子会社となる会社が一定の資産についての評価替えを強制されたうえで，評価益に課税されてしまう（法税62条の9）。これに対して，全部取得条項付種類株式による場合は，少なくとも当事会社にはそうした課税は生じない。

【Question ⑥】（136頁）
本件のように公開買付者である新生銀行が対象者であるシンキの親会社であるといった場合，あるいはMBOの場合のように，「公開買付者が対象者の役員，対象者の役員の依頼に基づき当該公開買付けを行う者であって対象者の役員と利益を共通にする者又は対象者を子会社とする会社その他の法人である場合」には，公開買付者は対象者の内情に通じていることを利用して，市場で対象者の株式が過小評価されている（割安な）ときを狙って公開買付けを仕掛けるなど，少数株主の犠牲によって自己の利益を図ろうとする疑いがあると指摘されている。また，対象者の役員にしても，公開買付者の利益を図るため，市場で対象者の株式が過小評価されるように仕向けたりするかもしれない。そこで，一般に，上記の場合には，公開買付価格の決定にあたり，証券会社・監査法人・コンサルティング会社などの専門家による算定書を取得すること，独立した第三者委員会に諮問し，その判断を尊重することなど，利益相反を防止して，買付価格の公正性を担保するための措置を講じることが望ましいと考えられている（経済産業省「企業価値の向上及び公正な手続確保のための経営者による企業買収（MBO）に関する指針」（平成19年9月4日）参照）。【資料Ⅵ-12】のfは，そのことを踏まえて規定されたものである。

【Question ⑦】（138頁）
新生銀行（買付者・対象会社の親会社）・シンキ少数株主間の利益相反と同じく，シンキの取締役・株主間にも構造的な利益相反の危険があるからである。すなわち，本来，対象会社の取締役は株主全体の利益のために行為すべきであるのに，少数株主の犠牲のもとに親会社の利益を図ろうとする疑いがある。そこで，本件では，そうした疑いに配慮して，新生銀行による公開買付けに対し，シンキが対象者として賛同の意を表明するに際しても，特に慎重な判断過程が踏まれたものと推測される。

【Question ⑧】（139頁）
(1) 全部取得条項付種類株式を発行できるのは，2種類以上の株式を発行する会社（発行を予定している会社を含む）だけであるとされているからである（108条1項柱書）。

(2) A種類株式が全部取得条項付種類株式の取得対価とされており，新生銀行とその完全子会社である新生フィナンシャル（旧社名：GEコンシューマー・ファイナンス）のみの所有が予定されていることによるものと考えられる。

(3) 普通株式の発行が予定されておらず，A種類株式のみの発行が予定されているため，A種類株式の剰余金配当優先は実質的に無意味であることに対応するものと考えられる。

【Question ⑨】（140頁）
取得対価として，新生銀行とその完全子会社である新生フィナンシャル（旧社名：GEコンシューマー・ファイナンス）だけが整数のA種類株式を受け取り，それら以外の株主は1株未満の端数を受け取るようにするためである。端数は，【資料Ⅵ-19】の「1. 全部取得条項付種類株式の取得の件」に記載されているように処分され，その代金が少数株主に交付される結果，新生銀行と新生フィナンシャルだけがシンキの株主として残ることになる。なお，少数株主

解 答

が受け取る当該代金は，もともと有していた普通株式1株あたりで換算すると100円とすることが予定されており，それは本件完全子会社化の第1段階における公開買付価格と同額である。

編 者

落合誠一（おちあいせいいち）
中央大学法科大学院教授，東京大学名誉教授

著 者（［　］内は担当部分）

中東正文（なかひがしまさふみ）［Ⅲ］
名古屋大学大学院法学研究科教授

久保田安彦（くぼたやすひこ）［Ⅵ］
大阪大学大学院法学研究科准教授

田中　亘（たなかわたる）［本書の使い方・Ⅳ］
東京大学社会科学研究所准教授

後藤　元（ごとうげん）［Ⅴ］
東京大学大学院法学政治学研究科准教授

得津　晶（とくつあきら）［Ⅰ・Ⅱ］
北海道大学大学院法学研究科准教授

会社法 Visual Materials
Visual Materials on Corporation Law

2011 年 10 月 15 日　初版第 1 刷発行

編 者	落合	誠一
著 者	中東	正文
	久保田	安彦
	田中	亘
	後藤	元
	得津	晶
発行者	江草	貞治
発行所	株式会社	有斐閣

郵便番号　101-0051
東京都千代田区神田神保町 2-17
電話　(03) 3264-1314 ［編集］
　　　(03) 3265-6811 ［営業］
http://www.yuhikaku.co.jp/

印　刷　大日本法令印刷株式会社
製　本　大口製本印刷株式会社

©2011, S. Ochiai, M. Nakahigashi, Y. Kubota, W. Tanaka, G. Goto, A. Tokutsu.
Printed in Japan
落丁・乱丁本はお取替えいたします。

★定価はカバーに表示してあります。

ISBN 978-4-641-13606-9

JCOPY　本書の無断複写(コピー)は、著作権法上での例外を除き、禁じられています。複写される場合は、そのつど事前に、(社)出版者著作権管理機構(電話03-3513-6969、FAX03-3513-6979、e-mail:info@jcopy.or.jp)の許諾を得てください。